Avoir confiance

Louis Quéré

Avoir confiance

puf

ISBN 978-2-13-086732-6

Dépôt légal – 1re édition : 2024, octobre

170 bis, boulevard du Montparnasse, 75014 Paris

En hommage à mon grand-père,
Louis Thépaut (1891-1944)

« Ne dois-je pas commencer quelque part à faire confiance ? C'est-à-dire : il faut que quelque part je commence par ne pas douter ; et ce n'est pas là, pour ainsi dire, une procédure trop précipitée mais excusable ; non, cela est inhérent à l'acte de juger. »

Ludwig Wittgenstein

« La destruction de la confiance est une tragédie de la vie. »

Lars Hertzberg

« S'il n'y avait personne acceptant d'être parfois leurré plutôt que de toujours vivre dans la suspicion, s'il n'y avait personne se contentant de traiter les individus passionnément et impulsivement plutôt qu'en suivant des règles générales de prudence, le monde serait un endroit infiniment pire qu'il ne l'est actuellement pour y vivre. »

William James

Introduction

> « Pour bien comprendre une chose, nous devons la voir à la fois hors de son environnement et dans celui-ci, et connaître toute la gamme de ses variations. »
>
> William James

Aujourd'hui, tout le monde veut la confiance tout en se déclarant plutôt enclin à se méfier[1]. Tout le monde veut la confiance, en oubliant souvent que la confiance se gagne ou se mérite, ou bien en se comportant d'une façon telle que ses conditions mêmes sont détruites. Tout le monde veut la confiance, comme s'il y avait un déclin de la confiance dont témoigneraient les résultats de nombreux sondages qui mesurent la progression de la méfiance à l'égard de nombre d'institutions, notamment à l'égard du gouvernement, des politiques, des élus, des médias, des syndicats, voire de la science et des Églises.

Tout le monde veut la confiance, mais sans être capable de définir précisément ce qu'il veut par là. Ainsi, lorsque,

1. Je remercie Albert Ogien pour ses précieuses remarques et suggestions. Un grand merci aussi à Fanny Bouteiller et Jonathan de Launay pour leur accompagnement éditorial.

dans un sondage, on demande aux gens s'ils font confiance à telle ou telle catégorie de personnes, ou à telle ou telle institution, on ne sait pas vraiment quel sens ils donnent au terme « confiance » ni quelles images ils ont en tête. La situation est un peu meilleure chez les intellectuels qui écrivent sur la confiance, mais, comme on le verra, force est de constater, d'une part, que leurs idées sont peu spécifiées, d'autre part, qu'ils sont souvent eux aussi captifs de schèmes interprétatifs qui distordent profondément le phénomène.

La notion de confiance nous est familière, car nous savons l'utiliser couramment sans hésiter, mais elle a une élasticité telle que nous avons du mal à l'expliquer de façon claire et systématique. Elle est élastique car elle a différents usages entre lesquels il n'y a qu'une certaine parenté. Elle fait notamment partie du vocabulaire dans lequel nous formulons discursivement une dimension essentielle de nos relations sociales et de nos rapports aux cadres institutionnels de la vie commune. Et nous n'avons pas besoin de la définir nettement pour l'utiliser. Une autre raison, peut-être plus fondamentale, de cette élasticité est que la confiance n'est pas un phénomène unique ; il y a des variétés de la confiance, qu'il importe de différencier (même si les frontières sont brumeuses). Bref, il faut considérer le terme « confiance » comme un nom collectif.

Si l'on fait attention aux circonstances dans lesquelles nous parlons ordinairement de confiance, on constate que c'est, le plus souvent, soit pour justifier, face à un observateur sceptique, un engagement tacite en faveur de quelqu'un (« Je lui fais entièrement confiance »), soit pour regretter un tel engagement, faire part d'une déception (« Je lui faisais entièrement confiance ») ou même d'une méfiance (« On ne peut pas lui faire confiance »), ou encore reprocher à quelqu'un de n'avoir pas respecté la sorte d'obligation inhérente à la confiance donnée ou d'avoir profité d'une vulnérabilité. Cet usage ordinaire du terme évoque donc souvent quelque chose qui relève de la responsabilité et de la solidarité morales, ou de dispositions éthiques (loyauté, respect des engagements, etc.)[1]. On peut ajouter que celui qui expose ses griefs à l'égard de celui à qui il s'était fié se considère comme fondé à le faire, précisément en raison de la sorte de responsabilité tacitement générée par la réception de la confiance donnée. Cependant les relations interpersonnelles ne sont pas le seul domaine dans lequel nous parlons de confiance. Il nous arrive aussi, assez souvent, de tenir des propos sur les institutions en termes de confiance. S'agit-il du même genre de confiance ?

À la question de savoir « Qu'est-ce que la confiance ? » on trouve, comme le notait Martin Hartmann, une « surabondance de définitions », qui dans l'ensemble ne sortent pas de « l'atmosphère ennuyeuse de l'abstraction théorique »[2]. Face à cette question on peut avoir la même réaction que saint Augustin relativement à la définition du temps : « Qu'est-ce donc que le temps ? Si personne ne me le demande, je le sais ; si je cherche à l'expliquer à celui qui m'interroge, je ne le sais plus. »

Il faut sans doute renoncer à chercher une définition unique et générale de la confiance, car elle ne ferait qu'entretenir un litige sur le nom[3]. Mais alors quoi faire ? Le

1. Cf. O. Lagerspetz, *Trust, Ethics and Human Reason*, Londres, Bloomsbury, 2015. Les citations provenant d'ouvrages ou d'articles en langue étrangère ont été traduites par mes soins.

2. M. Hartmann, « Einleitung », *in* M. Hartmann et C. Offe (dir.), *Vertrauen : die Grundlage des sozialen Zusammenhalts*, Francfort, Campus Verlag, 2001, p. 7-35.

3. Cf. ce que dit William James sur les définitions : « La question de la définition tend à devenir une dispute sur des noms » (*The Varieties of Religious Experience*, New York, The Modern Library, 1902, p. 30). Nos

philosophe finlandais, Olli Lagerspetz, auteur avec Lars Hertzberg d'une belle étude intitulée « Trust in Wittgenstein »[1], et, plus tard, d'un livre percutant ayant pour titre *Trust, Ethics and Human Reason*[2], propose que l'on s'en tienne à l'examen des occasions ordinaires dans lesquelles nous nous servons du concept de confiance, et de la manière dont nous l'utilisons et l'expliquons. Ce qui demande à être décrit ce sont des jeux de langage dans lesquels le terme « confiance » est utilisé :

> En philosophie, étudier ce qu'« est » la confiance c'est voir ce que le mot « confiance » *veut dire* dans différentes circonstances. La façon d'approcher la confiance est donc celle-ci : décrire le contexte dans lequel le concept est *invoqué* et étudier la contribution de cette invocation au contexte. En d'autres termes, quels sont les problèmes (*worries*) dont la résolution passe par l'invocation du vocabulaire de la « confiance » ? [...] Il me semble que l'on ne voit pas ce qu'« est » la confiance en considérant les phénomènes psychologiques et comportementaux représentés par les mots appropriés, mais en observant des situations où la « confiance » émerge comme problème (*as an issue*). Nous devrions nous focaliser sur ce qui nous incite à nous servir de ce genre de vocabulaire dans certaines situations problématiques, et sur la façon dont cet usage contribue à résoudre, créer ou transformer ces situations[3].

Un peu plus loin, Lagerspetz précise son propos dans les termes suivants :

---

classifications n'ont aussi qu'une valeur relative : « Nous ne devrions pas [les] traiter avec trop de respect », car la plupart des cas sont des cas mixtes.

1. O. Lagerspetz et L. Hertzberg, « Trust in Wittgenstein », *in* P. Mäkela et C. Towney (dir.), *Trust : Analytic and Applied Perspectives*, Amsterdam, Rodopi, 2013, p. 31-51.
2. O. Lagerspetz, *Trust, Ethics and Human Reason*, *op. cit.*, p. 8.
3. *Ibid.*

En appliquant un certain vocabulaire au comportement, nous proposons de le voir sous un certain jour. Aussi la question à poser n'est-elle pas « quels sont les critères appropriés pour appliquer le mot "confiance" à des phénomènes psychologiques ou comportementaux ? », mais plutôt, « quel rôle joue, dans l'interaction humaine, le fait de parler de confiance ? »[1].

Un des problèmes posés par ce parti pris linguistique est qu'il ne tient pas compte de l'écart qui peut exister entre les propos dans lesquels nous utilisons le vocabulaire de la confiance et de la méfiance, et les modes de comportement qui attestent l'adoption d'une attitude pratique de confiance dans nos activités, nos contacts et nos engagements habituellement irréfléchis[2]. Comme le dit la philosophe britannique Onora O'Neill,

> Les expressions de la méfiance qui sont séparées de l'action ne coûtent pas cher : nous pouvons affirmer et annuler, exhiber ou changer, défendre et abandonner, des attitudes et des expressions de la méfiance sans changer notre façon de vivre. Cela peut manifester quelque chose à propos d'attitudes de suspicion mais peu, ou même rien, sur là où nous mettons notre confiance[3].

En effet, le plus souvent nous agissons sans être conscients que l'attitude que nous adoptons est celle de la confiance. Celle-ci n'accède à la conscience que quand quelque chose

1. *Ibid.*, p. 21.

2. Ce parti pris linguistique dans l'approche de la confiance est aussi partagé par certains des ethnométhodologues qui pratiquent l'analyse de conversation. Cf. R. Watson, « Constitutive practices and Garfinkel's notion of trust », *Journal of Classical Sociology*, 3, 2009, p. 475-499.

3. O. O'Neill, *A Question of Trust. The BBC Reith Lectures 2002*, Cambridge, Cambridge University Press, 2002, p. 21. Élève de John Rawls, Onora O'Neill est une spécialiste de la pensée kantienne.

pose un problème dans une interaction, c'est-à-dire quand se produit un événement qui rompt la continuité de la conduite. Quand tout se passe sans anicroche, l'attitude ou le comportement de confiance demeure invisible :

> La confiance est comme l'air que nous respirons. Quand tout va bien, nous ne le remarquons pas. Nous ne nous rendons même pas compte de notre respiration ; nous respirons, c'est tout. Ce n'est que quand des difficultés surgissent que nous en prenons conscience.
> [...] Il en va de même pour la confiance lorsqu'elle est intacte. Nous vivons en elle, nous nous en nourrissons, nous en avons besoin, nous l'inhalons et l'exhalons. Ce n'est que quand des difficultés surgissent, que quand elle est perdue ou détruite, que nous la remarquons, que nous commençons à la contempler, à considérer ce qu'elle est réellement et pourquoi elle s'impose soudainement à notre attention. Nous pourrions ajouter que contempler la confiance ne fait pas partie de la confiance – en un sens très profond, la confiance comporte un degré important d'irréflexion. Elle prospère de rester non remarquée et aussi inaperçue que possible. Tous les bénéfices de la confiance proviennent de son invisibilité, du fait qu'elle ne requiert aucun effort particulier[1].

En un sens, donc, la confiance est le plus souvent posthume ; on en prend conscience quand elle a disparu (du fait, notamment, de la défaillance morale de son bénéficiaire). L'événement disruptif qui en fait prendre conscience procure une perspective pour faire venir à l'avant-plan ce qui était à l'arrière-plan. En termes heideggériens, on pourrait dire que la confiance bénéficie d'une « transparence » similaire à celle d'un outil à portée de main et en état de fonctionnement.

1. M. Hartmann, *Trust. The Invisible Power*, Avant-propos, Francfort-sur-le-Main, S. Fischer Verlag GmbH, 2020.

Quand nous utilisons celui-ci, nous nous concentrons sur la tâche à accomplir, sans trop prêter attention à l'instrument. Ce n'est que quand apparaît un problème de fonctionnement que sa « transparence » disparaît.

Un parti pris exclusivement linguistique pose aussi un autre problème : le discours est toujours second par rapport à l'expérience immédiate. Il est précédé par la saisie de la qualité des choses et des situations par la sensibilité, l'affectivité et la motricité. En effet, le monde dans lequel nous vivons est un monde qualitatif. Il n'est pas constitué d'objets et de situations d'emblée bien déterminés, ou appréciés réflexivement, mais de qualités qui sont senties, à partir desquelles nous identifions des actes et des objets, des événements et des situations, leur donnons leur sens et les configurons discursivement. Ces qualités sont « irréductibles, infiniment plurielles, indéfinissables et indescriptibles[1] ». On ne peut donc pas vraiment les exprimer par des mots. Les mots et le discours peuvent pointer vers elles, mais pas les décrire ou les définir. S'il en est ainsi, c'est parce que « l'immédiateté de l'existence est ineffable[2] ». N'y aurait-il pas précisément une forme de confiance qui relèverait de cette immédiateté ineffable de l'« existence »[3] ? Nous verrons qu'il y a lieu de répondre positivement à cette question. Il suffira pour cela d'examiner la place de la confiance, non plus dans les relations interpersonnelles ou dans les relations aux institutions, mais dans l'action et la pensée ordinaires. C'est principalement dans les notes de Wittgenstein dans *De la certitude* que je puiserai de quoi définir cette forme de la confiance.

1. J. Dewey, *Expérience et nature*, Paris, Gallimard, 2012, p. 107.
2. *Ibid.*
3. Le plan de l'« existence » est simplement celui de ce qui se présente et de ce qui est. L'emploi de ce terme ne fait aucune référence à la « phénoménologie de l'existence » de Heidegger.

L'analyse de la confiance a été présente dans l'agenda de la sociologie naissante, comme en témoignent les passages de l'œuvre de Georg Simmel qui lui sont consacrés – l'école française de sociologie l'a, quant à elle, plutôt ignorée. Mais elle n'a pris de l'ampleur que dans la seconde moitié du XXe siècle, aux États-Unis et en Allemagne. En 1963, le sociologue hétérodoxe Harold Garfinkel publiait un article intitulé « A conception of, and experiments with, "Trust" as a condition of stable concerted actions »[1]. Alors que les courants principaux de la sociologie dans la première moitié du XXe siècle s'étaient peu intéressés à la confiance, malgré l'impulsion initiale donnée par Georg Simmel, Garfinkel, qui s'inspirait de la phénoménologie sociale d'Alfred Schütz (tout en étant lié à Talcott Parsons), en faisait un facteur essentiel de l'instauration d'un monde commun. Mais il n'en a pas proposé une véritable théorie sociologique. C'est à un sociologue allemand, qui était lui aussi un lecteur assidu de phénoménologie, tout en se réclamant pareillement de Parsons, à savoir Niklas Luhmann, que l'on doit une telle théorie, qu'il a exposée dans un ouvrage publié en 1968, *Vertrauen. Ein Mechanismus der reduktion sozialer Komplexität*[2].

Plusieurs sociologues ont poursuivi les efforts de Garfinkel et Luhmann, dont Anthony Giddens, Erving Goffman, Russell Hardin, Adam Seligman, Piotr Sztompka et bien

1. H. Garfinkel, « A conception of, and experiments with, "trust" as a condition of stable concerted actions », *in* O. J. Harvey (éd.), *Motivation and Social Interaction*, New York, The Ronald Press Company, 1963, p. 187-238.

2. N. Luhmann, *Vertrauen. Ein Mechanismus der Reduktion sozialer Komplexität*, Stuttgart, Lucius et Lucius Verlagsgesellschaft, 1968. Le livre a été traduit en anglais en 1979 (*Trust and Power. Two Works by Niklas Luhmann*, New York, John Wiley et Sons) et en français en 2006 (*La Confiance*, Paris, Economica).

d'autres. L'analyse de la confiance est aussi devenue une préoccupation importante dans la philosophie morale, notamment dans les œuvres d'Annette Baier, de Martha Nussbaum, d'Onora O'Neill, de Bernard Williams, etc., ainsi que dans l'économie hétérodoxe, en particulier dans l'étude de la monnaie et les théories néo-institutionnalistes (cf., entre autres, les publications de Michel Aglietta, André Orléan, Oliver Williamson, etc.[1]).

Malgré le caractère essentiel de leur contribution, la tâche que s'assignaient, en sociologie, Simmel, Garfinkel et Luhmann demande à être encore reprise et continuée. Dans les termes de Luhmann, il s'agit de transformer « les termes de la langue quotidienne ainsi que les concepts de la représentation éthique traditionnelle du monde » en concepts sociologiques, de façon à permettre à la sociologie d'« établir sa propre position intellectuelle de manière positive, c'est-à-dire au moyen d'une théorie qui lui soit propre et à partir de laquelle elle peut engager un dialogue avec la compréhension quotidienne du monde social et son interprétation éthique »[2]. C'est l'objectif auquel le présent ouvrage voudrait modestement contribuer. Il requiert une certaine pratique de la sociologie, une « sociologie à l'ancienne », suis-je tenté de dire, qui considère comme indispensables la clarification conceptuelle et l'élucidation de la grammaire de nos « jeux de langage »[3].

1. Selon A. Orléan, qui regrette que les mécanismes de la confiance restent peu explorés par la théorie économique, les crises économiques sont essentiellement des crises de confiance. Voir Orléan, *L'Empire de la valeur*, Paris, Seuil, 2011.

2. Extraits de la préface de *Vertrauen*.

3. Peu attentive à son historicité, compartimentée, hyper-spécialisée et étayée sur une virtuosité technique de plus en plus sophistiquée, la sociologie contemporaine s'est beaucoup éloignée du projet des pères fondateurs, surtout quand elle se réduit à une forme de journalisme d'enquête, à la

Mon propre intérêt pour l'étude de la confiance est né de la lecture des textes de Garfinkel au début des années 1980. J'ai aussi pu lire à cette époque le livre de Luhmann, qui avait été traduit en anglais en 1979. J'ai plus tard partagé cet intérêt avec mon collègue et ami Albert Ogien. Nous avions sollicité et obtenu, en 1999, une subvention du Ministère de la Recherche dans le cadre de l'ACI « Cognitique ». Cette subvention nous avait permis d'organiser pendant deux années (2001-2003) un séminaire à l'École des hautes études en sciences sociales, puis, en septembre 2003, toujours à l'EHESS, un symposium international dont les actes ont été publiés en 2006 dans *Les Moments de la confiance*[1]. Le point de vue développé dans le présent ouvrage doit beaucoup à mes discussions avec Albert, et avec les participants à ce séminaire et à ce symposium.

Avec Albert nous nous étions notamment intéressés aux recherches en neurosciences et en économie expérimentale,

---

satisfaction de demandes sociales et politiques, à une étude de problèmes sociaux dont est absente toute problématisation proprement sociologique, à un pur établissement de faits déconnectés les uns des autres, ou encore à une forme d'expertise technique au service du contrôle social ou de la planification sociale. Elle commet souvent aussi l'erreur de chercher des solutions empiriques (avec en plus une conception tronquée de l'empirie) à des problèmes qui ne se prêtent pas à ce genre d'élucidation. Le risque est surtout que le sociologue adopte pour sa recherche un cadre de référence fourni par le processus social lui-même, avant et en dehors de son enquête, et considère que le problème à traiter est déjà défini dans ses traits principaux avant toute enquête. Considérer les analyses qui en résultent comme de la science est une immense tromperie. En effet, une véritable science doit être capable de produire son propre cadre de référence, ou sa propre structure conceptuelle, qui est un système clos, et de l'utiliser d'une certaine façon (comme hypothèses pour diriger des opérations d'observation et d'expérimentation). Cf. J. Dewey, « The study of man : Liberating the social scientist », in *The Later Works*, 1989, vol. 15, p. 224-238.

1. A. Ogien et L. Quéré (dir.), *Les Moments de la confiance. Connaissance, affects et engagements*, Paris, Economica, 2006.

qui attribuaient à l'ocytocine, un type d'hormone connu pour ses effets positifs dans le comportement animal, la capacité de générer de la confiance. Ces recherches, qui utilisaient la théorie des jeux, soulevaient à nos yeux des questions importantes, du genre : quel éclairage cette théorie apporte-t-elle sur la dynamique de la confiance comme composante des relations sociales ? Comment transforme-t-on un phénomène socioculturel complexe en un processus du cerveau ? Est-ce la bonne manière de « naturaliser » la confiance ? J'ai repris l'examen de ces questions à plusieurs reprises. Le troisième chapitre de la première partie présente et critique la « confiance de laboratoire » élaborée par ces recherches.

Plus tard, la lecture des trois exégètes de Wittgenstein que sont les philosophes finlandais Lars Hertzberg et Olli Lagerspetz, d'un côté, la spécialiste du dernier Wittgenstein (à savoir celui de *De la certitude*) qu'est Danièle Moyal-Sharrock, de l'autre, m'a fait entrevoir les fausses routes sur lesquelles se sont souvent engagés les tenants des approches conventionnelles de la confiance, des routes que j'avais moi-même en partie empruntées dans mes premiers articles, sans me rendre compte de leur caractère problématique[1]. La confrontation à la thérapeutique grammaticale de Wittgenstein a été une épreuve salutaire. À cet égard je partage tout à fait le point de vue de Pierre Bourdieu dans *Choses dites*. À un interlocuteur qui lui demandait pourquoi il citait si souvent Wittgenstein dans ses textes, Bourdieu répondait :

> Wittgenstein est sans doute le philosophe qui m'a été le plus utile dans les moments difficiles. C'est une sorte de sauveur

1. Mon premier article sur la confiance a été publié en 2001 : « La structure cognitive et normative de la confiance », *Réseaux* 108 (4), 2001, p. 125-152. DOI 10.3917/res.108.0125.

pour les temps de grande détresse intellectuelle : quand il s'agit de mettre en question des choses aussi évidentes que « obéir à une règle ». Ou quand il s'agit de dire des choses aussi simples [...] que « pratiquer une pratique »[1].

Cependant la critique de ces approches conventionnelles, dont je me fais l'écho dans la seconde partie de l'ouvrage, n'annule pas complètement leur pertinence, dès lors que l'on renonce à considérer la confiance comme un phénomène unique : elles rendent compte de l'une ou l'autre de ses figures ou variétés. Elles représentent aussi une élucidation de la grammaire (au sens wittgensteinien du terme) du concept de « confiance ». C'est pourquoi il m'a semblé utile de reproduire quelques-unes de mes premières études, moyennant certaines révisions.

J'ai commencé cette introduction en disant qu'aujourd'hui tout le monde veut la confiance, se lamente sur son déclin ou sur sa crise, et veut la restaurer. O. O'Neill considère que vouloir restaurer la confiance peut tout simplement être un « objectif stupide », et que ce n'est pas ainsi que l'on pourra contrecarrer le développement contemporain de ce qu'elle appelle une « culture de la suspicion ». Mais le développement d'une telle culture est-il avéré ? S'il l'était – malheureusement la prolifération actuelle des complotismes et conspirationnismes de tous ordres fait craindre que cela ne soit pas impossible –, il s'agirait d'une vraie tragédie de la vie sociale.

Je tenterai d'élucider ce genre de question dans la troisième partie de l'ouvrage. Pour cela il m'a paru utile de distinguer ce qui relève d'une défiance précautionneuse et ce qui relève de la « folie de la méfiance », que Goffman

1. P. Bourdieu, *Choses dites*, Paris, Minuit, 1987, p. 19.

et Luhmann ont bien décrite. Le sociologue allemand a aussi expliqué comment un accroissement de la première générait paradoxalement un accroissement de la confiance, et de la « confiance dans la confiance ». Il m'a cependant semblé que la « théorie des systèmes » qui sous-tend son explication n'était pas en mesure de donner une incarnation institutionnelle réaliste à cet accroissement mutuel. D'où la recherche d'une alternative, d'abord du côté de la problématique kantienne de l'*Öffentlichkeit*, telle que reformulée par O'Neill, mais qui ne propose pas d'autre solution que la moralisation (inatteignable) de la vie publique, ensuite du côté de l'analyse pragmatiste du doute et de la certitude, de l'enquête et du « public », qui fait d'un « public » éduqué et organisé (ce que n'est pas l'opinion publique, souvent étroite d'esprit) et mû par le doute (et non par la suspicion) le garant d'une confiance possible dans les institutions, et *via* celle-ci, d'une confiance entre citoyens.

PREMIÈRE PARTIE

Sentiers balisés

Introduction

Les articles repris dans cette première partie donnent un aperçu sur l'essentiel de la littérature existant aujourd'hui sur la confiance en philosophie et en sciences sociales. Cette littérature est majoritairement de langue anglaise. Cette langue dispose de plus de termes que le français pour parler de la confiance et de ce qui s'y rapporte : en plus de *trust*, elle a *confidence* et *reliance* ; en plus de *reliability*, elle a *trustworthiness*, etc. Philosophes et sociologues ont souvent tiré parti des nuances introduites par ces termes pour distinguer les variétés de la confiance. Comme je fais mien cet objectif de différenciation, dans ce qui suit je vais leur emboîter le pas en maintenant les mots anglais (notamment dans le premier chapitre).

Parmi les distinctions habituellement établies, il y a celle entre la confiance interpersonnelle et la confiance dans les institutions. En quel sens peut-on parler de « confiance dans une institution » ? Certains doutent de la possibilité d'une telle confiance. C'est pourquoi, j'ai accordé une attention particulière à l'examen de cette question dans le chapitre 4.

La littérature produite sur la confiance est essentiellement de nature théorique. Cela s'explique en partie par la difficulté de faire de la confiance un objet d'investigation empirique[1]. Un des seuls sociologues qui s'y soit employé est Harold Garfinkel, avec ses « *breaching experiments* », inspirées de la phénoménologie sociale d'Alfred Schütz. Mais Garfinkel en est venu à douter lui-même de la pertinence des procédés qu'il avait utilisés. La manière habituelle de donner une dimension empirique à l'analyse de la confiance est de recourir aux sondages d'opinion. Mais nombreux sont ceux qui doutent de la capacité de tels sondages de nous apprendre quoi que ce soit sur la confiance. O. O'Neill en fait partie : « Je pense que les sondages sont de très mauvais guides sur le degré de confiance qui existe en réalité, parce qu'ils essaient de faire disparaître le bon jugement qu'on utilise en accordant notre confiance ». Que nous apprennent-ils au juste ? Je tenterai de répondre à cette question dans le chapitre 2.

Parmi ceux qui ne se fient pas du tout aux sondages d'opinion pour éclairer empiriquement les processus de la confiance figure aussi Russell Hardin, professeur de science politique à l'Université de New York. Hardin abordait la confiance du point de vue de la théorie du choix rationnel. Ses publications ont aiguillonné ma propre réflexion dès le début. Dans les articles que j'ai écrits entre 2005 et 2011, je me suis souvent confronté à ses analyses. Hardin avait honoré de sa présence notre colloque de 2003 à l'EHESS. Il est malheureusement décédé en 2017. Mon désaccord profond avec sa perspective ne m'empêche pas de rendre sincèrement hommage à son audace et à sa perspicacité, à sa bienveillance et à sa gentillesse.

1. Il est d'ailleurs possible que ce soit à tort que nous voulons soumettre la confiance à des investigations empiriques, car elle n'est peut-être pas le genre de chose qui peut être élucidé empiriquement.

Chapitre 1

Confiance et engagement[1]

Russell Hardin soutient que la confiance relève de la catégorie de la connaissance ou de la croyance, plutôt que de celle de l'action ou de la conduite[2]. La confiance est cognitive, à ses yeux, parce qu'elle implique une connaissance des raisons de la fiabilité et de la loyauté d'autrui, notamment de ses motivations. *Grosso modo*, je fais confiance à quelqu'un si j'ai des raisons de croire qu'il sera disposé à honorer ma confiance « en agissant comme mon agent », c'est-à-dire en enchâssant mes intérêts dans les siens[3]. Hardin critique la confusion à partir de laquelle la confiance est traitée comme une action, qui consiste à identifier « faire confiance » et « agir sur la base de la confiance », ou encore « faire confiance » et « confier la réalisation de quelque chose à quelqu'un ». C'est parce que la confiance ne relève pas de la catégorie de l'action qu'il est erroné de la concevoir comme un engagement (cf. sa discussion des thèses de Piotr

1. Ce chapitre a été publié dans *Les Moments de la confiance*, *op. cit.*, p. 117-142.

2. R. Hardin, « Conceptions and explanations of trust », *in* K. S. Cook (dir.), *Trust in Society*, New York, Russell Sage Foundation, 2001, p. 3-39.

3. Hegel avait déjà proposé une théorie similaire : lorsque je fais confiance à quelqu'un, je m'attends à ce que « mon intérêt substantiel et particulier soit conservé et contenu dans l'intérêt et dans les buts d'un autre ».

Sztompka[1]). En un sens, cette critique est justifiée : s'engager dans une action en prenant appui sur la connaissance que l'on a des raisons de la fiabilité/loyauté d'autrui est une chose, lui faire confiance en est une autre.

Cette conception cognitive/rationnelle de la confiance n'est cependant pas en mesure de rendre compte d'une dimension importante du phénomène, à savoir la dynamique qui lui est inhérente. Les images qui ont le plus souvent été introduites pour évoquer cette dimension sont celles du pari, du saut ou de la foi[2]. Simmel, entre autres, s'est intéressé à ce « moment autre », qui ne relève pas d'un « savoir inductif atténué », ne « se situe absolument pas dans la direction du savoir ». Rapprochant la confiance de la foi religieuse, il a considéré ce « moment autre » comme étant de l'ordre d'un « abandon en toute sécurité, sans résistance » à la représentation qu'on a de l'autre, abandon qui semble « se faire à partir de raisons invocables, qui cependant ne le constituent pas »[3].

C'est ce « moment autre » et ce mouvement que je voudrais tenter de caractériser, non pas à partir du cas de la foi religieuse, mais de l'idée que la confiance a un site propre : les situations d'engagement. Cette idée ne revient pas à faire de la confiance une forme d'engagement, mais l'inverse : considérer la confiance comme une dimension constitutive de toute situation d'engagement. Cependant cet argument n'est défendable que si l'on peut dégager un noyau commun

1. R. Hardin, « Communautés et réseaux de confiance », *in* A. Ogien et L. Quéré (dir.), *Les Moments de la confiance*, *op. cit.*, p. 89-108 ; P. Sztompka, *Trust. A Sociological Theory*, Cambridge, Cambridge University Press, 1999.

2. Voir G. Möllering, « The nature of trust : from Georg Simmel to a theory of expectation, interpretation and suspension », *Sociology*, 35 (2), 2001, p. 403-420 ; G. Möllering, *Trust : Reason, Routine, Reflexivity*, Bingley, Emerald, 2006.

3. G. Simmel, *Philosophie de l'argent*, Paris, Puf, 1987, p. 197.

à toutes les figures de la confiance, qui sont très différentes. Partant de situations d'engagement qui comportent l'usage d'outils, pour ensuite remonter à celles qui impliquent des relations interpersonnelles, je considérerai que la *reliance* (au sens anglais du terme) constitue ce noyau.

Un élément constitutif de l'usage d'outils

L'expression anglaise *to rely on* correspond aux expressions « se fier à », « compter sur », « faire fond sur », « s'en remettre à », « dépendre de », etc. Étant donné qu'il n'y a pas en français de forme nominale spécifique correspondant à ces verbes, je conserverai le plus souvent le terme anglais *reliance.* À l'occasion, je le traduirai par « escompte », une manière pas tout à fait satisfaisante de nominaliser l'expression « compter sur ». Ce vocabulaire peut cependant induire en erreur, car il évoque des opérations plus ou moins expresses que nous ferions pour fonder nos actions ; or, de telles opérations ne sont attestées que dans des situations très particulières – le plus souvent nous agissons sans que de telles médiations interviennent. Certes, je peux dire que « je me fie » à la bonne marche de mon ordinateur, que « je compte sur » sa capacité de sauvegarder ce que j'écris ; mais en mode d'action routinière, ce n'est pas quelque chose qui fait partie de l'organisation de ma conduite sous la forme d'actes intentionnels, d'opérations conscientes ou de décisions spécifiques. En un sens, mon comportement manifeste habituellement une assurance tranquille, une absence d'inquiétude sur le sort de ce qui a été affiché à l'écran à un moment donné, voire la certitude de pouvoir y accéder de nouveau quand je le voudrai, moyennant l'exécution régulière de l'opération de sauvegarde. Quand je manque d'assurance ou suis inquiet, par exemple quand je doute de la fiabilité de mon ordinateur, je le manifeste dans mon comportement : je guette les moindres signes de défaillance de sa part, je surveille ses opérations et ne peux pas être tout à mon travail d'écriture. Mais cette manifestation comportementale, primordiale, ne repose pas sur une décision ou un acte particulier (« se fier à », « se méfier de »...), pas plus qu'elle n'atteste une opération particulière de traitement de l'incertitude.

Il est une autre manière de raisonner, que l'on rencontre par exemple chez Michael Polanyi[1]. Elle consiste à considérer la *reliance* comme une composante nécessaire de l'effectuation d'une activité située, polarisée par l'obtention d'un résultat. La *reliance* est en quelque sorte exigée par la structure même de l'attention : celle-ci est en effet inégalement distribuée entre les moyens utilisés (outils ou significations) et l'objet de l'effort. Ainsi les opérations que nous effectuons lorsque nous nous livrons à une activité particulière ne suscitent-elles qu'une « attention subsidiaire », alors que l'essentiel de notre attention est focalisé sur le résultat à obtenir, sur l'état de choses à transformer et sur le processus même de sa transformation progressive. Lorsque j'écris mon texte, mon attention se porte sur la construction de mes arguments, sur la recherche, l'expression et la mise en ordre de mes idées, voire sur leur formulation correcte en français. Aussi bien ce qu'effectuent mes doigts sur le clavier de l'ordinateur que le sens des mots que je compose

1. M. Polanyi, *Personal Knowledge. Towards a Post-Critical Philosophy*, Londres, Routledge, 1958. Michael Polanyi, frère de Karl Polanyi, est un chimiste et épistémologue britannique d'origine hongroise.

ensemble, ou encore les règles en fonction desquelles je les associe les uns aux autres, demeurent à la périphérie de mon champ d'attention, *a fortiori* le fonctionnement même de l'ordinateur. Mais ils peuvent, à l'occasion, repasser au centre de ce champ, par exemple si les lettres qui s'affichent à l'écran ne correspondent pas à celles que j'ai tapées sur le clavier (mon clavier est-il réglé en mode AZERTY ?), si je découvre qu'un passage de mon texte n'a pas été sauvegardé, ou si j'ai un doute sur la manière d'accorder un participe passé.

Polanyi explique cette « subsidiarisation » à la fois en termes de psychologie de la forme et en termes de phénoménologie du « corps propre ». D'un côté, la perception se fait sous la forme d'une saisie holistique de configurations signifiantes, et pas d'une appréhension atomistique d'éléments qui seraient ensuite composés ensemble pour former une *Gestalt* – pour percevoir des éléments plutôt que des touts, il faut changer d'attitude et avoir une préoccupation spécifique. De l'autre, la présence des éléments n'est pas pour autant complètement négligée : ils sont appréhendés dans les termes ou sous les auspices des configurations polarisées dans lesquelles ils sont organisés, ou auxquelles ils sont subordonnés, donc en tant que parties de touts structurés et orientés. Ainsi quand j'utilise un outil, mon attention ne se porte pas sur son comportement ni sur les détails des sensations qu'il provoque dans ma main, mais sur le contrôle de la tâche dans laquelle il est investi. Je ne l'appréhende qu'à travers son engagement dans la tâche sur laquelle je concentre mes efforts et en fonction du résultat qu'elle vise. Si je devais focaliser mon attention sur lui, la dynamique de la tâche serait interrompue (cf. l'exemple du pianiste obligé d'interrompre son jeu s'il se met à s'inquiéter du mouvement de ses doigts). Dans les termes de Polanyi, l'outil entre dans la structure « *from... to* » qui est celle de toute activité.

Néanmoins, la manipulation de l'outil requiert une certaine forme d'attention, différente de celle que l'on accorde à un objet extérieur quand on l'examine : c'est une attention non focale, orientée pratiquement. Il faut s'assurer d'une bonne prise sur l'outil, et celle-ci est trouvée, entre autres, à partir des sensations qu'il induit dans la main. En un sens, l'attention subsidiaire va ainsi de pair avec cette forme particulière de confiance qu'est la *reliance* : je m'en remets à l'outil *pour* réaliser une tâche déterminée ; je l'accepte de façon non critique et je m'installe en lui ; je me l'assimile en quelque sorte. Je me fie à son fonctionnement régulier et me rends dépendant, pour atteindre le résultat visé dans ma tâche, de sa capacité de réaliser, sans interférence de ma part, la fin qui est inscrite en lui[1]. La régularité de comportement sur laquelle je compte n'est pas visée comme telle, mais est intégrée dans un champ opérationnel structuré autour de l'effort orienté sur lequel se focalise l'attention. Pour Polanyi, cette assimilation de l'outil, cette installation en lui, représente un engagement personnel. L'usage crée ainsi la sorte de déférence[2], de dépendance et de vulnérabilité caractéristique de la confiance. Mais Polanyi parle de *reliance* et pas de *trust*.

1. L'existence d'une telle fin n'empêche cependant pas des usages variés. Je peux me servir d'un marteau comme levier et pas seulement comme outil de percussion, comme je peux me servir d'un tournevis comme outil de forage et pas seulement pour enfoncer ou extraire des vis.

2. Dans cet ouvrage j'emploie « déférence » au sens où l'on parle de déférer à quelqu'un, pour signifier que l'on s'en rapporte à lui, que l'on s'en remet à lui, que l'on se soumet à son jugement, à sa compétence, à son savoir, à son autorité. Il ne s'agit donc pas de « la considération respectueuse que l'on témoigne à quelqu'un », qui est un autre sens de « déférence » (cf. *infra* l'*excursus* sur la déférence).

Son argument rejoint la réflexion phénoménologique sur la « transparence » de l'outil : quand nous nous servons d'outils en nous fiant à eux pour réaliser une tâche en cours, nous procédons à une extension de notre corps. Cela vaut d'ailleurs aussi pour l'usage des mots du langage et de leur signification. Dans l'usage nous ne traitons plus les outils ou les mots comme des objets extérieurs dotés de propriétés spécifiables, mais comme faisant partie de nous-mêmes, et nous nous fions à eux comme nous le faisons à notre pouvoir-faire et à nos capacités corporelles. Polanyi dit que nous nous installons en eux, comme pour y habiter, et il considère ce geste comme un engagement personnel. En termes merleau-pontiens, ils passent du monde objectif au domaine du « corps propre » ; ils deviennent « un appendice du corps, une extension de la synthèse corporelle », notamment *via* l'habitude[1].

L'engagement personnel inhérent à l'usage d'un outil ou d'une signification est-il une décision tacite ? Il est des situations où nous nous fions expressément à un instrument, ou encore à nos capacités. Imaginons, par exemple, que je doive sauter par-dessus un ruisseau pour continuer ma promenade, mais que sa largeur soit à la limite de la distance que je peux franchir d'un saut. J'hésite, car je doute un peu de ma capacité, mais je n'ai pas envie d'interrompre ma balade pour si peu. Je m'élance donc, au risque d'atterrir dans l'eau. Dans ce cas, je peux dire que je me suis expressément fié à mes capacités de saut ou que j'ai décidé de faire fond sur mon pouvoir-faire. Il y a eu une sorte de décision, voire presque un pari. Mais ce n'est pas ainsi que j'agis habituellement ; ce mode d'organisation de la conduite n'est mobilisé que

1. M. Merleau-Ponty, *Phénoménologie de la perception*, Paris, Gallimard, 1945, p. 178.

dans des situations où un obstacle bloque la progression de l'action, où un doute se fait jour, où un choix est à faire et où il y a un minimum de conscience d'encourir un risque défini. Dans les situations non problématiques, de loin les plus courantes, rien d'équivalent à cette décision de « se fier à » n'apparaît.

Une description en termes de décisions tacites est incontestablement attrayante ; mais il s'agit souvent d'une médiation attribuée par la réflexion pour expliquer ce qui a lieu, et rien n'assure qu'elle est effective dans le champ de l'expérience. Peut-on raisonner autrement ? Il me semble que oui. L'alternative consiste à faire de la confiance un phénomène immanent à la pratique, une sorte de nécessité qui lui est interne du fait de l'engagement qu'elle comporte[1].

L'action en « mode fiduciaire »

Il arrive que la *reliance* soit instaurée par des tests et des mises à l'épreuve visant à s'assurer du fonctionnement et du mode de comportement d'un outil, et à déterminer les seuils au-delà desquels les habitudes motrices et perceptives formées ne suffisent plus pour faire face aux situations. La confiance, si confiance il y a, est alors liée à l'instauration et au maintien d'un « équilibre de coordination ». J'emprunte cette expression au langage de la théorie des jeux, mais lui donne un sens quelque peu différent : un

1. Il y a plusieurs façons de rendre compte de cette immanence. Dans la seconde partie de l'ouvrage, je présenterai la manière « grammaticale » de Wittgenstein.

équilibre de coordination est atteint, dans un agencement, quand le co-fonctionnement des composantes associées se fait sans heurts, en particulier quand les agents ont trouvé le bon réglage de leurs conduites dans leurs interactions avec les éléments de l'environnement, et ont repéré les limites au-delà desquelles soit le comportement des choses et des personnes entre de nouveau dans l'indétermination, soit les capacités (corporelles entre autres) et les habitudes sont sollicitées au-delà de ce qu'elles peuvent assurer. Cet équilibre est trouvé par une exploration et une expérimentation, donc par des opérations, et maintenu par des révisions et des corrections ; il implique la formation d'habitudes, sur la base desquelles le corps lui-même saisit la signification des choses et des événements. Une fois un tel équilibre instauré, il permet d'agir en mode « transparence de l'outil », tel que décrit plus haut, ou en « mode fiduciaire », pour reprendre une expression de Polanyi[1].

Pour illustrer cette idée, imaginons que je doive réparer le toit en ardoises de ma maison. Pour ce faire, je confectionne un échafaudage et me procure les échelles appropriées. Quand je monte les premières fois sur l'échafaudage puis sur le toit, je manque d'assurance ; je prends un maximum de précautions ; je teste la fiabilité de l'échafaudage en observant son comportement, en particulier sa manière de réagir à mes actions et à mes gestes ; j'en améliore éventuellement la fixation ; j'observe attentivement le comportement des

1. En fait, je propose d'élargir l'application de cette dernière notion à l'action en général. Polanyi l'a introduite pour rendre compte de l'adhésion inhérente à l'affirmation d'une proposition : je ne peux pas affirmer que *p* sans adhérer à *p*, sans croire que *p* est vrai ou sans accorder foi à *p*. Les expressions « adhérer à », « croire que », « accorder foi à » sont les formulations d'un engagement cognitif personnel. Pour Polanyi, l'engagement est « la seule relation dans laquelle nous pouvons croire quelque chose comme vrai » (*Personal Knowledge*, *op. cit.*, p. 311).

échelles et modifie, si besoin, leur disposition ; j'explore les conditions d'une bonne sécurité et traduis mes jugements dans la disposition de tout mon équipement. Je recherche aussi la position et l'orientation corporelles qui me donnent le meilleur équilibre, de même que la meilleure prise pour faire ce que j'ai à faire ; j'explore les limites des variations possibles des postures corporelles, un des problèmes étant d'éviter de perdre l'équilibre en travaillant. Tout cela implique un engagement personnel que l'on peut appeler « heuristique », qui mélange prudence et audace.

Cependant, très vite cette phase d'exploration, d'ajustement et de test est dépassée, et je me consacre tout entier à l'activité qui requiert mon attention et mes efforts ; je ne m'inquiète plus des grincements des échelles ou du balancement de l'échafaudage, pas plus que des problèmes d'équilibre que me posait au début ma station sur le toit. J'ai acquis une certaine aisance (et assurance) dans mes déplacements et positionnements. Je ne suis plus en train de vérifier à chaque pas si cela va céder ou tenir, ou de chercher mon équilibre. Mon action est devenue fluide. Bref, je peux désormais être tout à ma tâche, car des habitudes se sont formées. Je suis ainsi passé d'un régime d'enquête, de jugement et d'accommodation expérimentale à une action en « mode fiduciaire » : j'ai intégré un certain nombre d'éléments externes à mon espace corporel ; j'en dispose désormais (presque) comme je dispose de mon corps ; je me fie à eux (presque) comme je me fie à mes capacités corporelles. Ce qui a changé dans le passage d'une phase à l'autre c'est le style de ma conduite : la phase exploratoire de couplage du corps, du dispositif, du matériau et de l'environnement (prise en compte de la force du vent, par exemple, ou bien encore de ce sur quoi je pourrais tomber s'il y avait chute accidentelle), qui se fait sous le contrôle de l'attention focale, cède la place à un couplage confié au corps, à son sens de l'équilibre et de la bonne posture – il trouve désormais tout seul ce qu'il faut faire, et cela sans tâtonner.

Dans tout cet exemple, en disant que « je me fie à l'échafaudage, aux échelles, à mes ressources corporelles, etc. », je spécifie un mode de conduite, et non pas un état psychologique (une croyance, par exemple : « je crois que l'échafaudage tiendra »), ou des actes qui accompagneraient ou fonderaient mon action. En un sens j'ai produit, temporellement, par un travail d'exploration et d'expérimentation, la fiabilité pratique du dispositif – non seulement pour moi, mais aussi pour d'autres (sous réserve qu'ils aient globalement les mêmes sensibilités et les mêmes ressources corporelles que moi).

Un agencement s'est constitué, dont je fais partie, avec, d'un côté, mes dispositions et mes « anti-dispositions » (Albert Ogien), mon savoir-faire et ma plus ou moins grande adresse, de l'autre, les positions d'équilibre que je suis parvenu à régler par un processus d'habituation, les habitudes d'action que j'ai formées, ainsi que mes affects (je n'ai pas peur) ; mais en font aussi partie l'échafaudage, les échelles, le marteau et la tenaille particuliers que j'utilise, ainsi que les ardoises, les crochets, la volige, dans l'état qui est le leur, et tels qu'ils se présentent, et aussi la pente du toit, la force du vent, la pluie ou le soleil, ainsi que les événements qui ont lieu et les réponses et réactions qu'ils suscitent. J'utilise tous ces éléments, mais suis aussi, en un sens, subordonné à eux et utilisé par eux – c'est ce qu'implique l'idée d'agencement. En fait, la réparation du toit est le produit de cet agencement. Certes je peux dire : « J'ai réparé mon toit », mais, ce faisant, je m'extrais, en tant que personne, de cet agencement d'éléments hétérogènes et m'approprie une action dont je ne suis pas le seul auteur sous la forme d'un sujet autonome.

Il peut aussi y avoir des « retours de réalité » (pour reprendre la formule de Laurent Thévenot) : j'ai fait un geste qui a failli me faire perdre l'équilibre ; je découvre ainsi une limite de la variation possible de mes postures ; le passage à une nouvelle phase de ma tâche m'a obligé à trouver une nouvelle position sur l'échelle de toit, et à tester sa viabilité et sa sécurité ; un barreau de mon échelle que je croyais solide a cédé sous mon poids ; j'ai risqué de faire une chute faute d'avoir vérifié le bon calage de l'échafaudage, ou parce que je n'ai pas pris appui au bon endroit, etc. En focalisant mon attention sur ces éléments problématiques pour les résoudre, je repasse provisoirement du « mode fiduciaire » au mode de l'enquête et du jugement. Cette enquête peut aboutir à un accroissement du savoir (j'aurai appris quelque chose sur la manière de bien disposer une échelle sur un toit) ou à un perfectionnement du savoir-faire.

Dans cette description, j'ai parlé d'agencement au sens de Gilles Deleuze (la notion est aussi utilisée par Thévenot[1]). Il faut donner un sens fort à ce concept : composer avec les choses de l'environnement, avec les personnes, les objets ou les événements, est une chose ; disposer convenablement ces éléments dans un tout polarisé où ils marchent ensemble et s'articulent de telle sorte que l'action soit à proprement parler le produit de cet agencement en est une autre. Tel est, me semble-t-il, le sens que donne Deleuze à la notion quand il y recourt pour définir la matrice d'un discours :

1. L. Thévenot, « Le régime de familiarité. Des choses en personne », *Genèses*, 17, 1994 ; « L'action comme engagement », *in* J. M. Barbier (dir.), *L'Analyse de la singularité de l'action*, Paris, Puf, 2000.

> L'unité réelle minima, ce n'est pas le mot, ni l'idée ou le concept, ni le signifiant, mais l'agencement. C'est toujours un agencement qui produit les énoncés. Les énoncés n'ont pas pour cause un sujet qui agirait comme sujet d'énonciation, pas plus qu'ils ne se rapportent à des sujets comme sujets d'énoncés. L'énoncé est le produit d'un agencement, toujours collectif, qui met en jeu, en nous et hors de nous, des populations, des multiplicités, des territoires, des devenirs, des affects, des événements[1].

Parmi les éléments qui font partie de l'agencement figurent bien sûr l'agent et ses initiatives, mais aussi diverses circonstances extérieures, dont des événements, des péripéties ainsi que des comportements et des opérations des choses de l'environnement, que l'agent subit, qui l'affectent, qui suscitent ses réactions et qui font que ses initiatives réussissent ou échouent. Tout le problème est de faire en sorte que s'articulent comme il faut ces différentes composantes, que leur co-fonctionnement dans une totalité orientée soit assurée : « Le difficile, c'est de faire conspirer tous les éléments d'un ensemble non homogène, de les faire fonctionner ensemble. Les structures sont liées à des conditions d'homogénéité, mais pas les agencements. L'agencement c'est le co-fonctionnement, c'est la "sympathie", la symbiose[2]. » Et l'implication dans un agencement requiert un engagement : on se fait aux choses impliquées dans l'agencement en s'y frottant, et on les assimile à l'espace corporel en se laissant « utiliser » par elles[3].

Qu'en est-il maintenant des personnes éventuellement impliquées dans un agencement ? L'action en mode fiduciaire

1. G. Deleuze et C. Parnet, *Dialogues*, Paris, Flammarion, 1996, p. 65.
2. *Ibid.*
3. Cf. aussi P. Bourdieu, *Méditations pascaliennes*, Paris, Seuil, 1997, p. 171.

s'applique-t-elle à elles aussi ? En un sens, lorsqu'un agencement comprend d'autres personnes, il faut aussi « se faire à elles », s'ajuster à leur mode d'être, à leur caractère et à leur façon de se comporter, anticiper leurs tactiques et leurs stratégies, « entrer dans leur jeu », pour qu'un co-fonctionnement se mette en place. Nombreuses sont les situations où cet ajustement se fait, comme pour les outils, par assimilation, c'est-à-dire selon une forme de composition dans laquelle le comportement de l'autre ou ses qualités n'émergent jamais comme réalités objectives ou comme objet réfléchi dans l'organisation de la conduite. Ce qui ne veut pas dire qu'autrui est supposé transparent. La coordination fait simplement l'économie de la cognition ; elle repose pour une grande part sur des engagements conjoints non thématisés, sur un accordage sensori-moteur et affectif, ainsi que sur la perception d'*affordances* dans un milieu normatif de comportement[1].

Pour voir la différence avec la transparence des outils, il suffit d'imaginer l'apparition d'une situation problématique impliquant à la fois des outils et des personnes : la régularité des réactions et la normalité des comportements n'apparaissent pas du tout sous le même jour. Dans un cas elles ont une dimension normative, se traduisant par des

1. C'est au psychologue américain James Gibson que nous devons le néologisme *affordance*. Sa thèse est que ce que nous percevons dans notre environnement ce sont les valeurs fonctionnelles des choses, leurs potentialités, leurs opportunités ou les prises qu'elles offrent à des organismes en mouvement, explorant leur environnement pour y trouver des points d'appui en vue d'organiser leur conduite. En réalité Gibson n'a pas inventé ce concept. Il l'a emprunté à la *Gestaltpsychologie*, notamment aux *Principes de la psychologie de la forme* de son collègue Kurt Koffka, qui parlait d'*Aufforderungscharakter* (cf. J. J. Gibson, *The Ecological approach to Visual perception*, Boston, Houghton Mifflin, 1979 ; et pour un commentaire : L. Quéré, « Action située et perception du sens », *in* M. de Fornel et L. Quéré (dir.), *La Logique des situations. Nouveaux regards sur l'écologie des activités sociales*, Paris, Éditions de l'EHESS, 1999, p. 301-338).

seuils d'acceptabilité, qui, lorsqu'ils sont franchis, peuvent donner lieu à récrimination, dénonciation, demande de justification, etc. Dans l'autre, elles sont purement factuelles. Lorsqu'un outil ne fonctionne plus comme il faut, on l'examine, le répare, le restaure ; on essaie de le manipuler différemment, et si cela n'est pas possible, on le change. On peut éventuellement s'accommoder de ses caprices et fantaisies, et mettre au point des « trucs » personnels pour compenser les défauts de normalité de son fonctionnement[1].

Un outil peut certes être dit engagé dans un agencement, mais un tel engagement ne peut se dire qu'à la voix passive. C'est un engagement subi, qui n'implique, côté outil, aucune dimension de contraction d'obligations ni de soumission à des règles ou à des standards impersonnels. Le type d'attente qu'il suscite est purement fonction de la sorte de fonctionnement et de mode d'emploi normaux qui est la sienne, en fonction de la fin inscrite en lui. Certes il peut refuser de marcher conformément à cette fin, ou ne pas convenir dans un co-fonctionnement ; il ne trahit pas pour autant la confiance mise en lui, tout simplement parce qu'il n'y a rien qui ressemble à de la confiance dans cette affaire : on table simplement sur son fonctionnement normal, conformément à sa finalité propre, comme base d'inférence et d'action ; et cette attente peut être déçue. Bref, les interactions entre personnes dans un agencement peuvent aussi avoir lieu en mode « transparence de l'outil », et la confiance être implicite, mais l'arrière-plan n'est pas le même que pour les objets, essentiellement parce que les cadres de l'engagement ne sont pas de même nature. J'y reviendrai.

Cependant, comme je l'ai indiqué, supposer une *reliance* tacite ou une confiance implicite n'est pas entièrement

1. Cf. L. Thévenot, « Le régime de familiarité », art. cité.

satisfaisant. On est porté à parler d'implicite ou de tacite du fait que les défections et les démentis occasionnent des déceptions, des contrariétés et des blocages de l'action, et, à partir de là, à faire l'hypothèse qu'il y a des actes ou des décisions implicites qui accompagnent la mise en œuvre de l'outil ou le commerce avec autrui, ou des états psychologiques correspondant à ce fait. Peut-on faire l'économie d'une telle hypothèse ? Oui, en considérant que la *reliance* fait partie intégrante de l'usage de l'outil ou des transactions entre personnes. Pour la simple raison que cet usage et ces transactions auraient une tout autre allure si elle en était absente, donc s'il fallait constamment interférer avec le fonctionnement des outils et le comportement des personnes, et se passer de toute déférence. C'est donc l'usage qui comporte, comme constitutif de lui-même, le type de relation à l'outil que l'on formule en disant qu'on « se fie à » lui, qu'on « s'en remet » à lui, etc. Autrement dit, la *reliance* est une nécessité interne de l'usage ; elle n'est pas un geste ou une décision séparé, accompagnant l'engagement dans l'action. Le lien est grammatical, pourrait-on dire.

On peut reprendre à ce sujet un argument de Ludwig Wittgenstein. Celui-ci considérait comme important le fait que les mathématiciens se disputent rarement sur les résultats d'un calcul : « S'il en était autrement, si par exemple l'un d'eux était convaincu qu'un chiffre s'est modifié sans qu'on s'en aperçoive, ou que lui (ou les autres) ont été abusés par leur mémoire, etc., etc., – notre concept de “certitude mathématique” n'existerait pas[1]. » Bref, un tel accord est une nécessité interne de l'activité (du *faire*) que sont les mathématiques : « Si le consensus n'était pas total, les hommes

1. L. Wittgenstein, *Recherches philosophiques*, Paris, Gallimard, 2004, p. 316.

n'apprendraient pas non plus la technique que nous apprenons. La leur serait plus ou moins différente de la nôtre, jusqu'à en être méconnaissable[1]. »

On peut appliquer un raisonnement similaire à l'usage de l'outil (je laisse provisoirement de côté les interactions sociales en mode fiduciaire) : cet usage requiert, comme condition interne de possibilité, non seulement que l'on puisse faire siennes les fins qui sont inscrites dans l'outil, faire fond sur une disponibilité (état de marche), s'en remettre à une régularité de comportement ou à un fonctionnement normal, mais aussi que l'on accepte une subordination et que l'on fasse, en quelque sorte, allégeance à une normativité (technique essentiellement).

Qu'est-ce qu'une situation d'engagement ?

Pourquoi ce lien intime entre usage et *reliance* ? La raison ne tient pas à l'usage lui-même, mais à la situation d'engagement qui le constitue en tant que pratique. L'usage ne comporte une contribution fiduciaire des agents que pour autant qu'il est indissociable d'un engagement ; et dans sa dynamique même, l'engagement est fiduciaire. La notion d'engagement, que l'on a déjà introduite, demande à être précisée, et cela d'autant plus que c'est une dimension souvent malmenée dans les recherches sur la confiance. Mon guide ici sera, de nouveau, Polanyi.

Il y a, pour ce dernier, engagement dès que l'expérience est active, et pas seulement subie. Une situation

1. *Ibid.*, p. 317.

d'engagement est une situation dynamique, comparable sous certains aspects au mouvement – ce qui n'est d'ailleurs pas un hasard, puisque précisément l'engagement est le contraire de l'indifférence, de la passivité et de l'immobilité. On sait d'expérience que le monde ne se présente pas à un agent en mouvement, impliqué dans une activité en cours de développement, et tendu vers sa réussite, comme il se présente à un agent au repos : le champ des possibilités et des éventualités est configuré tout à fait différemment dans un cas et dans l'autre. Un agent en mouvement trouve dans l'environnement une multitude de sollicitations et d'*affordances* pour étayer ses actions en cours, alors que pour un agent au repos l'environnement est relativement indifférencié, voire indifférent, car il lui manque un point de vue pour l'appréhender ; l'un et l'autre le perçoivent différemment, essentiellement en termes d'exercice de capacités, de connexion avec l'émotion et de déploiement d'un pouvoir-faire, pour le premier, en termes de saisie de propriétés objectives, pour le second[1].

L'idée d'engagement comporte d'abord une connotation d'implication et d'investissement. Un engagement dont rien ne résulterait ne serait pas un engagement. S'engager dans un cours d'action c'est autre chose que délibérer et planifier ; car cela implique de se colleter concrètement avec des contingences indéterminées et de traiter les choses, de l'intérieur de la situation, au moment où elles se présentent et telles qu'elles se présentent, sans disposer du recul de la réflexion, de la délibération, ou de l'anticipation réflexive. D'où aussi une connotation de saut dans l'incertain : quand on s'engage dans l'accomplissement d'une action en situation, on se livre au développement futur, imprévisible, des circonstances, et on s'expose à des conséquences futures

1. Cf. Gibson, *The Ecological approach to Visual perception*, *op. cit.*

que l'on ne peut jamais entièrement spécifier à l'avance ; et on le fait en se fiant à ses ressources et ses capacités, en particulier à l'intelligence du corps.

C'est cette dimension d'implication qu'Erving Goffman explore, autour de l'idée que l'organisation de l'expérience requiert, entre autres, une détermination de l'engagement, c'est-à-dire, un choix du degré d'investissement dans la situation : « Evoluer dans un cours d'action cadrée, c'est veiller au degré d'engagement spontané et immédiat qu'on lui accorde : on peut s'y ennuyer – parce qu'on est préoccupé par autre chose, et sur la défensive – ou, au contraire, être complètement absorbé »[1]. Mais ce n'est là qu'un sens faible de l'engagement. La notion que conceptualise Polanyi est beaucoup plus forte.

On sait que, dans *Personal Knowledge*, ce dernier s'intéresse à la science et à la connaissance scientifique, et qu'il tente de mettre en évidence l'implication et la participation personnelles du chercheur dans son activité de connaissance. Une forme d'engagement personnel du scientifique est le fait qu'il accepte comme des évidences un certain nombre de faits et de présuppositions, qui lui permettent de faire des assertions prétendant à la vérité. On peut dire qu'il se fie à eux. Polanyi dit qu'il s'agit là d'un processus d'assimilation ou d'identification, par lequel le chercheur s'installe dans ces présuppositions comme dans une maison pour y habiter. Et cette assimilation (que l'on rencontre aussi dans le cas des outils, des significations et, pour une bonne part, des institutions de la vie sociale) est de l'ordre d'un engagement personnel.

Néanmoins, personnel ne veut pas dire subjectif. Précisément, pour Polanyi, le personnel n'est qu'un des pôles de

1. E. Goffman, *Les Cadres de l'expérience*, Paris, Minuit, 1991, p. 370.

l'engagement, l'autre étant la soumission à quelque chose d'impersonnel, voire à une intention universelle, c'est-à-dire la décision d'admettre des choses qui ne dépendent pas de soi, qui sont données de façon impersonnelle, auxquelles nous reconnaissons une autorité que nous admettons comme nous obligeant personnellement, et à laquelle nous déférons. Il y a ainsi corrélation mutuelle entre le personnel et l'universel dans une situation d'engagement.

C'est ce qui se passe, dans l'activité scientifique, pour les faits, la réalité, les règles et les standards de l'exercice du métier. Cette soumission engendre des obligations et délimite le champ de la responsabilité ; elle fournit aussi des critères pour évaluer ses performances, et des repères pour guider ses efforts. L'exercice de la discrétion personnelle est alors limité par les obligations acceptées. L'agent ne fait pas que ce qui lui plaît ; il s'oblige fortement à agir comme il croit qu'il le doit : « Je ne peux parler de faits, savoir, preuves, réalité, etc., que dans ma situation d'engagement, car celle-ci est constituée par ma recherche de faits, savoir, preuves, réalité, etc., comme s'imposant à moi » – je suis engagé à leur égard (« *I am committed to them* »)[1]. Des faits accrédités ne sont pas des faits simplement allégués : il y a une différence entre l'engagement en faveur de quelque chose et la simple adhésion subjective. Des faits accrédités sont des faits perçus dans une situation d'engagement : ils m'obligent et je suis obligé envers eux :

> Le scientifique qui poursuit une enquête attribue un statut impersonnel à ses standards et à ses revendications, parce qu'il les considère comme établis de façon impersonnelle par la science. Mais sa soumission aux standards scientifiques pour évaluer et orienter ses efforts est le seul sens auquel ces

1. M. Polanyi, *Personal Knowledge*, *op. cit.*, p. 303.

> standards peuvent être dits préexister pour lui, ou même tout simplement exister. Il n'y a pas de connaissance possible de standards intellectuels universels en dehors d'une reconnaissance de leur autorité sur soi comme cela même qui définit le cadre dans lequel, en tant que scientifique, on se considère comme responsable de la poursuite de ses efforts intellectuels[1].

Dans une telle situation d'engagement les croyances deviennent ce que Garfinkel appelle des *committed beliefs*[2]. Polanyi lie ainsi étroitement *reliance* et engagement. Chacun de ces termes ne peut pas être défini sans l'autre :

> Comme l'outil, le signe ou le symbole ne peuvent être conçus comme tels qu'aux yeux d'une personne qui s'en remet à eux *(relies on them)* pour réaliser ou signifier quelque chose. Cette *reliance* est un engagement personnel, qui est impliqué dans tous les actes de l'intelligence par lesquels nous intégrons des choses de façon subsidiaire au centre de notre attention focale. Tout acte d'assimilation personnelle, par lequel nous faisons d'une chose une extension de nous-mêmes à travers la conscience subsidiaire que nous en avons, est un engagement de nous-mêmes ; une manière de disposer de soi[3].

1. *Ibid.*, p. 302-303.
2. Dans les *Recherches en ethnométhodologie* (Paris, Puf, 2007), Garfinkel, reformulant une intuition centrale de Durkheim, fait d'un tel engagement personnel un fondement de l'ordre social. Les membres d'une société se considèrent comme obligés non seulement *par* mais aussi *envers* les croyances légitimes et les cadres institutionnels de la vie sociale. Leur conformité aux attentes d'arrière-plan « de l'attitude de la vie quotidienne » est morale et moralement motivée. Autrement dit, ils reconnaissent les « faits naturels de la vie » comme les obligeant personnellement en tant que faits moraux, mais aussi comme cela envers quoi ils se sentent obligés, et *vis-à-vis* de quoi ils se considèrent comme comptables, et cela parce qu'ils leur reconnaissent une autorité à laquelle ils se soumettent en raison de leur supposé bien-fondé moral.
3. M. Polanyi, *Personal Knowledge*, *op. cit.*, p. 61.

Un engagement peut s'avérer erroné ; et même s'il ne l'est pas, il occasionne une multitude de contingences indéterminées, et ses implications pour le futur sont largement indéfinies. Ainsi, tout engagement nécessite aussi une forme de confiance en soi (*self-reliance*) : on compte sur ses capacités et ses ressources pour faire face à ces contingences.

Que l'action comporte par ailleurs « un engagement avec un environnement » (Thévenot), cela paraît aller de soi. Mais il faut s'entendre sur ce que cela veut dire. Il ne s'agit pas seulement d'une prise en compte de l'environnement, qui peut prendre des formes différentes, ni d'un accommodement avec ses objets. Il s'agit beaucoup plus d'un couplage qui règle la distribution des opérations entre l'agent et les choses de son environnement pour produire un changement. Lorsqu'il s'engage dans la réalisation d'une activité, l'agent se soumet, comme on l'a vu, à la dynamique d'un agencement : c'est l'agencement, avec ses transformations, qui mène le jeu, est son propre sujet, et ce n'est pas en tant qu'individu doté de propriétés, ou que personne définie par ce qu'elle possède (des compétences), que l'agent y participe, mais en tant qu'élément ou facteur pris dans un co-fonctionnement et c'est ce co-fonctionnement qui le met en mouvement, lui « soutire » ses actes, gestes et dits.

Sans doute y a-t-il aussi des régimes d'engagement différents. Un sujet désengagé peut croire en la fiabilité d'un outil ou en la *trustworthiness* d'une personne, ou encore s'inquiéter de la vulnérabilité qui résulterait d'une déférence ou d'un don de confiance, mais, à proprement parler, il ne peut pas se fier à quoi que ce soit, ni faire confiance, faute de situation d'engagement. Une situation d'engagement peut être active ou passive. En tant qu'active, elle est indissociable de l'initiation d'une activité qui cherche à obtenir ou à réaliser quelque chose avec succès et de la constitution du champ opérationnel requis. Mais elle peut aussi être passive : je peux être engagé, c'est-à-dire impliqué dans quelque chose et, le plus souvent, soumis à des obligations, contraint par des décisions prises, éventuellement par d'autres, par l'acceptation de sollicitations ou d'invitations, ou la signature d'un contrat[1]. C'est la situation d'engagement au sens actif qui implique la *reliance* ou la confiance.

On peut récapituler comme suit cette tentative d'élucidation de ce qu'est une situation d'engagement. L'ingrédient de base est l'implication active dans une situation, dans laquelle il s'agit d'organiser son expérience et de participer à un agencement productif d'actions. Cette implication comporte au moins les trois dimensions suivantes. La première est l'exposition à la dynamique des situations, donc à l'incertitude, à la contingence et aux apparences (*i. e.* aux choses telles qu'elles se présentent à un agent situé). La confiance apparaît comme l'attitude la plus appropriée pour faire face à ce genre d'épreuve, puisqu'elle consiste à s'engager dans la situation en « faisant avec » les informations inévitablement incomplètes dont on dispose, à faire volontairement abstraction d'une partie des risques encourus et à relâcher partiellement le contrôle cognitif[2]. La deuxième dimension est l'investissement. Celui-ci revêt plusieurs modalités : il va de la détermination d'un degré d'implication, à l'assimilation d'un certain nombre d'éléments externes à l'espace du corps propre, qui bénéficient ainsi de la « transparence de l'outil » et sont traités en mode fiduciaire. La troisième dimension est celle de la déférence, qui a un pôle personnel – le renoncement à sa compétence de jugement et sa

1. Cf. H. S. Becker, « Notes on the Concept of Commitment », *The American Journal of Sociology*, LXVI, 1960, p. 32-40.
2. Cf. N. Luhmann, *La Confiance*, *op. cit.*

délégation à autrui –, et un pôle impersonnel – la soumission à des faits, des croyances, des présuppositions, des significations, des institutions, des règles, des normes ou des standards indépendants de soi, dont on reconnaît l'autorité, au pouvoir et à la validité desquels on s'en remet, et envers lesquels on se sent obligé. Cela va de la normativité technique aux croyances tenues pour légitimes en passant par les manières réglées de dire et de faire, constitutives des institutions de la vie sociale. En ce sens il n'y a pas de situation d'engagement, au sens fort du terme, s'il n'y a pas de reconnaissance de l'autorité de savoirs, de normes ou de standards impersonnels qui déterminent objectivement les pratiques valides et les usages corrects (et donc s'il n'y a pas de déférence à ceux qui sont habilités à les énoncer, à les enseigner, à les rappeler, etc.).

Les formes variées de la *reliance*

Imaginons maintenant l'allure que prendrait la défection d'une personne dans un agencement qui en comporte plusieurs. La différence par rapport à l'outil est que l'engagement est non seulement distribué (il est actif de part et d'autre) mais aussi partagé, et que le co-fonctionnement entre personnes n'est pas simplement une affaire d'instrumentalisation réciproque (cela est en partie le cas), mais de coordination dans un milieu normatif de comportement. La preuve en est qu'une défection donnera lieu vraisemblablement à des récriminations : l'un pourra rappeler l'autre à ses obligations envers lui, et donc formuler ses droits à son égard, en vertu d'un supposé engagement conjoint.

Ces obligations sont de différents types. Elles peuvent concerner la résiliation même de l'engagement : en ayant accepté de s'engager d'un commun accord dans une activité commune, chacun a implicitement accepté de se mettre dans une position où il ne peut pas résilier son engagement unilatéralement à l'insu de l'autre – cette résiliation doit se faire ensemble et ouvertement – ; c'est ce qu'implique l'idée d'« engagement conjoint[1] ». Elles peuvent aussi concerner la manifestation d'un comportement approprié à l'activité à laquelle chacun s'est engagé à participer. L'un ne peut pas suspendre l'accomplissement des actions requises par cette activité commune, pour vaquer à ses occupations préférées, sans le consentement, au moins tacite, de l'autre. Pour reprendre une formulation de Margaret Gilbert, « dire de quelqu'un qu'il a une obligation d'engagement conjoint revient à impliquer qu'il est obligé "envers" une ou des personnes particulières, de même qu'il est obligé de "faire" une chose ou une autre[2] ». Un tel engagement n'implique pas qu'un accord, implicite ou explicite, ait été passé. Son contenu est indéterminé, et les comportements manifestés ne poseront pas un problème tant que l'un ou l'autre n'éprouvera pas le comportement de l'autre comme ayant franchi le seuil de ce qui est acceptable eu égard à ce qu'ils se sont engagés à faire ensemble et aux circonstances présentes. Si *reliance* il y a, elle n'est donc pas spécifiée. Disons qu'elle est générale, ce qui veut dire deux choses : elle ne requiert pas un acte exprès de « se fier à » ; elle excède toute spécification possible. Bref, elle est une composante interne de l'engagement conjoint : si les personnes concernées ne se sentaient pas obligées par

1. Cf. M. Gilbert, *Marcher ensemble*, Paris, Puf, 2003.
2. *Ibid.*, p. 158.

un tel engagement, et si chacune ne pouvait pas compter sur la reconnaissance par l'autre de ses obligations, et des droits qu'elles génèrent, alors le concept même d'engagement conjoint perdrait toute signification.

Mais les situations d'engagement conjoint restent des situations particulières. La *reliance* réciproque entre personnes a le plus souvent une base purement « habituelle » : les habitudes étant accordées aux régularités de l'environnement, l'agent qui a une compréhension immédiate, pratique et incorporée, du monde peut anticiper pratiquement ces régularités dans ses conduites, ou s'y attendre – y compris, donc, les régularités de comportement des personnes dans son environnement social.

Mais la *reliance* n'est pas réductible à l'anticipation ni à l'attente. En quoi les unes et les autres diffèrent-elles ? Lorsque je prends ma voiture pour aller faire une course, je n'anticipe pas à proprement parler son état de marche et son bon fonctionnement, pas plus que je ne nourris d'attentes spécifiques à son égard – par exemple qu'elle va démarrer, qu'il y a assez de carburant, que les pneus sont gonflés ou que les freins marcheront –, ou à l'égard des conducteurs des véhicules que je pourrais croiser – qu'ils respecteront le code de la route, qu'ils sauront contrôler leur véhicule, qu'ils ne seront pas ivres, etc. Tout cela bénéficie simplement de la « transparence de l'outil » ; l'action en mode fiduciaire se passe de telles médiations. Lorsque je vais chercher mon pain à la boulangerie, je n'exige pas de la boulangère qu'elle pèse la baguette que je lui achète ; celle-ci est supposée faire un poids standard, mais à proprement parler je ne nourris pas d'attente spécifique concernant la correspondance du poids de la baguette à ce poids standard, pas plus que je n'anticipe véritablement le fait que la boulangère sera honnête, « non opportuniste »[1]. S'il fallait faire des anticipations et former des attentes de ce type pour les actes les plus ordinaires de la vie quotidienne, ou traiter expressément l'incertitude et la vulnérabilité qu'elles comportent, nous serions bien vite paralysés et incapables de gérer nos affaires pratiques. Nous tablons simplement sur la bonne foi des autres, et cet escompte est une composante interne de nos engagements pratiques dans le monde social. Cette bonne foi peut être trompée. Il se peut que la boulangère abuse ses clients, mais je n'ai aucune raison de la soupçonner d'emblée et d'adopter en premier lieu une attitude de méfiance à son égard. La méfiance et le soupçon sont rarement premiers, car il faut des raisons de se méfier ou de soupçonner.

S'agit-il, dans la *reliance*, d'anticipations et d'attentes « pratiques » ? Pierre Bourdieu répondrait sans doute positivement, et les rapporterait à la « connaissance par corps »[2]. La capacité d'anticipation pratique du corps engagé dans l'action ne fait pas de doute, mais il s'agit encore d'opérations. Or la *reliance* n'est pas de l'ordre des opérations ; elle est plutôt une attitude ou un « régime d'action ». Traiter cette attitude ou ce régime comme une composante interne

1. La question de l'opportunisme est au cœur des préoccupations des économistes, lorsqu'ils s'intéressent à la confiance (cf. *infra*). La définition standard est celle d'Oliver Williamson (« Calculativeness, Trust and Economic Organisation », *Journal of Law and Economics*, 36, 1993, p. 317) : « L'opportunisme est la tentative de réaliser des gains individuels sur la base d'un manque de franchise ou d'honnêteté dans les transactions. Il peut prendre indistinctement deux formes. La plus communément admise est l'exploitation d'asymétries d'information et la divulgation d'informations stratégiques. La seconde forme se manifeste au cours de l'exécution et de la reconduction de contrats ». Pour une discussion, voir O. Boissin « Opportunisme, confiance et théorie néo-institutionnelle de l'organisation industrielle », *in* C. Thuderoz *et alii* (dir.), *La Confiance. Approches économiques et sociologiques*, Paris, Gaëtan Morin Éditeur, 1999, p. 100-126.

2. P. Bourdieu, *Méditations pascaliennes*, *op. cit.*, p. 163.

de l'usage, de l'engagement ou du rapport familier au monde social me paraît plus économique, car cela évite d'avoir à expliquer en quoi consiste une « anticipation pratique ».

On pourrait aussi traiter la *reliance* comme un jugement sur la fiabilité de l'outil ou de la personne. Mais c'est sans doute introduire une autre médiation superflue. Un jugement est la conclusion d'une enquête et d'une exploration, suscitée par un problème, donc la résolution de celui-ci par un changement de situation. Or il n'y a pas d'enquête dans la *reliance* : elle caractérise une attitude, une manière de se rapporter immédiatement aux objets, aux outils ou aux personnes, dans l'action. Certes un jugement peut aussi prendre la forme d'une action (c'est le cas de la conclusion dans un syllogisme pratique, par exemple), d'une attitude, voire d'une émotion ou d'un sentiment (l'assurance tranquille exprimerait ainsi un jugement sur la fiabilité d'un outil ou la loyauté d'une personne). Mais une chose est d'estimer un outil ou un artefact fiable, ou de le considérer en état de marcher normalement, une autre est de faire fond pratiquement sur lui dans l'usage ; dans un cas il est qualifié en tant qu'objet externe, élément du monde objectif, dans l'autre il est intégré, par un engagement personnel, à l'espace corporel où il équipe le pouvoir-faire du corps. Certes, comme on l'a vu, l'usage de l'outil en mode fiduciaire peut être fondé sur une phase d'exploration et de test ; mais l'aboutissement d'une telle enquête est le changement du régime d'action, et pas seulement un jugement sur la fiabilité ou la praticabilité de l'outil.

Confiance et engagement

La structure holistique de la fiabilité

Il faut distinguer la fiabilité d'un outil de celle d'une personne. Un outil est fiable pour autant qu'il est en état de marche, qu'il fonctionne normalement, qu'il remplit la finalité qui est la sienne et qu'il ne lui arrive pas de faire défection dans la médiation qu'on attend de lui pour effectuer une activité déterminée. Une personne est fiable pour autant que l'on sait qu'on peut compter régulièrement sur elle pour réaliser une tâche déterminée – elle est compétente, diligente, efficace, soigneuse, etc. –, pour tenir un engagement ou pour ne pas se montrer désinvolte dans un engagement conjoint. L'idée qu'elle puisse faire défection ou céder à la tentation d'un comportement opportuniste ne vient même pas à l'esprit. Est-elle pour autant digne de confiance ? Pas nécessairement. La confiance exige quelque chose d'autre, qui est de l'ordre de l'absence de doute sur la loyauté de l'autre à l'égard de soi, dans une situation où l'on s'en remet à lui du soin de quelque chose à quoi on attache une plus ou moins grande valeur. On dit qu'on ne peut pas compter sur quelqu'un quand on sait qu'il n'est pas régulier, constant, « réglo », qu'il honore mal, ou pas du tout, ses engagements, ou qu'il s'en acquitte de façon désinvolte, etc. On dit aussi qu'on ne peut pas se fier à quelqu'un quand on est assuré que, livré à lui-même, *i. e.* sans interférence et sans contrôle (« il faut toujours être derrière lui ! »), il ne réalisera pas la tâche comme il faudrait – parce qu'il ne se sent pas concerné, parce qu'il ne sait pas faire, parce qu'il n'est pas soigneux, parce qu'il n'accorde pas l'attention qu'il faut à ce qu'il fait, parce qu'il n'a aucun sens esthétique, parce qu'il n'est pas précis dans ses mesures, ou qu'il se trompe souvent, etc. Ou encore, on dit ne pas pouvoir faire confiance à quelqu'un si l'on sait qu'il a l'habitude de pratiquer un double langage, de faire preuve de duplicité, que sa loyauté laisse à désirer (« par devant il est plein de sollicitude, par derrière il vous dégomme, et soigne votre réputation »), ou qu'il tend à exploiter à son seul profit les services que vous lui rendez, ou les entreprises collectives auxquelles vous l'associez. Ne pas être digne de confiance c'est ne pas être le genre de personne auquel vous pouvez vous en remettre tranquillement du soin de quelque chose qui vous tient à cœur sans risquer de vous trouver dupé d'une manière ou d'une autre. La contrepartie de la délégation et de la soumission consentie inhérentes à la confiance n'est alors pas la sollicitude, mais leur exploitation aux dépens de celui qui s'est ainsi rendu vulnérable.

La fiabilité est une disposition, tout comme la *trusworthiness* d'ailleurs, et cette disposition est formée dans un certain contexte. C'est aussi ce contexte qui produit la disposition et sollicite régulièrement son actualisation. Emmanuel Bourdieu rappelle cette dépendance réciproque entre contexte et disposition en ces termes :

> (1) Pour qu'un individu possède une disposition, il faut qu'il participe à une sphère pratique collective, à l'intérieur de laquelle cette disposition est nécessaire ou simplement possible. (2) Inversement, l'existence d'une sphère pratique dépend de celle d'agents ayant les dispositions nécessaires à son fonctionnement, c'est-à-dire adhérant à ses règles ou mieux à ses usages[1].

Cette dépendance réciproque est souvent négligée dans la réflexion sur la fiabilité ou la *trustworthiness*. Ma voiture

1. E. Bourdieu, *Savoir Faire. Contribution à une théorie dispositionnelle de l'action*, Paris, Seuil, 1998, p. 148.

n'est pas fiable en soi ; elle est fiable dans un champ défini, c'est-à-dire en fonction à la fois d'usages socialement institués et d'un environnement technique et normatif déterminé (existence de routes et d'autoroutes avec un certain type de chaussée, avec certaines dimensions standards, etc. ; nombre de véhicules en circulation ; règles du code de la route et habitudes de conduite ; normes techniques à respecter par les constructeurs en matière de freinage, d'installation de pneus, de direction ; existence de garages et de réparateurs, etc.).

Il en va de même dans le domaine de la *trustworthiness*. Le fait qu'un médecin soit digne de confiance implique un nombre considérable d'éléments. La pratique de la médecine moderne obéit à des normes immanentes, à des règles légales et à des standards d'excellence, comme toute pratique socialement instituée ; elle est par ailleurs étayée sur un corps de dispositifs, de dispositions légales et réglementaires, de procédures et d'équipements, de techniques et de méthodes dont le médecin est supposé avoir une connaissance et une maîtrise que n'a pas le profane, et sur lesquels il fait lui-même fond. Ce n'est donc pas le médecin isolé qui est digne de confiance, ni l'institution médicale en général, mais le médecin ainsi « appareillé ». Il reste que trois dimensions « personnelles » importantes entrent en jeu pour assurer sa *trustworthiness* : sa capacité à susciter des agencements probants et efficaces (une affaire de compétence, de perspicacité et de tact) ; son engagement personnel en faveur des normes et des standards impersonnels de la pratique de la médecine (il reconnaît l'autorité de telles normes et de tels standards, et c'est en référence à eux qu'il définit ses obligations et sa responsabilité dans l'exercice de sa pratique – mais il peut y avoir des brebis galeuses, des escrocs ou des profiteurs) ; enfin, une manière personnelle de respecter le « contrat thérapeutique ».

Avoir confiance

Je reprends ici l'expression qu'utilise Garfinkel pour désigner une adhésion commune du médecin et des patients à une définition implicite des relations et des transactions « normales » entre eux, définition qui, si elle comporte un abandon de souveraineté et une délégation de compétence en matière de jugement, comprend aussi une possibilité de revendication de droits, entre autres d'un droit à être soigné comme il est normal qu'on le soit :

> Un des traits décisifs des activités de soin est le fait que les bénéficiaires sont socialement reconnus, par eux-mêmes et par les établissements, comme incompétents pour négocier eux-mêmes les termes de leur traitement.
> Ainsi cela fait-il partie du cours normal des choses, tel qu'il est socialement reconnu, qu'un patient « s'en remette entre les mains d'un médecin » (*puts himself in the hands of a doctor*), et qu'on attende de lui qu'il suspende sa compétence habituelle à exercer son propre jugement sur son bien-être, sur ses besoins ou sur ce qui est le mieux pour lui [...]. Néanmoins cette limitation de compétence ne lui fait pas perdre le droit d'être « soigné comme il le mérite ». Ceci parce que le traitement correspond à des actions qui, aux yeux des participants, se conforment à un système d'obligations plus large. Ce système relie l'autorisation qui définit le mandat d'un établissement de soins aux doctrines techniques et à l'éthique professionnelle pratique qui gouvernent le fonctionnement de l'établissement[1].

En parlant de « manière personnelle de respecter le contrat thérapeutique », j'entends donc la manifestation régulière d'un comportement qui gère de façon satisfaisante, pour le patient, la coexistence des deux composantes d'un tel

1. H. Garfinkel, *Recherches en ethnométhodologie*, *op. cit.*, p. 313 (traduction modifiée).

contrat, l'abandon de souveraineté et la génération corollaire d'une possibilité de revendication de droits.

Cette connexion avec un monde environnant confère à la fiabilité et à la *trustworthiness* une structure holistique. Non seulement quelque chose n'est pas fiable de façon isolée, mais la fiabilité d'une chose est imbriquée dans celle d'une multitude d'autres choses. Cela tient en partie au fait que cette fiabilité est soutenue par une multiplicité de pratiques, de techniques, de procédures et de dispositifs. Ainsi la fiabilité d'un outil repose-t-elle sur le caractère éprouvé de techniques de fabrication et d'entretien, sur sa conformité à des normes de fabrication et d'usage, sur la résistance testée des matériaux utilisés, sur l'existence de réseaux de service après-vente fiables, et sur des pratiques réglées de manipulation (quiconque malmène ses outils et en fait un usage non conforme à ce pour quoi ils ont été produits s'expose à ne plus pouvoir compter sur leur fonctionnement normal). Il en va de même pour la *trustworthiness*. Celle-ci est aussi soutenue par toute une série d'éléments : des apprentissages portant sur les tenants et les aboutissants des engagements réciproques, des techniques d'incorporation de l'ordre social, des sollicitations permanentes et des épreuves continues de fiabilité, des évaluations monnayées en réputations, des sanctions négatives et positives, etc.

D'une grammaire à l'autre

Comment passe-t-on maintenant de la *reliance* à la confiance proprement dite, celle-ci ne valant à strictement parler que dans le domaine des relations interpersonnelles ?

Il convient d'abord de souligner la continuité entre les deux phénomènes. Simon Blackburn écrit, par exemple, que la *reliance* est « le cœur neutre » de la confiance, ou encore sa « base austère »[1]. Il note aussi que la *reliance* se manifeste essentiellement dans le comportement, plus précisément dans l'engagement qui lui est inhérent : c'est dans l'action de grimper à la corde que se manifeste le fait que je me fie à elle pour supporter mon poids – il se peut même que je passe à l'action alors que j'ai des doutes sur la résistance de la corde, mais je n'ai peut-être pas le choix. La manifestation d'un manque de *reliance* sera mon inquiétude dans l'action, le contrôle continu du comportement de la corde et mon soulagement quand je n'aurai plus à en faire usage. La *reliance* est donc autre chose qu'une croyance, qu'une certitude ou qu'une estimation de probabilité : se fier à la corde c'est autre chose que croire qu'elle est en bon état, être sûr qu'elle tiendra ou estimer que sa probabilité de rupture est nulle, et inférer un engagement à partir de cette croyance, de cette assurance ou de cette estimation. La différence est, comme nous l'avons vu, dans la dynamique de l'engagement : la *reliance* est indissociable d'une situation d'engagement.

Peut-on cependant ramener toute la confiance à la *reliance* ? À première vue c'est une option envisageable, car, incontestablement, l'engagement personnel, l'investissement et la déférence inhérents à la *reliance* semblent présents dans toutes les formes de la confiance. De ce point de vue, on peut donc admettre la proposition de Blackburn : la *reliance* est la « base austère de la confiance ». Néanmoins, il y a à

1. S. Blackburn, « Trust, cooperation and human psychology », *in* V. Braithwaite et M. Levi (dir.), *Trust and Governance*, New York, Russel Sage Foundation, 1998, p. 32.

l'évidence une solution de continuité entre les cas où l'on se fie à des objets, des outils ou des personnes (voire des institutions) et les cas où l'on fait confiance à quelqu'un. D'où vient-elle ? D'une différence dans la structure des situations d'engagement, ai-je laissé entendre. C'est une hypothèse qu'il me faut maintenant éprouver[1].

Sans doute Blackburn n'a-t-il pas tort de considérer que ce qui importe c'est la fiabilité, qui s'articule autour de la régularité (donc de la connaissance familière des dispositions, habitudes et capacités, et aussi de celle des conventions[2]) : « Ce qui est mis en œuvre c'est juste la fiabilité, et ce qu'on découvre c'est l'importance que les gens lui accordent »[3]. Mais nous avons vu qu'il convenait de distinguer fiabilité et *trustworthiness,* et que pour caractériser cette dernière, il fallait introduire la catégorie de la loyauté. La *reliance* peut être déçue mais pas trahie.

1. Blackburn considère que pour passer de l'une à l'autre, il faut introduire la communication. Déclarer à une personne que l'on se fie à elle pour faire quelque chose crée une différence par rapport au simple fait de compter implicitement sur elle : honorer cette confiance pourra devenir une préoccupation (*a concern*) pour elle ; elle pourra aussi être motivée par la confiance faite, éventuellement répondre que l'on peut bien compter sur elle (cela parce que, en raison de la conception qu'ils ont d'eux-mêmes en tant que personnes, les gens ne sont pas indifférents au fait qu'on leur fasse confiance ; ils lui accordent de la valeur ou de l'importance ; et ils se sentent obligés d'honorer la confiance faite, voire d'assurer la continuité du mode de comportement qui leur a valu cette confiance) ; et celui qui a fait confiance peut compter sur ce type d'effet motivant de sa confiance. Le passage de la *reliance* à la confiance se ferait ainsi par l'instauration de la « manifesteté mutuelle » d'attitudes réciproques.

2. S'il est vrai, comme le soutient David Lewis, qu'une convention est une régularité de comportement des membres d'une population, qui résout un problème de coordination, « en créant des attentes quant à la façon dont les autres agiront lorsque le problème se posera » (M. Gilbert, *Marcher ensemble*, *op. cit.*, p. 29).

3. S. Blackburn, « Trust, cooperation and human psychology », *op. cit.*, p. 34.

Qu'implique précisément le concept de trahison de la confiance ? Annette Baier fait la distinction entre, d'un côté, le simple *disappointment*, c'est-à-dire le non-remplissement d'une attente, d'une espérance, avec la déception qui l'accompagne, de l'autre, la trahison, la tromperie ou le lâchage[1]. Les habitants de Koenigsberg qui comptaient sur la régularité de Kant dans sa promenade quotidienne pour savoir l'heure ont pu être déçus le jour où il ne s'est pas réveillé à temps de sa sieste, mais pas lâchés, et encore moins trahis par lui. Le non-remplissement d'une attente n'est pas une trahison. J'attendais quelqu'un avec qui j'avais convenu d'un rendez-vous. Je m'étais fié à lui ; il n'est pas venu. Mon attente n'a pas été remplie, et j'ai été déçu. Mais il n'a pas trahi ma confiance. J'ai confié l'encadrement d'un tableau qui m'est cher à un encadreur que je croyais compétent et consciencieux ; il a fait un sale boulot, voire abîmé le tableau : ma confiance a été trahie. J'ai accepté de prêter ma maison pendant les vacances à des amis ; je l'ai fait en toute confiance ; à mon retour je découvre que leurs garnements d'enfants ont mis ma chaîne hi-fi hors d'état de fonctionner ou saccagé ma bibliothèque – ma confiance a été trahie, etc. Le critère de la trahison est que, dans tous ces cas, je me suis rendu vulnérable ; en me rendant dépendant de la bonne volonté, de la bienveillance, de la loyauté, de la compétence ou de la diligence de quelqu'un, je lui ai laissé l'opportunité d'en tirer profit et de me nuire.

Il y a des trahisons que l'on peut dire fortes et des trahisons que l'on peut dire faibles. Il y a des cas où la confiance n'a pas été honorée, par négligence, par incompétence, par manque de soin, par désinvolture, etc. Ce sont des cas de trahison faible. Pour qu'il y ait trahison forte, il faut de la

1. A. Baier, « Trust and antitrust », *Ethics*, 96, 1986.

malveillance, un désir de profiter de la vulnérabilité pour nuire : l'autre abuse, à l'encontre de mes croyances et de mes attentes, du pouvoir discrétionnaire que je lui ai délégué pour réaliser ce que je lui ai confié.

C'est lorsqu'il y a trahison qu'apparaît le plus clairement le type d'obligation impliqué dans la confiance. Que peut-on dire de cette obligation ? Au moins les deux choses suivantes. La première est que c'est une obligation très particulière, en ce sens qu'on ne peut pas exiger (mais attendre normativement) de l'autre qu'il honore la confiance qu'on lui a faite, pas plus qu'on ne peut exiger des autres qu'ils nous fassent confiance[1]. La seconde est que c'est une obligation à l'égard d'une personne, articulée à une obligation sociale plus diffuse.

Pour Baier, ce qui distingue la confiance de la *reliance* est le fait que la première est une catégorie morale : « Dans la confiance on s'en remet à la compétence et à la bienveillance de l'autre ; on compte sur lui pour s'occuper, plutôt que pour endommager, des choses auxquelles on tient, et que l'on confie à ses soins »[2]. Faire confiance c'est donc tabler sur la bienveillance d'autrui à mon égard, alors que je me suis rendu vulnérable en lui reconnaissant un pouvoir discrétionnaire sur ce que je lui ai confié, et donc accepter le risque d'une nuisance. Quand je fais confiance à quelqu'un je suis assuré (*confident)* qu'il ne profitera pas de ma vulnérabilité pour me nuire ; c'est plus qu'une attitude d'optimisme et autre chose qu'une espérance ; la malveillance est une possibilité que j'exclus volontairement de mon champ, sans pouvoir être absolument sûr qu'elle ne se produira pas.

1. Cf. N. Luhmann (*La Confiance*, *op. cit.*) reprenant Simmel : « La confiance ne peut qu'être offerte et acceptée » – ce qui la rapproche du don.
2. A. Baier, « Trust and antitrust », art. cité, p. 259.

Sans doute la confiance est-elle une catégorie morale. Toutefois, je voudrais différer le plus possible le recours à des considérations morales pour caractériser la discontinuité qui existe dans le passage de la *reliance* à la confiance. Cette discontinuité paraît d'abord grammaticale : le langage de la confiance est relativement distinct de celui de la *reliance*. Tel est l'argument introduit en passant par Blackburn[1]. On le rencontre aussi, de façon plus explicitée, dans un article de Lars Hertzberg, intitulé « On the attitude of trust[2] ». Selon le philosophe finlandais, les deux concepts de *reliance* et de *trust* n'ont pas la même grammaire :

> La grammaire [de *reliance*] s'applique à une situation dans laquelle j'adopte une attitude à l'égard d'une personne parce que je crois certaines choses à son sujet ; une situation impliquant le concept de *trust* est, quant à elle, une situation dans laquelle je peux en venir à croire certaines choses au sujet d'une personne parce que j'ai adopté une attitude à son égard. Quand j'ai confiance en quelqu'un, c'est en lui que j'ai confiance ; je n'ai pas confiance dans certaines choses à son sujet. Si j'ai confiance en quelqu'un, il ne peut pas y avoir certains égards auxquels je me méfie de lui. [...] *En comptant sur (*relying on*) quelqu'un* [...] *je demeure le juge de ses actions. En lui faisant confiance (*trusting*)* [...] *j'en fais le juge de mes actions* »[3]).

1. S. Blackburn (« Trust, cooperation and human psychology », art. cité, p. 36) parle incidemment de « glisser du langage de la *reliance* à celui de la confiance (*trust*) » – ce glissement se faisant naturellement, selon lui, dès que l'on introduit les « mécanismes de motivation » inhérents à la confiance : celui qui fait confiance s'attend à ce que celui à qui il fait confiance soit « directement et favorablement motivé par la pensée que nous comptons sur lui ».

2. L. Hertzberg, « On the attitude of trust », *Inquiry*, 31 (3), 1988, p. 307-322.

3. *Ibid.*, p. 314-15. Je souligne.

Alors que dans le cas de *reliance* intervient le jugement d'une personne sur une autre, dans le cas de *trust*, il s'agit d'une réaction première d'une personne à l'égard d'une autre. La grammaire de *reliance* est fondée sur des raisons, celle de *trust* non. Compter sur quelqu'un est une attitude qui repose sur un jugement ou une croyance. Aussi la grammaire de *reliance* est-elle similaire à celle de la croyance, à ceci près que le contenu de la première est plus spécifique que celui de la seconde (on se fie à quelqu'un pour quelque chose de déterminé) et que, dans son cas, il y a des standards indépendants qui permettent de juger si la *reliance* a été justifiée ou non. Si je me suis fié à tort à quelqu'un, c'est une erreur de jugement de ma part, et j'en suis le seul responsable.

L'attitude de confiance (*trust*) est différente, ce qui se voit surtout dans les situations d'apprentissage (privilégiées par l'auteur) :

> Faire confiance à son enseignant n'est pas une question d'exercer son jugement à son sujet. Celui qui apprend n'a pas de vue préalable du but (*purpose*) de l'apprentissage, aussi n'a-t-il aucune preuve de la fiabilité ou de la non-fiabilité de son enseignant dans la matière en question. Celui qui apprend n'est pas en mesure de subordonner sa confiance à des conditions, puisque les standards pour évaluer la performance de l'enseignant ne lui deviennent accessibles qu'à travers leur mise en œuvre[1].

Une différence importante est donc que la confiance n'est pas conditionnée : dans son cas il n'y a pas de standards indépendants pour juger de son bien-fondé. Une autre différence est que la confiance n'est pas limitée comme

1. *Ibid.*, p. 314.

la reliance : « Si je fais confiance à un enseignant, je ne peux pas en même temps me réserver le jugement concernant les buts pour lesquels il faut lui faire confiance ». C'est de lui que j'apprends ce qu'il a à m'apprendre ; ce n'est pas moi qui le détermine. Par conséquent je m'en remets à lui et le fais juge de ce qu'il convient de faire, ainsi que de la validité des actions que j'effectue. C'est essentiellement cette inversion du jugement qui, pour Lars Hertzberg, caractérise le passage de *reliance* à *trust* : je renonce à ma propre compétence de jugement, m'en remets au jugement de l'autre, que je traite comme un jugement d'autorité que je m'engage à suivre (parce qu'il m'oblige). Ce renoncement et cette déférence peuvent être fondés sur un savoir ou des croyances (ce que je crois à son sujet – qu'il est compétent, dévoué, loyal, fiable, etc.) ; mais faire confiance c'est autre chose que croire qu'il est fiable, ou que se fier à certaines choses à son égard (à sa compétence) – car c'est à lui que je fais confiance, pas à certaines choses que je sais/crois à son sujet. La confiance n'a pas de *grounds*, ou plus exactement va au-delà des *grounds* que l'on peut avoir (c'était déjà un leitmotiv de Simmel).

En cas d'échec, dans le cas de la confiance, la responsabilité n'est pas à m'attribuer, mais à attribuer à la personne qui n'a pas honoré la confiance faite ; en revanche dans le cas de la *reliance,* si j'ai commis une erreur de jugement, j'en suis seul responsable. De plus,

> la grammaire de la confiance implique une perspective de justice : la confiance ne peut concerner que ce qu'une personne peut à bon droit ou légitimement demander à une autre. Aussi si je prétends que A fait confiance à B pour faire X, je m'engage à penser que […] B s'expose à un blâme s'il échoue à le faire. En revanche si je pensais que B aurait tort de faire X, ou si je trouvais que A ne peut pas le lui

demander, alors je ne considérerais pas l'attente de A comme un cas de confiance[1].

L'idée que, pour qu'il y ait confiance, il faut « une perspective de justice », ou tout du moins un standard indépendant de ce qui est juste, correct, normal (au sens de conforme aux us et coutumes), auquel les uns et les autres puissent déférer, me paraît nous mettre sur la bonne voie par différencier confiance et *reliance*[2]. En d'autres termes, l'une et l'autre n'ont pas tout à fait le même cadre. Et c'est cette différence que je voudrais essayer d'identifier à l'aide de la notion de « cadre fiduciaire ».

Des « cadres fiduciaires » différents

On trouve cette notion chez Polanyi, mais je lui donnerai une signification différente de celle qu'il lui donne. Chez Polanyi, le cadre fiduciaire est l'ensemble des choses que nous acceptons comme établies et sur lesquelles nous faisons fond comme base d'inférence et d'action[3]. Je propose d'utiliser le terme plutôt pour désigner le référentiel normatif sans lequel la confiance ne peut pas exister. Reprenons l'exemple de la confiance faite au médecin : en renonçant à sa compétence de jugement et en déférant à l'autorité du médecin, le malade ne fait pas un saut dans le vide, car, par ce geste, il contracte des droits et fait surgir des attentes

1. *Ibid.*, p. 319-320.
2. Cf. A. Woodfield, « Reference and deference », *Mind and Language*, 15 (4), 2000, p. 433-451.
3. M. Polanyi, *Personal Knowledge*, *op. cit.*, p. 266.

normatives. Ou plus exactement, car parler de droits positive trop le phénomène, sa délégation de jugement, et la concession de pouvoir discrétionnaire qui la double, ont une contrepartie : elles génèrent une possibilité de *claim,* de revendication légitime – celle d'« être traité comme il le mérite », c'est-à-dire comme il est normal ou juste qu'il le soit dans ce genre de situation, compte tenu de ce que sont la médecine moderne, le mode de fonctionnement typique des établissements de soin (cabinets médicaux, hôpitaux, cliniques, dispensaires, etc.), et d'un ensemble relativement indéterminé d'usages, de normes et de seuils d'acceptabilité prévalant dans le domaine (ceux-ci excèdent de beaucoup les lois et les règlements). Une telle possibilité de revendication peut être articulée dans des réclamations, des protestations, des récriminations, des plaintes, voire des recours juridiques ou des dénonciations publiques. Ce sont de tels schèmes généraux de ce qui est juste, de ce qui convient, ou de « conditions normales » à honorer par le bénéficiaire de la confiance, qui constituent les cadres fiduciaires, qui sont donc des cadres socialement organisés.

Certes parler de « conditions normales » est toujours insatisfaisant, mais peut-on faire autrement ? Évoquant, dans *Fiches*, l'indétermination des règles suivies dans la pratique du calcul mathématique, Wittgenstein remarquait : « Si toutefois on voulait, pour un tel usage, fournir un semblant de règle, on y trouverait l'expression “dans des circonstances normales”. Et ces circonstances normales, on les reconnaît, mais on ne peut pas les décrire avec exactitude »[1]. L'impossibilité de décrire les choses « avec exactitude » peut apparaître comme un défaut ou un inconvénient du point de vue théorique, mais elle ne l'est pas du point de vue

1. L. Wittgenstein, *Fiches*, Paris, Gallimard, 1971, § 27.

pratique, car le vague est utile dans les usages et l'on sait très bien s'en accommoder. Comme le remarquait Charles Sanders Peirce, les mots vagues « font l'affaire » dans la communication, et seuls les nominalistes croient que le vague est « un défaut de notre connaissance et de notre pensée »[1].

Cette impossibilité de décrire exactement les « conditions normales » vaut tout particulièrement pour les normes de la vie sociale, car celles-ci se repèrent essentiellement d'après les seuils d'acceptabilité ou de recevabilité que franchissent les conduites. Elles peuvent difficilement être définies positivement, comme le sont les lois, le droit ou les règles de procédure, car un seuil d'acceptabilité est déterminé en référence à une idée relativement vague de ce qui est « normal » dans une activité, une transaction, une situation ou une relation déterminée – c'est cette « normalité » définie en fonction de standards de correction immanents aux pratiques, qui sert de repère pour la coordination de l'action.

Deux conditions doivent être satisfaites pour qu'un cadre fiduciaire fonctionne. La première est que la déférence soit à l'égard d'êtres capables d'autonomie et de responsabilité. Je peux me fier à des tas de choses, faire fond sur elles, mais les cas où il y a un sens à dire que je leur défère ou que je renonce à ma compétence de jugement à leur profit sont limités. Seules des personnes peuvent occuper un tel rôle. C'est donc une condition qui n'est pas satisfaite par les enfants (jusqu'à un certain âge). La seconde condition est une condition cognitive : la mise en œuvre d'un cadre fiduciaire requiert une connaissance de sens commun de la normativité inhérente à un domaine de la vie sociale. Un étranger qui

1. Cf. C. Chauviré, *Peirce et la signification*, Paris, Puf, 1995, p. 139 ; cf. aussi H. Garfinkel, *Recherches en ethnométhodologie*, *op. cit.*, sur l'indexicalité.

ne saurait rien des « conditions normales » dans lesquelles se fait l'allocation des soins dans notre société ne serait pas en mesure d'entrer dans une relation de confiance avec tel ou tel agent chargé de cette allocation. Une telle absence de connaissance est aussi à la base des limites à la participation des enfants à la pratique/institution de la confiance.

Réponse à deux objections

Je voudrais, pour terminer, examiner deux objections. La première consiste à faire valoir que l'on rencontre aussi des référentiels normatifs dans les modes d'usage des objets et des outils. Si c'est le cas, cela ne brouille-t-il pas la distinction esquissée entre *reliance* et confiance ? Effectivement, pour tout outil, il y a à la fois des conditions normales et des standards d'usage indépendants à respecter. Ces standards sont différents des normes de fabrication que l'outil doit satisfaire. On peut aussi dire que l'outil impose ses contraintes à l'usager ; en particulier il contraint les opérations nécessaires à sa manipulation, ainsi que les gestes et les postures corporelles qu'elles requièrent. C'est pourquoi il faut apprendre à se servir de l'outil, et un outil déterminé ne s'utilise pas comme un autre. De plus l'outil n'est fiable que si les conditions normales et les standards d'usage sont respectés. La transparence de l'outil dans l'usage n'est possible que si celui-ci est utilisé conformément à sa finalité propre et à ses conditions normales d'utilisation, et que si une méthode d'emploi a été acquise (formation d'habitudes corporelles) et est maîtrisée. Essayez par exemple de vous servir d'une perceuse électrique (à supposer qu'elle ait une coque métallique) comme marteau pour enfoncer un clou : vous pourrez difficilement lui accorder le genre d'attention subsidiaire que vous accordez habituellement à la manipulation d'un véritable marteau.

S'il y a des conditions normales d'emploi des outils et des standards d'utilisation, cela veut dire qu'il y a aussi, dans leur cas, un cadre fiduciaire normatif. Mais s'agit-il de la même normativité que dans la confiance interpersonnelle ? La réponse est bien évidemment non. Dans le cas des outils, le cadre normatif qui sous-tend la *reliance* ne comporte aucune dimension qui ressemble à un corpus de droits et d'obligations réciproques, et la *reliance* n'oblige en rien son bénéficiaire. Certes si vous achetez un outil neuf, et qu'il ne fonctionne pas comme il devrait, vous pouvez faire une réclamation, demander à l'échanger, faire valoir la garantie, etc. Mais cela ne concerne pas la *reliance* inhérente à l'usage. Dans celui-ci, vous vous fiez à l'outil, vous vous en remettez à lui, vous vous installez en lui, vous vous l'incorporez, etc., mais cet engagement personnel n'est en aucune manière fondé sur un cadre normatif comportant des droits et des obligations, ou susceptible d'engendrer des *claims*. Si l'outil fait défection, vous allez maugréer, mais il ne vous viendra pas à l'idée de faire valoir vos droits à son égard, de lui rappeler ses obligations à votre endroit (qu'il vous traite comme vous le méritez !), de lui faire des reproches, de lui adresser une réclamation, de le dénoncer publiquement, voire de l'assigner en justice. S'il y a bien un cadre fiduciaire pour l'usage de l'outil en mode « transparence », il n'est pas de même nature que celui impliqué dans la confiance : la normativité qui le caractérise est technique, pas sociale.

La seconde objection concerne le cœur de l'argument esquissé ci-dessus : pourquoi lier si intimement *reliance* et confiance à une situation d'engagement ? Ne peut-on pas en effet avoir confiance en quelqu'un, ou faire confiance à quelqu'un, hors de toute situation d'engagement ? En effet il nous arrive fréquemment de dire : « J'ai une totale confiance en un tel... » ; « Je n'ai aucune confiance en cette personne », « Je ne lui ferai jamais confiance », etc. Ce genre d'expression n'atteste-t-il pas que la confiance transcende les situations d'engagement auxquelles je l'ai étroitement associée ci-dessus, qu'il s'agit d'une attitude non située ? Une bonne manière de répondre me semble être d'examiner la logique de ce genre d'expression. En disant « J'ai une totale confiance en un tel », j'émets un jugement sur une personne, un jugement qui, dit Simmel, a une valeur morale et, à l'occasion, peut engager la personne concernée : lorsqu'on nous fait confiance « nous sommes presque engagés par un jugement porté sur nous par avance, et il faut déjà être positivement mauvais pour le décevoir »[1]. Il se peut que j'indique aussi une attitude (de déférence, de non-interférence, d'absence d'inquiétude, etc.) à l'égard de la personne en question, dans le cadre d'un engagement conjoint en cours. Mais je peux tout simplement faire connaître comment je suis disposé à son égard, hors de toute situation d'engagement : si j'avais à lui confier tel objet ou telle tâche, je serais porté à m'en remettre complètement à elle, sans réserve ni inquiétude, assuré que je suis de sa compétence, de sa diligence et de sa loyauté. C'est pourquoi, il ne me semble pas déraisonnable de rapprocher ce genre d'expression des énoncés dispositionnels, qui signifient des tendances ou des inclinations, et peuvent être utilisés comme des « tickets d'inférence[2] ».

En effet, un énoncé dispositionnel ne relate ni un état de choses, donc pas un état d'esprit, ni un épisode ou un

1. G. Simmel, *Sociologie*, Paris, Puf, 1999, p. 382.
2. G. Ryle, *La Notion d'esprit*, Paris, Payot, 1978.

événement ; il fait part d'une tendance ou d'une inclination à agir et réagir d'une certaine façon dans tel ou tel type de circonstances. Selon Gilbert Ryle, ce genre d'énoncé est proche des « termes de motifs », car il induit une question « pourquoi ? », plutôt qu'une question « comment ? » : les inclinations ont des sources (et ne reposent pas, contrairement aux capacités, sur des techniques ou des méthodes) ; et il y a un sens à se demander pourquoi on est porté à réagir ainsi plutôt que d'une autre façon.

On peut, à mes yeux, traiter ainsi une expression telle que « X est totalement digne de confiance ». Ce genre d'énoncé, exprimant un jugement, a un contenu propositionnel (la confiance, quant à elle, n'a rien de propositionnel). On peut alors dire qu'un tel contenu propositionnel induit des tendances ou des inclinations, en particulier des tendances à faire certaines choses. « Croire ou trouver que X est digne de confiance », c'est être enclin à adopter un certain type d'attitude et à se comporter d'une certaine façon à son égard, ou à éprouver certains sentiments dans un certain type de situation (absence d'inquiétude). Par exemple, si « je trouve que X est digne de confiance », alors, si l'occasion se présentait, je m'en remettrais sans doute à lui en toute tranquillité du soin de s'occuper de telle ou telle chose qui m'est chère, ou je lui confierais tel objet ou telle tâche en toute quiétude, etc.[1]. Comme cette manière de s'exprimer l'indique, l'actualisation d'un comportement pointé par une inclination requiert que des circonstances et des occasions appropriées se présentent ; autrement dit, il lui faut une situation. Ce qui souligne, une fois encore, que la confiance effective, ou la confiance en acte, que l'on peut opposer à une confiance simplement nominale, n'est pas indépendante d'une situation d'engagement.

1. *Ibid.*, p. 131.

Excursus

Note sur la déférence

Comme je l'ai indiqué, j'entends par « déférence » non pas « la considération respectueuse que l'on témoigne à quelqu'un », qui est un des sens du terme, mais le fait de s'en rapporter à autrui, de s'en remettre à son jugement, ou, plus largement, de se fonder sur quelque chose à quoi on reconnaît, sans contrainte ni persuasion, une autorité[1]. L'analyse du processus de la déférence a suscité, depuis quelques années, de nombreux débats en philosophie du langage et en linguistique. C'est un aspect de ces débats que je voudrais brièvement évoquer dans les pages qui suivent[2].

On peut, comme le suggèrent Philippe de Brabanter et ses coauteurs, distinguer la déférence linguistique, ou sémantique, de la déférence épistémique : « La déférence

1. « S'il faut vraiment définir l'autorité, alors ce doit être en l'opposant à la fois à la contrainte par force et à la persuasion par arguments » (H. Arendt, « Qu'est-ce que l'autorité ? », in *La Crise de la culture*, Paris, Gallimard, 1972, p. 123.

2. Pour une présentation bien informée et une clarification, cf. P. de Brabanter, D. Nicolas, I. Stojanovic et N. Villanueva, « Les usages déférentiels », *in* A. Bouvier et B. Conein (dir.), *L'Épistémologie sociale. Une théorie sociale de la connaissance*, Paris, Éditions de l'EHESS, « Raisons pratiques », 2006, p. 139-162. Voir aussi L. Kaufmann, « Les voies de la déférence », *Langage et société*, 117, 2006, p. 89-116 ; « La société de déférence. Médias, médiations et communication », *Réseaux*, 148-149, 2008, p. 79-116.

linguistique concerne le sens des mots et leur emploi, tandis que la déférence épistémique concerne les raisons justificatives de nos énoncés »[1]. La première est souvent une « déférence par défaut », en ce sens qu'en parlant les locuteurs d'une langue défèrent tacitement aux usages et aux significations institués dans leur communauté linguistique. La seconde « survient à chaque fois qu'une personne fonde, en partie, ou en totalité, une de ses croyances ou un de ses jugements sur le jugement d'une autre personne »[2].

La « déférence épistémique » est un phénomène plus extensif que la « déférence sémantique », et repose sur une « distribution sociale de la connaissance »[3]. Je ne sais pas très bien en quoi consiste une embolie pulmonaire, mais un médecin peut me l'expliquer. Je ne sais pas me servir d'un nouveau logiciel d'ordinateur, mais je peux trouver quelqu'un pour me l'apprendre. Je ne suis pas familier d'un sujet ou d'un auteur qui m'intéresse, mais je peux recourir aux analyses et aux conseils d'un spécialiste pour m'y introduire. Ma voiture ne démarre pas bien, mais je peux me fier à mon garagiste pour remédier au problème. Nous nous en remettons ainsi massivement aux opinions, jugements, savoir et savoir-faire d'autrui pour résoudre les problèmes auxquels nous sommes confrontés, pour acquérir

1. P. de Brabanter *et alii*, « Les usages déférentiels », art. cité, p. 161.
2. *Ibid.*
3. Dans la tradition phénoménologique, Alfred Schütz avait proposé, en 1946, une théorie de la « distribution sociale de la connaissance », c'est-à-dire de la sorte de division du travail qui fait que, dans la gestion de leurs affaires courantes, les acteurs se contentent de connaissances peu approfondies et peu problématisées, et savent qu'en cas de besoin ils peuvent recourir au savoir d'experts et de spécialistes qui comprennent « le pourquoi et le comment » du fonctionnement des choses. Cf. A. Schütz, « Le citoyen bien informé. Essai sur la distribution sociale de la connaissance », in *Contribution à la sociologie de l'action*, Paris, Hermann, 2009, p. 153-169.

de nouvelles connaissances, ou même pour nous assurer de la validité de nos jugements, de nos raisonnements, de nos découvertes et de nos décisions (« Je projette d'acheter tel modèle de voiture. Est-ce une bonne idée ? »). Nous sommes aussi obligés de nous en remettre à des témoins, et de nous fier à leurs témoignages, pour savoir ce qui s'est passé à telle ou telle occasion, lorsque nous n'avons pas assisté nous-mêmes aux événements[1]. Les situations de « dépendance épistémique » sont ainsi innombrables, qu'il s'agisse de dépendance à l'égard de personnes, de sources d'information ou d'institutions. Comment analyser la déférence qu'elles comportent ? De quelle sorte de dépendance s'agit-il ? Plus exactement, s'agit-il vraiment de dépendance ?

Le débat a été lancé dans les années 1970 par des philosophes (Hilary Putnam, Tyler Burge, notamment) qui considéraient que les significations linguistiques ne sont pas d'abord « dans la tête » des locuteurs, et qu'elles incorporent un savoir (plus ou moins précis) sur la nature et le mode de comportement des choses de l'environnement. Comme le faisait remarquer Putnam, nous faisons, dans nos communications, usage de termes dont nous ne savons pas nécessairement identifier précisément les référents dans le monde. Nous déférons alors à des personnes dans notre environnement social qui en savent plus long que nous sur ce à quoi (dans le monde) les mots réfèrent ; nous pouvons nous en remettre à elles, nous appuyer sur leur savoir pour identifier ce que désignent exactement les mots, pour obtenir une définition ou une description plus précise des objets ou des phénomènes qu'ils nomment. Je peux déclarer à un ami que je viens d'acheter un meuble en orme pour meubler telle

1. Sur le témoignage, voir R. Dulong, *Le Témoin oculaire*, Paris, Éditions de l'EHESS, 1998.

pièce de la maison, sans être capable de spécifier les propriétés de ce bois, de le distinguer d'autres bois, et encore moins d'identifier un arbre de ce nom dans mon environnement. Mais je sais qu'il y a des personnes (ébénistes, botanistes, forestiers, etc.) qui peuvent faire l'une et l'autre choses, et je peux m'en rapporter à elles pour en savoir davantage. Je peux expliquer à un collègue que je suis passé à l'hôpital visiter un membre de ma famille qui vient d'être victime d'une embolie pulmonaire, sans savoir très précisément en quoi consiste le phénomène désigné par cette expression, et donc sans pouvoir l'expliquer exactement. Je reprends ainsi la désignation d'un trouble précis donnée par le corps médical ou par le dictionnaire médical, et si je veux en savoir plus sur le phénomène je peux soit demander au médecin de me l'expliquer, soit consulter un ouvrage médical. Cette limitation de mon savoir ne m'empêche pas d'utiliser le terme dans mes communications, et elle ne signifie pas que j'emploie un mot sans le comprendre, au motif que je ne maîtrise pas complètement le concept qui lui est associé – si j'ai quelque idée de ce qu'est une embolie, je peux savoir que c'est un problème d'irrigation sanguine.

Putnam appelle cela la « division du travail linguistique ». Il y a une distribution, dans une communauté linguistique, de la maîtrise de la référence de nombre de mots du langage. Les experts en savent plus long que les non-experts sur les propriétés des choses désignées par les termes, ce qui permet aux seconds d'utiliser ceux-ci sans posséder tout le savoir dont les premiers disposent :

> *La référence est un phénomène social.* Les locuteurs individuels n'ont pas besoin de savoir distinguer de manière fiable l'espèce « rouge-gorge » d'autres espèces, ni un orme d'un hêtre, ni l'aluminium du molybdène, etc. Ils peuvent

> toujours se fier à des experts qui le feront à leur place. Même pour un métal aussi important que l'or, un individu moyen est éminemment peu fiable [...] et il le sait. C'est pourquoi il va chez un bijoutier (ou même chez un chimiste ou un physicien) s'il doit « s'assurer » que tel ou tel spécimen est réellement de l'or[1].

Est-ce à dire que l'« individu moyen » ne connaît pas réellement la signification du mot « or » ? Non, dès lors qu'il sait utiliser le mot dans la communication courante sur la base de ses connaissances de sens commun : « Le chimiste qui sait que le nombre atomique de l'or est 79 n'a pas une meilleure connaissance de la *signification* du mot "or", il en sait simplement davantage sur l'or[2]. » Savoir des choses sur l'or et savoir ce que signifie le mot « or » sont deux choses différentes. Savoir ce qu'il signifie, c'est savoir ce qu'il désigne dans l'environnement mais aussi savoir l'utiliser de manière appropriée en pensant et en parlant, et savoir expliquer minimalement les conditions de son usage.

Dans la recherche contemporaine, la « déférence sémantique » a parfois été considérée comme un processus d'emprunt de contenus conceptuels, ou de « co-optation de contenus » conceptuels : je ne sais pas exactement ce qu'est une embolie pulmonaire ; aussi lorsque j'emploie l'expression dans un énoncé j'emprunte son contenu conceptuel ou son sens à ce que des experts, des médecins par exemple, peuvent avoir en tête lorsqu'ils emploient ces termes. Selon l'interprétation de Jerry Fodor, lorsque je me sers d'un « concept déférentiel » de ce type, j'utilise un ou des experts comme instruments.

1. H. Putnam, *Représentation et réalité*, Paris, Gallimard, 1990, p. 54.
2. *Ibid.*

François Recanati a proposé une théorie de ces « concepts déférentiels »[1]. Ils se différencieraient des autres concepts par le fait qu'ils ne se suffisent pas à eux-mêmes : ceux qui les utilisent ne peuvent pas définir précisément les phénomènes qu'ils désignent, ou bien ne savent pas identifier les objets auxquels ils réfèrent ; pour cela, ils sont obligés de s'en remettre à d'autres, qui en savent plus long qu'eux. Celui qui parle d'embolie pulmonaire sans savoir précisément ce dont il s'agit comme phénomène médical n'utilise pas un mot sans contenu conceptuel ; il associe bien un concept au mot, mais il s'agit d'un concept tout à fait particulier, à savoir d'un « concept déférentiel ».

Selon Recanati, les concepts déférentiels sont à concevoir sur le modèle des termes indexicaux, dont les pronoms personnels sont l'exemple type. Celui qui maîtrise l'usage du pronom « je » connaît la règle permettant de calculer qui « je » désigne dans une énonciation particulière, règle formulable, par exemple, sous la forme : tout énoncé de « je » réfère à celui qui le produit. Pour trouver qui « je » désigne, il faut se référer au contexte, la règle indiquant comment combiner le contexte avec l'énoncé particulier pour fixer la valeur sémantique ou la référence de celui-ci. Une telle règle est de nature métalinguistique : « "Je" réfère à la personne qui dit "Je" ».

Le même mécanisme fonctionnerait, selon Recanati, dans un concept déférentiel : pour fixer la référence de l'expression « embolie pulmonaire », celui qui utilise l'expression sans savoir précisément en quoi le phénomène consiste, se référerait tacitement, pour déterminer le contenu de ce qu'il dit, à un expert et au sens que l'expression a pour

1. F. Recanati, « Can we believe what we do not understand ? », *Mind and Language*, 12 (1), 1997, p. 84-100.

lui. L'usage d'un concept déférentiel comporterait ainsi un « opérateur déférentiel », de nature métalinguistique, équivalent à la règle soi-disant utilisée pour inférer la valeur sémantique de « je » (« “Je” réfère à la personne qui dit “Je” »), qui équivaudrait aux guillemets dans le discours écrit : « Ce que les médecins appellent “embolie pulmonaire” ». Dans son emploi du terme, l'usager mal informé s'en remettrait ainsi à un savoir faisant autorité, celui des médecins en l'occurrence, pour la définition du mot dont il se sert ; plus précisément, il enchâsserait cette déférence dans son usage du mot. Ce mécanisme déférentiel serait constitutif de l'usage de nombre de termes publics, dont le contenu conceptuel, ou la référence, n'est vraiment maîtrisé que par des spécialistes. Mais, pour que cela marche, il faut accepter que ces derniers soient des points d'arrêt de la déférence : ils ne s'en remettent pas eux-mêmes à quelqu'un d'autre pour fixer le contenu des termes qu'ils emploient. Sinon ce serait un processus sans fin et personne ne comprendrait plus rien.

Le concept déférentiel utilisé par l'usager, qui ne sait pas précisément ce que le mot qu'il emploie désigne, et celui utilisé par l'expert ont en fait le même contenu : le premier « parasite » le second, en même temps qu'il « hérite de son contenu référentiel ». Reprenant l'exemple de l'arthrite introduit par Keith Donnellan, Recanati soutient que la personne qui emploie ce terme sans savoir exactement ce qu'il veut dire, par exemple une femme qui fait part à son mari du diagnostic du médecin sur son problème de santé, ne se sert pas d'un mot sans contenu ; elle lui donne bien un « contenu référentiel », mais elle le fait de façon « métalinguistique », c'est-à-dire en se servant implicitement d'une règle, ou plus exactement d'une procédure de quasi-citation, pour donner sa valeur sémantique à l'expression : « Ce dont je souffre est “ce que le médecin appelle 'arthrite'" ». La pensée qu'elle entretient est bien au sujet d'elle-même (et pas du mot « je ») et de l'arthrite (et pas du mot « arthrite »). Et Recanati d'ajouter : la différence entre le concept d'arthrite du médecin et celui de la femme qui s'en sert, sans savoir exactement ce que c'est,

> est la même que celle qui existe entre « je » et « vous », lorsqu'ils apparaissent dans les énoncés : « vous souffrez d'arthrite » (dit par le médecin) et « je souffre d'arthrite » (dit par la patiente, à son mari par exemple) ; « je » et « vous » réfèrent à la même personne sous des modes différents de présentation. Pareillement, le concept d'arthrite du médecin et le concept déférentiel de la femme [...] réfèrent tous les deux à l'arthrite, *sous des modes différents de présentation*[1].

On voit donc que le modèle est celui des termes indexicaux, et cela sous deux aspects : celui de la soi-disant médiation d'une règle de nature méta-linguistique pour calculer leur signification ; la variation des modes de présentation qu'ils permettent.

Andrea Woodfield a vigoureusement critiqué cette façon d'expliquer la déférence sémantique. Il considère comme faux le modèle de l'emprunt de significations ou de contenus conceptuels à un expert, au motif que la déférence n'est une relation ni de contenus, en particulier pas de « contenus dans la tête », ni de représentations mentales, mais « un acte intentionnel fait par une personne pour une raison », donc un acte motivé[2]. Il ne voit pas non plus de nécessité

1. F. Recanati, « Deferential concepts : a response to Woodfield », *Mind and Language*, 15 (4), 2000, p. 459.

2. A. Woodfield, « Reference and deference », art. cité, p. 437. P. de Brabanter et ses coauteurs parlent à ce sujet d'une « déférence délibérée », intentionnelle, qu'ils distinguent d'une « déférence par défaut » : « Tout énoncé est, par défaut, interprété relativement à une certaine langue [...].

au fait que la déférence s'arrête à un moment donné. Il doute enfin que les processus et les mécanismes supposés par cette théorie existent dans la réalité, en particulier celui de l'intervention de règles de nature métalinguistique comme médiation de l'usage (on sait utiliser les indexicaux sans cela), ou celui de la quasi-citation d'une source originale, que ce soit dans le langage public ou dans celui de la pensée.

Prenant l'exemple d'une conversation sans malentendus entre un élève qui emploie le terme *synecdote*, qu'il a entendu dans la bouche de son professeur, sans vraiment le comprendre, et qu'il applique à un auteur déterminé, et un linguiste, qui connaît la définition de ce terme donnée dans le dictionnaire, Woodfield soutient que l'élève possédait et utilisait dès le départ le concept *synecdote*, tout en déférant dans la conversation au jugement du linguiste sur la pertinence ou la non-pertinence de son application à l'œuvre de l'auteur évoqué. Il conclut :

> La théorie [de Recanati] dénature ce qui se passe dans la plupart des conversations de ce genre. Normalement l'élève ne fait pas une quasi-citation de la source originale. Mon argument a la forme suivante : si dans les conversations de ce type, ceux qui ne comprennent pas complètement les termes qu'ils utilisent faisaient réellement des quasi-citations d'une source originale, alors la plupart des conversations seraient pleines de malentendus ; mais il est absurde de supposer qu'il y a autant de malentendus ; par conséquent, l'explication quasi-citationnelle des cas normaux n'est pas correcte[1].

La déférence par défaut a lieu sans que le locuteur ait l'intention de déférer » (P. de Brabanter *et alii*, « Les usages déférentiels », art. cité, p. 147). Elle est moins un acte spécifique qu'une manière générale d'agir relevant de l'habitude.

1. *Ibid.*, p. 449.

En quoi consiste alors la déférence qui prend place dans une interaction sociale où chaque participant coordonne ses actions et ses attitudes avec celles de l'autre ? Quel est le degré d'intentionnalité de cet acte ? Pour éclairer ces questions il me faut introduire quelques distinctions supplémentaires.

En un sens, la « déférence sémantique » est un phénomène très général, involontaire et inconscient, puisque lorsque nous utilisons un mot nous entendons l'utiliser au sens qu'il a pour quiconque dans la communauté linguistique. Il y a alors une sorte de déférence à une signification et à un usage impersonnel et correct du mot, crédité d'autorité. La signification du mot est considérée comme objective et anonyme, *i. e.* indépendante de quiconque. Si je suis élève, je peux déférer au maître sur la signification et l'usage d'un mot, mais je ne le considère pas alors comme le producteur de cette signification et de cet usage. Je le considère comme parlant au nom de règles d'usage et d'un sens institué, qui font autorité dans et pour une communauté linguistique :

> Ce qui fait qu'un acte dont j'ai la libre initiative détermine logiquement votre réaction, quelle qu'elle soit, comme étant votre réponse à ma sollicitation, ce sont les usages établis là où ces actes ont lieu. Ces usages sont des *institutions*, au sens de Mauss : ce sont des manières de faire et de penser dont les individus ne sont pas les auteurs. Les individus sont certainement les auteurs des *phrases* qu'ils construisent, mais ils ne sont pas les auteurs du *sens* de ces phrases, et c'est précisément ce qu'on veut dire en parlant d'une signification impersonnelle des énoncés. Mon interlocuteur a tort s'il n'a pas compris ce que j'ai dit dans le sens de ce que *ma* phrase veut dire dans le contexte. Moi-même j'ai tort si je prétends qu'il a été dit *par moi* autre chose que ce qui a été dit *par ma phrase* en vertu des usages établis[1].

1. V. Descombes, *Les Institutions du sens*, Paris, Minuit, 1996, p. 333.

Il y a ainsi une similitude entre « déférence sémantique » et « déférence épistémique » : l'une et l'autre mettent en jeu une référence à quelque chose d'impersonnel et d'anonyme. Je peux savoir qu'un orme est un arbre, un arbre à feuilles caduques, exposé à un certain type de maladie (la graphiose) qui l'a fait disparaître en France depuis une quinzaine d'années – j'ai lu cela dans les journaux – mais il se trouve que je ne sais pas distinguer un orme d'un hêtre dans la nature. Je peux demander à un expert de me l'apprendre. Il s'y connaît plus que moi en arbres et il sait distinguer les principales variétés. Face à un arbre particulier, il peut me dire : « Tiens voilà, c'est ça un orme ». Je me fie à lui parce que je sais qu'il en sait bien plus que moi sur les arbres[1].

C'est bien un cas de déférence épistémique. Celle-ci semble ne mettre en jeu que l'intention d'une personne de s'en remettre à l'autorité d'une autre en matière de savoir. Mais c'est une illusion. Soit des affirmations telles que « cet arbre est un orme » ; « x a été victime d'une embolie pulmonaire ». Je les fonde sur le jugement ou le diagnostic d'une personne à laquelle je me fie parce que je lui reconnais une certaine autorité dans un domaine (en vertu de sa compétence avérée par exemple). Mais je ne la considère pas pour autant comme la source personnelle de ce savoir. Elle est simplement le porte-parole d'un savoir botanique ou médical établi, qui existe en dehors d'elle et qui fait autorité ; ce savoir a été produit par la science ou, en matière botanique, par une observation naturaliste de très longue durée bien antérieure à la science, une observation principalement ordonnée à une visée pratique d'utilisation et de jouissance

1. Cependant, ce n'est pas ce type de savoir qui définit les usages corrects du terme orme, ce sont les règles du langage public, donc le sens institué, qui le font.

(impliquant, par exemple de distinguer les bois de chauffage des bois d'œuvre, et de différencier les uns et les autres en fonction de leurs qualités pour ces usages).

Comment, maintenant, traiter les cas de maîtrise ou de compréhension partielle de concepts ? La maîtrise incomplète d'un mot « correspond au fait qu'un locuteur maîtrise mal le sens d'un terme »[1]. Faut-il dire que lorsque nous ne maîtrisons pas complètement un concept (« embolie pulmonaire », par exemple) nous déférons implicitement ou inconsciemment, sémantiquement ou épistémiquement, à un ou des experts (le corps médical, par exemple) ? Ce qu'on peut dire du concept d'« embolie pulmonaire » d'un médecin c'est qu'il est plus riche, plus complexe ou plus précis que le mien, parce qu'il en sait plus sur le phénomène et qu'il sait dans quelles conditions exactes l'appliquer. On est tenté de dire que le médecin connaît mieux la signification du terme. Il fera certainement moins d'erreurs dans l'usage du terme, parce qu'il maîtrise les critères de son application. Sachant par exemple qu'une arthrite ne concerne que les articulations, il ne parlera jamais d'une « arthrite dans la cuisse », comme pourrait éventuellement le faire un *quidam*. Mais peut-on dire qu'il connaît mieux la signification du terme « arthrite » ? En un sens oui, car il sait à quel trouble le mot s'applique. Mais, d'un autre côté, la signification renvoie à des usages établis, y compris dans une communauté de spécialistes. Le chimiste qui en sait plus que moi sur l'or maîtrise-t-il mieux la signification du terme « or » ? On a vu que la réponse est « non ». Savoir et signification sont deux ordres de choses différents, comme le sont la signification et la vérité[2]. Ce sont

1. P. de Brabanter *et alii*, « Les usages déférentiels », art. cité, p. 159.

2. Identifier la signification à la vérité, ou interpréter la signification selon le modèle de la vérité – tel est selon Hannah Arendt, « l'argument

les usages dans une communauté linguistique qui fixent la signification des mots, en y incorporant éventuellement le savoir des spécialistes, qui porte sur les propriétés de ce à quoi le mot réfère dans le monde. De toute façon lorsque le chimiste utilise le terme « or » dans ses affirmations, c'est aux règles de l'usage public qu'il défère, lui aussi, et cela « par défaut »[1]. Il en va de même pour le médecin quand il parle d'« embolie pulmonaire ». Sur le plan épistémique, il défère « par défaut » au savoir médical établi. Il est aussi possible que ce médecin, un généraliste, s'en remette intentionnellement aux analyses et aux examens effectués par un collègue, cardiologue ou pneumologue. Dans ce cas, on dira qu'il défère de manière délibérée au spécialiste[2].

Bref, dans le cas d'une maîtrise imparfaite d'un concept, il n'y a pas lieu de dire que l'on défère implicitement, sémantiquement ou épistémiquement, à un expert. La déférence « par défaut » à des règles d'usage (de mots ou d'expressions, par exemple) et la déférence à une personne à laquelle on reconnaît une compétence et une autorité sont deux choses différentes. La première est inhérente au fait de suivre une règle : « Une ligne ne me contraint-elle pas à la suivre ? – Non, mais quand je me suis décidé à l'utiliser *ainsi* comme

---

fallacieux par excellence [en philosophie] » (H. Arendt, *La Vie de l'esprit*, Paris, Puf, 1981).

1. Il doit notamment se référer aux choses qualitatives de l'expérience ordinaire et aux noms de sens commun pour disposer d'un point de départ et d'un point d'application pour ses résultats scientifiques : « Que l'eau soit H_2O serait réduit à une tautologie dépourvue de sens – H_2O est H_2O – si elle n'était pas identifiée au moyen de ce qui est connu comme eau par la perception et l'usage. Ces choses de sens commun dont part la science, et auxquelles elle revient, sont des choses qualitatives, des choses qui se distinguent les unes des autres par leurs qualités » (J. Dewey, « Conduct and experience », in *The Later Works*, vol. 5, p. 226).

2. Sur la différence entre déférence « par défaut » et déférence délibérée, cf. P. de Brabanter *et alii*, « Les usages déférentiels », art. cité.

modèle, elle me contraint. – Non, c'est *moi* qui me contrains à l'utiliser ainsi. – Je me raccroche à elle en quelque sorte[1] ». La seconde requiert un décentrement et un engagement du sujet à l'égard de quelqu'un d'autre.

On peut aussi imaginer que dès lors qu'une expression est d'usage public, elle peut être employée sans qu'elle soit comprise précisément. Chacun table alors sur le fait que tout un chacun, s'il est de bonne foi, sera en mesure de lui donner le sens (vague) qu'elle a dans l'usage public. Le vague n'est pas un obstacle à la communication. Il est au contraire une dimension positive dont il faut prendre acte si l'on veut comprendre comment procède le raisonnement pratique, comment se réalise une intercompréhension entre les membres, comment leurs conduites acquièrent leur rationalité en situation. Ce vague manifeste l'indétermination qui affecte le discours et la communication, et il est irréductible dans la mesure où on ne peut jamais déterminer absolument le sens d'un terme ou d'une expression. On peut tenter de réduire ce vague, en précisant les choses au maximum. Mais, comme l'avait déjà noté Peirce, « même dans nos conceptions intellectuelles, plus nous nous efforçons d'être précis, plus la précision semble impossible à atteindre[2] ». Garfinkel aboutissait à la même conclusion dans ses expériences sur

1. L. Wittgenstein, *Remarques sur les fondements des mathématiques*, *op. cit.*, p. 329. Dans les termes de J. Bouveresse, la règle « constitue la norme sur laquelle je règle *mon* action. La règle détermine ce qui *doit* être fait, et non ce qui sera fait. C'est *nous* qui nous déterminons à faire ce qui doit l'être ». Ce n'est donc pas la règle qui me fait faire, c'est moi qui me détermine à faire ce qui doit être fait, ou m'oblige, à agir correctement, conformément à la règle. C'est moi qui lui confère le pouvoir de me diriger. L'agir vient de moi et il y a une résolution de ma part. Cf. encore Wittgenstein : « La règle me donne la possibilité de m'attacher à elle et de me faire contraindre par elle ».

2. Peirce cité in C. Chauviré, *Peirce et la signification. Introduction à la logique du vague*, Paris, Puf, 1995.

les procédés de la compréhension commune : l'excès de précision peut être une nuisance dans la conversation ordinaire, car les interlocuteurs comptent les uns sur les autres pour remédier à l'absence de détermination complète de leurs propos, et ils peuvent se comprendre de façon suffisamment précise pour les buts qu'ils poursuivent sans avoir à connaître la signification exacte des termes qu'ils utilisent. On revient ainsi à l'indexicalité, mais sous un autre aspect que celui relevé par Recanati.

On peut dire, pour conclure, qu'il y a une sorte de double point commun entre « déférence sémantique » et « déférence épistémique » : une reconnaissance d'autorité (« par défaut » ou intentionnelle) ; « une priorité de l'impersonnel sur le personnel » (Descombes). La déférence qu'il y a dans l'usage linguistique n'est pas une dépendance de ce que l'on dit ou pense de quelqu'un d'autre, pas plus que le fait d'intercaler, sur un mode quasi-citationnel, un contenu conceptuel emprunté à d'autres que soi dans l'usage d'un concept, mais une dépendance à l'égard de règles d'usage et de significations instituées (qui peuvent toutefois ne pas être complètement maîtrisées par un locuteur). Pour ce qui est de la « déférence épistémique », il y a en elle un geste qui la rapproche de la confiance interpersonnelle, puisqu'elle comporte un certain degré de soumission acceptée au jugement d'une personne à laquelle on reconnaît une autorité (en vertu d'une compétence reconnue, d'un savoir ou d'un savoir-faire supérieur, d'une sagesse particulière), et donc de renoncement, lui aussi accepté, à sa propre compétence de jugement au profit de quelqu'un d'autre. Certes, la capacité de jugement a une dimension personnelle importante, mais elle comporte aussi quelque chose d'objectif, d'anonyme ou d'impersonnel. Cette dimension est notamment inhérente au savoir et au savoir-faire dont dispose la personne à laquelle je m'en remets. Je ne la considère qu'en partie comme la source de ce qu'elle sait et sait faire, car je les tiens aussi pour institués dans un milieu social et culturel dans lequel des connaissances et des savoir-faire sont établis, appris, cultivés, transmis. C'est parce qu'il y a une distribution inégale de ces savoirs et savoir-faire, et une division sociale du travail épistémique, que la pratique de la déférence est une nécessité vitale. L'autorité de celui à qui l'on défère a aussi une matrice sociale : « elle intervient dans le cadre d'un tissu relationnel qui couvre l'ensemble d'une société[1] ». Bref, elle est une relation et une pratique sociales.

1. J. Dewey et J. H. Tufts, *Éthique*, Paris, Gallimard, 2021, p. 268.

CHAPITRE 2

Confiance et reconnaissance : une « pratique de l'autre »[1]

On peut dire de la confiance ce que Wittgenstein disait du mot « savoir » : « On est souvent ensorcelé par un mot »[2]. Le discours public actuel témoigne d'un tel ensorcellement : la confiance y représente une sorte de mot magique pour retrouver quelque chose que l'on est censé avoir perdu et qu'il faut retrouver pour résoudre nombre de nos problèmes – on veut plus de confiance pour fluidifier les relations sociales, remettre en route le système financier international, relancer l'économie, assurer la croissance, augmenter la productivité des entreprises, restaurer la démocratie ou l'autorité des institutions, obtenir plus de participation à la vie politique, reconstruire le lien social, etc. Le problème est qu'il s'agit de quelque chose qui ne se décrète pas, que l'on ne peut pas générer à volonté, et dont le secret de fabrication nous échappe, même si les neurosciences nous ont récemment appris qu'en inhalant de l'ocytocine nous

1. Ce chapitre reprend un article publié sous le titre « Confiance et reconnaissance » dans *Social Science Information*, 50 (3-4), 2011, p. 375-390. « Pratique de l'autre » est l'expression utilisée par Michel de Certeau pour définir l'acte de croire de manière générale. Il s'agit d'une « pratique sociale de la différence » ou d'une expérience de la dépossession (cf. M. de Certeau, « L'institution du croire », *Recherches de Science Religieuse*, 71 (1), 1983, p. 61-80).

2. L. Wittgenstein, *De la certitude*, Paris, Gallimard, 1965, § 435.

pouvions faire monter le niveau de notre confiance (cf. *infra*, chap. 3).

Une part de l'ensorcellement provient vraisemblablement de la richesse sémantique du mot confiance. Dans son usage courant, celui-ci désigne en effet plusieurs phénomènes, qui sont proches les uns des autres, ont des traits communs, s'interpénètrent mais ne se recouvrent jamais complètement. La première tâche d'une analyse doit donc être d'établir des distinctions pertinentes. C'est ce à quoi je voudrais m'employer, en examinant différentes manières de décliner le lien entre confiance et reconnaissance. Je partirai des sondages sur la confiance. Ensuite, je présenterai la dynamique de la confiance interpersonnelle. C'est finalement toute la question de la rationalité de la confiance qui se trouvera ainsi éclairée sous un nouveau jour.

Une question de reconnaissance sociale

Des sondages sont régulièrement consacrés à la confiance ; des « baromètres de la confiance » sont régulièrement publiés, parmi lesquels figure en bonne place l'Eurobaromètre, qui sonde les Européens sur la confiance qu'ils accordent à leurs gouvernants, à leurs institutions, aux institutions européennes, etc. Chacun est familier du genre de question que l'on pose dans ces sondages : « À qui faites-vous habituellement confiance ? » ; « En règle générale, faites-vous confiance à la plupart des gens ? » ; « En règle générale, diriez-vous que l'on peut faire confiance à la plupart des gens, ou, au contraire, que l'on n'est jamais trop prudent quand on a affaire à eux ? » ; « Votre confiance envers les institutions, voire les personnes suivantes, est-elle plus grande ou moins grande qu'il y a cinq ans ? » (suit une liste d'institutions et de catégories professionnelles) ; « Pensez-vous – toujours, la plupart du temps, seulement parfois, jamais – que vous pouvez faire confiance au gouvernement pour faire ce qu'il convient de faire ? », etc.

Nous sommes aussi familiers du genre de résultats obtenus : « Les Européens plébiscitent les pompiers et les pilotes de ligne mais se méfient des hommes politiques et des vendeurs de voiture » ; « Les Français aussi font d'abord confiance aux pompiers (95 %). Ils placent ensuite les infirmières (92 %) et les pharmaciens (91 %), alors que footballeurs (16 %), vendeurs de voitures (15 %) et hommes politiques (8 %) arrivent en bas du tableau » ; « 70 % des Suisses ont expliqué faire moins confiance aux politiciens qu'il y a cinq ans. Il en va de même pour les institutions suivantes dont le taux de confiance est en chute libre, à savoir les banques (67 %), le gouvernement (56 %), la publicité (54 %), les entreprises internationales (53 %) et l'Union européenne (51 %)... Il existe des institutions qui continuent à bénéficier d'une grande confiance. Enseignants, avocats, mais aussi journalistes peuvent se réjouir du fait qu'une grande partie de la population ne cesse de leur témoigner sa confiance. Les médecins appartiennent même aux rares professionnels à voir leur taux de confiance croître auprès d'une petite partie de la population » (comptes rendus glanés sur Internet)[1].

1. Selon l'enquête réalisée au premier trimestre 2023 par l'institut *Opinion Way* pour le CEVIPOF, une méfiance généralisée se serait installée en France, avec une très faible confiance dans le gouvernement, et une forte méfiance envers les institutions et les personnels politiques. Cette méfiance était au même niveau en janvier 2024. Les journalistes ne sont pas non plus épargnés. Leur est notamment reproché de trop orienter l'information, ou

Il y a beaucoup d'imprécision conceptuelle dans ces tentatives de mesurer la confiance à travers des sondages. Ceux-ci souffrent en particulier du vague des questions. Ils laissent donc aux répondants le soin de définir implicitement ce qu'ils entendent par confiance, ce qui peut beaucoup varier. Russell Hardin pense que ce genre de pratique ne permet pas de comprendre ce qu'est la confiance, tout simplement parce que « nous ne pouvons pas savoir ce que veulent dire les réponses du sondage[1] ».

Le pessimisme de Hardin est sans doute exagéré : certes on ne peut pas savoir avec certitude ce que veulent dire les réponses des sondages, mais on peut émettre des hypothèses plausibles à leur sujet. En voici une : ce que mesurent les sondages sur la confiance c'est essentiellement une reconnaissance sociale[2]. Il s'agit d'une forme d'élection, par le public, des catégories sociales dont il pense qu'elles sont mues par les valeurs auxquelles il est lui-même implicitement attaché. Les jugements exprimés manifestent en effet principalement un attachement à des valeurs socialement approuvées, au demeurant relativement vagues. Le degré de confiance accordée à certaines catégories de personnes (pompiers, infirmières, médecins, etc.) est à la mesure des

---

tout simplement de diffuser des informations fausses ou trop vite relayées (cf. le baromètre sur l'« utilité du journalisme » réalisé chaque année par *Viavoice*). Les résultats de l'enquête de septembre 2023 et l'étude « Fractures françaises » réalisée en septembre 2023 par Ipsos-Sopra Steria (*Le Monde* du 11 octobre 2023) vont dans le même sens, mais avec, toutefois semble-t-il, une amélioration de la confiance dans les médias et dans les syndicats (du fait, pour ces derniers, de leur mobilisation contre la réforme des retraites).

1. R. Hardin, *Trust*, Cambridge, Polity Press, 2006, p. 61.

2. P. Livet, « La confiance et la reconnaissance sociale », *in* C. Lobet-Maris *et alii* (dir.), *Variations sur la confiance*, Bruxelles, Peter Lang, 2009, p. 57-71.

valeurs dont on les crédite : désintéressement, dévouement, intégrité, moralité, esprit public, etc.

Cette forme de reconnaissance s'explique, selon Pierre Livet, par la confiance que les gens accordent à ceux qui partagent leurs valeurs, parce que la « reconnaissance sociale implique un partage de valeur entre l'acteur et ceux qui le reconnaissent »[1]. Ceux qui reconnaissent les pompiers comme ceux en qui ils ont le plus confiance, manifestent leur adhésion aux motivations et aux valeurs qu'ils leur attribuent en tant que catégorie sociale. Les pompiers sont aussi ceux à l'égard desquels ils peuvent retenir le plus facilement leurs suspicions possibles. On a le cas inverse s'agissant des hommes politiques. Cette confiance reste finalement quelque chose de relativement abstrait et dépend de croyances générales répandues à propos de catégories sociales, de leurs attitudes et de leurs comportements typiques, bref de ce qu'on appelle des stéréotypes.

Il y a incontestablement un lien étroit entre confiance et reconnaissance, ou entre confiance et attribution de valeurs, mais ce lien est plus complexe que ce qui vient d'en être dit. De la reconnaissance sociale on peut en effet distinguer une reconnaissance de type personnel. Il ne s'agit plus alors d'apprécier une catégorie de personnes en fonction de valeurs socialement approuvées, mais de reconnaître une valeur à une personne particulière et de régler son comportement à son égard sur la base de cette reconnaissance[2].

1. *Ibid.*, p. 66.

2. Il est aussi possible d'établir un lien entre méfiance et reconnaissance sociale. Ainsi le politiste Luc Rouban fait-il du manque de reconnaissance et du sentiment de mépris éprouvé par de nombreux Français un facteur expliquant la méfiance actuelle à l'égard des dirigeants et du personnel politiques, ou encore des autorités scientifiques (cf. L. Rouban, *Les Raisons de la défiance*, Paris, Presses de Sciences Po, 2022). Charles

C'est la présence de cette reconnaissance personnelle dans la confiance que je voudrais mettre en évidence. Je le ferai à partir d'une critique de certaines approches actuelles de la confiance qui, en faisant de celle-ci un phénomène essentiellement cognitif, excluent sa dynamique propre du champ d'analyse, et lui substituent un autre objet : la *trustworthiness*[1]. Hardin, qui se réclame de la théorie du choix rationnel, a le mérite de dire les choses clairement : « Toutes les théories standards de la confiance [dont la sienne propre] sont des théories de la *trustworthiness*[2] », plutôt que de la confiance proprement dite. Est-ce à dire que la dynamique même de la confiance échappe à toute explication rationnelle ? C'est peut-être le concept même de rationalité qu'il faut réviser.

La confiance comme catégorie cognitive

Traitée comme phénomène cognitif, la confiance devient une affaire de savoir et de croyance, de calcul et de raisonnement, toutes choses dont la validité s'établit en termes

Taylor a, quant à lui, expliqué pourquoi dans une « culture marquée par l'éthique de l'authenticité », le besoin de reconnaissance individuelle tend à s'exacerber, notamment parce qu'il y pose un problème : « La nouveauté, à l'époque moderne, n'est pas le besoin de reconnaissance mais la possibilité qu'il puisse ne pas être satisfait. Et c'est pourquoi ce besoin est maintenant reconnu pour la première fois » (C. Taylor, *Le Malaise de la modernité*, Paris, Cerf, 1994).

1. Faute de mieux je traduis ce terme par « fiabilité », car il n'y a pas, en français, de nom pour désigner le fait d'être digne de confiance.

2. R. Hardin, *Trust and Trustworthiness*, New York, Russell Sage Foundation, 2002, p. 29.

de vérité. Pour certains, elle correspond soit à un calcul de gains et de pertes[1], soit à une estimation subjective de la probabilité d'un comportement déterminé de la part du bénéficiaire de la confiance : « Quand nous disons que nous faisons confiance à quelqu'un, ou que quelqu'un est digne de confiance, nous voulons dire implicitement que la probabilité qu'il réalise une action en notre faveur plutôt qu'à notre détriment est assez élevée pour que nous nous engagions dans une coopération avec lui[2] ». Pour d'autres, elle est plutôt une affaire de connaissance et de croyance. Dire « Je te fais confiance » serait ne rien dire de plus que dire : je connais ou je crois certaines choses à ton sujet, généralement des choses concernant tes motivations ou tes raisons de te montrer à la hauteur de ma confiance, d'être quelqu'un sur qui je peux compter. Mon estimation de ta fiabilité dans un contexte particulier est simplement ma confiance en toi[3].

À mes yeux ces approches sont inconséquentes – « une confiance calculatrice est une contradiction dans les termes[4] » – ou alors elles commettent une « erreur de catégorie » (au sens de Gilbert Ryle) : croire que quelqu'un est digne de confiance, en ayant de bonnes raisons de le faire, n'est pas la même chose que lui faire confiance. Estimer la probabilité d'une conduite future, ou entretenir certaines croyances à ce sujet, permet d'inférer la conduite à tenir ; mais ce n'est pas encore de la confiance. C'est aussi préjuger de la nature de

1. Cf. J. Coleman, *Foundations of Social Theory*, Cambridge, Harvard University Press, 1990.

2. D. Gambetta, « Can we trust trust ? », *in* D. Gambetta (dir.), *Trust : Making and Breaking Cooperative Relations*, Oxford, Blackwell, 1988, p. 217.

3. R. Hardin, *Trust and Trustworthiness, op. cit.*, p. 10.

4. O. Williamson, « Calculativeness, trust and economic organization », art. cité.

cette conduite que de la définir en termes de coopération, comme le font les théoriciens des jeux.

Pour rendre plus sensible cette erreur de catégorie, je vais évoquer succinctement la « théorie des intérêts enchâssés » de Russell Hardin. Celui-ci s'inspire de la théorie du choix rationnel, mais il soutient qu'à proprement parler on ne choisit pas de faire confiance[1]. La confiance est plutôt analogue à la conclusion d'un raisonnement pratique ; elle s'ensuit logiquement d'un jugement positif porté sur autrui, qui prend la forme d'une estimation de sa fiabilité : « Si je suis fondé à penser que tu seras digne de confiance, alors je te ferai confiance »[2]. Hardin laisse entendre qu'il n'y a pas grand-chose à dire sur cette conclusion, et que ce sont les prémisses dont elle est déduite qui méritent toute l'attention, car ce sont elles qui peuvent expliquer la confiance, et lui donner un fondement rationnel.

Hardin appelle sa théorie « théorie des intérêts enchâssés » : je fais confiance à quelqu'un pour autant que je suis persuadé qu'il est digne de confiance, et je suis persuadé qu'il est digne de confiance parce que je sais qu'il fera passer mes intérêts (ou mon bien-être) avant les siens, plus exactement qu'il enchâssera mes intérêts dans les siens, et cela parce qu'ils sont mes intérêts. Si je sais, en revanche, que ses intérêts sont opposés aux miens, ou suis convaincu qu'il fera de toute façon passer les siens avant les miens, je ne le jugerai pas digne de confiance et ne lui ferai donc pas confiance.

Pour former son estimation de la fiabilité d'autrui, celui qui fait confiance doit connaître les intérêts et les dispositions de celui-ci et s'assurer de ses motivations et de ses engagements. Il s'appuie pour cela sur ce qu'il sait de cette

1. R. Hardin, *Trust*, *op. cit.*, p. 17.
2. *Ibid.*, p. 56.

personne – de sa moralité, de ses habitudes, de son caractère ou de ses compétences – par expérience directe, ou sur ce qu'il peut inférer d'une réputation :

> Dès lors que nous disposons des connaissances pertinentes (concernant le bénéficiaire potentiel), *ce savoir constitue notre degré de confiance ou de méfiance.* Dire à quelqu'un que nous avons confiance en lui signifie que *nous connaissons ou pensons connaître* des choses pertinentes à son sujet, en particulier au sujet de ses motivations à notre égard[1].

C'est cette connaissance qui induit et justifie notre croyance qu'il sera dans l'intérêt de cette personne de se montrer digne de confiance ou d'honorer la confiance faite. Cette croyance s'accompagne d'une attente : que le bénéficiaire de la confiance « ait à la fois les bonnes motivations [agir dans mon intérêt parce que c'est mon intérêt] et la compétence nécessaire pour honorer la confiance faite[2] ». L'anticipation des motivations du bénéficiaire de la confiance comporte toutefois une supposition : qu'il souhaite continuer la relation ou répéter les échanges dans le futur, parce que cela lui sera profitable. Bref, il aura d'autant plus intérêt à se montrer digne de confiance qu'il sera plus intéressé à poursuivre la relation : « Vous faites confiance à quelqu'un si vous croyez qu'il sera dans son intérêt d'être digne de confiance de la manière qui convient et au moment qui convient, et que tel sera son intérêt parce qu'il souhaite maintenir sa relation avec vous »[3]. C'est, en particulier, sa réputation qui est en jeu, et le maintien de sa réputation est une motivation forte pour se montrer digne de confiance

1. *Ibid.*, p. 17-18. Je souligne.
2. *Ibid.*, p. 65.
3. R. Hardin, *Trust and Trustworthiness, op. cit.*, p. 13.

(une bonne réputation est bénéfique dans les interactions sociales). Mais il peut y avoir d'autres incitations à honorer la confiance faite : l'amour, l'amitié, le respect d'un engagement, une obligation morale, etc.

La confiance apparaît ainsi comme un phénomène que l'on peut expliquer rationnellement. Expliquer rationnellement veut dire rapporter à des raisons. La confiance bien placée est fondée sur des raisons, et ces raisons, qui sont des raisons de croire que le destinataire est digne de confiance ou honorera la confiance faite, renvoient en définitive à une connaissance de ce qui peut inciter quelqu'un à se montrer digne de confiance. J'ai de bonnes raisons d'avoir confiance en quelqu'un si, vu ce que je sais de lui, je suis convaincu qu'il agira de façon à promouvoir mes intérêts, en tant qu'ils sont mes intérêts, ou parce qu'ils sont mes intérêts, et si je crois qu'il a la compétence nécessaire pour le faire. Les bonnes raisons ne sont pas que de mon côté. J'en attribue aussi à autrui dès lors que je crois que, dans ce qu'il fera, il adoptera les bonnes raisons : agir dans mon intérêt parce que c'est mon intérêt. Pour Hardin, la confiance est donc un phénomène strictement interpersonnel. Dès que l'on quitte les relations interpersonnelles, on n'a plus affaire à la confiance proprement dite, mais à des phénomènes apparentés. En effet il n'y a plus de sens à parler de confiance là où une connaissance des intérêts, des motivations et des dispositions personnels n'est pas possible. Quels sont ces phénomènes apparentés ? Il y en a deux : la *reliance* et la *confidence*.

Hardin propose une définition intéressante de la *reliance*, mais, paradoxalement, elle correspond à un geste que l'on considère habituellement comme central dans la confiance : la délégation de pouvoir ou d'autorité. Quand je compte sur quelqu'un pour faire quelque chose, j'attends de lui qu'il agisse à ma place, mais pour moi : « Si je te confie quelque chose, je compte essentiellement sur toi ; métaphoriquement parlant, *je fais de toi mon agent* en ce qui concerne certaines questions[1]. »

Quant à la « *confidence* », Hardin propose de la considérer comme la conclusion d'un raisonnement inductif. C'est précisément ainsi que Simmel, dans *Philosophie de l'argent*, décrivait la confiance du détenteur d'argent de recevoir une certaine quantité de marchandises contre cet argent. Elle est « une sorte de foi qui n'est rien d'autre qu'un savoir inductif atténué » : « Si l'agriculteur ne croyait pas que son champ va porter des fruits cette année comme les années précédentes, il ne sèmerait pas ; si le commerçant ne croyait pas que le public va désirer acheter ses marchandises, il ne se les procurerait pas, etc. »[2].

Cette « sorte de foi » est peu exigeante du point de vue épistémique : elle n'est qu'une attente reposant sur une généralisation inductive à partir du passé. Elle ne requiert donc pas d'évaluer la fiabilité d'une personne, de former une croyance portant sur ses intentions, ni de connaître ses motivations, dispositions et compétences. Selon Hardin, la confiance dans le gouvernement et la confiance dans les institutions seraient de cet ordre. Dans ces domaines, une véritable confiance n'est pas possible, parce qu'il est impossible d'y accéder aux connaissances requises sur les personnes.

Certes on peut identifier ainsi *confidence* et croyance formée par une inférence inductive. Mais on peut aussi y voir le type d'assurance que donne une conviction ferme ou une absence de doute. La *confidence* paraît étroitement

1. R. Hardin, *Trust*, *op. cit.*, p. 27-28. Je souligne.
2. G. Simmel, *Philosophie de l'argent*, *op. cit.*, p. 197.

liée, d'un côté, au *taken for granted*, de l'autre, aux « apparences normales » (une expression de Goffman). Pour ce qui est du premier aspect, Luhmann conçoit la *confidence* comme la forme de certitude inhérente à « l'évidence sans questionnement » du monde vécu (*Lebenswelt*)[1]. Quant aux « apparences normales », elles assurent aux gens que rien autour d'eux ne sort de l'ordinaire, et que le cours des choses reste relativement prévisible. En l'absence de signaux d'alarme, ils peuvent prendre les choses comme elles se présentent, c'est-à-dire s'abstenir de s'inquiéter, de douter de ce qui apparaît, et continuer à vaquer à leurs occupations :

> Lorsque le monde qui entoure immédiatement l'individu ne laisse rien présager qui sorte de l'ordinaire, lorsqu'il semble lui permettre de continuer ses habitudes..., on peut dire que l'individu ressent les apparences comme « naturelles » ou « normales ». Donc, pour l'individu, les apparences normales signifient qu'il n'y a aucun danger à poursuivre les activités en cours, en n'accordant qu'une attention périphérique au contrôle de la stabilité de l'environnement[2].

Pour un sociologue comme Goffman, cette « normalité » de l'environnement est évidemment une réalisation collective, dont il faut comprendre les modalités[3].

Hardin est aussi très sceptique à l'égard du discours public qui attribue une part importante des problèmes des sociétés contemporaines à un soi-disant déclin de la confiance. Il pense que l'on surévalue l'opérativité de la confiance. Il ne s'agit pas de nier son importance, mais de se rendre compte que, dans les sociétés complexes actuelles, les relations et la

1. Cf. N. Luhmann, « Confiance et familiarité », art. cité.
2. E. Goffman, *Les Relations en public*, Paris, Minuit, 1973, p. 228.
3. Cf. B. Misztal, « Normality and trust in Goffman's theory of interaction order », *Sociological Theory*, 19, 2001, p. 312-324.

coopération sociales reposent de plus en plus sur d'autres bases que la confiance : à savoir sur des dispositifs qui assurent la fiabilité des personnes et des institutions[1]. L'institutionnalisation de plus en plus grande de la vie sociale (notamment à travers le droit) remplace les relations de confiance par des relations régulées par des contrats, des lois et différents dispositifs permettant de réduire l'incertitude et l'opacité des échanges (cf. *infra*, chap. 4)[2].

De toute façon, soutient Hardin, ce n'est pas tant la confiance qui importe, que le fait de bien placer sa confiance et de bien la doser. Le développement d'une confiance aveugle ou d'une confiance mal placée est une catastrophe sociale. Ce n'est donc pas tant la généralisation de la confiance qu'il faut souhaiter, que le développement, chez les gens, et dans les institutions, de la *trustworthiness* : qu'on puisse leur faire confiance parce qu'ils sont effectivement dignes de confiance[3]. Hardin explique que ce que l'on considère souvent comme un déclin de la confiance n'est peut-être, en fin de compte, que le constat d'un changement dans la fiabilité des gens et des institutions : soit une baisse de cette fiabilité, soit un accroissement des exigences du public.

La définition de la rationalité de la confiance reste cependant une question ouverte. Certes la confiance est rationnelle si elle repose sur de bonnes raisons, et si elle procède d'un discernement de la fiabilité des autres. L'opposé de la confiance rationnelle est la confiance aveugle ou la confiance mal placée. Mais il y a comme un paradoxe, sinon une contradiction, à parler de confiance rationnelle :

1. Cf. K. S. Cook, R. Hardin et M. Levi, *Cooperation without Trust ?*, New York, Russell Sage Foundation, 2005.

2. Cf. L. Karpik, « Dispositifs de confiance et engagements crédibles », *Sociologie du travail*, 38 (4), 1996, p. 527-550.

3. C'est aussi le point de vue d'O. O'Neill. Voir *infra*.

là où la croyance est étayée sur des croyances éprouvées, donc sur un savoir, il n'est pas sûr qu'il y ait encore place pour la confiance ; et là où la confiance règne, il est vraisemblable que l'on soit sorti de la rationalité standard. En un sens, plus on en sait sur les gens, moins il y a de place pour la confiance en eux. Plus il y a de certitude et de prévisibilité, moins il y a de place pour la forme de traitement de l'incertitude qu'est la confiance. Plus il y a de garanties, ou de possibilités de contrôle, moins il y a de place pour la confiance.

Dans le dernier chapitre de son opuscule de 1968 sur la confiance, Luhmann notait que le concept de rationalité utilisé par la théorie du choix rationnel nous empêchait de comprendre ce qui est en jeu dans la confiance, de comprendre sa rationalité propre[1]. Mais comment accéder à cette dernière ? D'abord en corrigeant l'« erreur de catégorie » des approches cognitives que je viens d'évoquer.

Qu'est-ce qu'une confiance raisonnée ? Les moments de la confiance, selon Simmel

Simmel est sans doute le premier sociologue à avoir été attentif aux différentes formes de la confiance, et à avoir tenté de les identifier. Il a abordé la confiance dans deux domaines très différents : celui de l'analyse de la monnaie, et celui de l'étude des sociétés secrètes. C'est dans *Philosophie de l'argent*, que l'on trouve sa fameuse déclaration : « Sans la confiance des hommes les uns

1. N. Luhmann, *La Confiance*, *op. cit.*

envers les autres, la société tout entière se disloquerait ; ... de même, sans la confiance, la circulation monétaire s'effondrerait[1]. »

Simmel voyait la circulation monétaire comme étayée sur quatre formes de confiance. La première est la confiance du public dans les institutions qui émettent la monnaie, garantissent sa valeur et assurent la stabilité monétaire. La seconde est la confiance dans le système économique, plus précisément « dans l'aptitude de la sphère économique à nous remplacer, sans dommage, le *quantum* de valeur que nous avons abandonné en échange de cette valeur intérimaire, la pièce de monnaie ou le billet de banque[2] ». C'est cette forme de confiance qu'il caractérisait comme un « savoir inductif atténué ». La troisième forme est définie en termes d'« escompte ». En effet, si le possesseur d'argent est assuré de « pouvoir réutiliser » son argent dans le futur en obtenant une certaine quantité de biens, il dépendra néanmoins du bon vouloir des possesseurs des biens contre lesquels il voudra un jour échanger son argent, car ceux-ci seront libres de céder ou de garder leurs biens, d'accepter ou de refuser son argent. Il se peut ainsi que les « promesses contenues dans l'argent » ne soient pas remplies ; de ce fait, le possesseur d'argent n'est pas absolument garanti de pouvoir réutiliser son argent ; il est simplement vraisemblable qu'il pourra le faire : « La garantie de pouvoir réutiliser l'argent... c'est d'escompter l'énorme vraisemblance que chaque particulier, malgré la liberté qu'il a de refuser l'argent, l'acceptera[3]. » C'est cet escompte qui fait que la possession d'argent procure un « sentiment de sécurité personnelle », qui est, aux yeux de

1. G. Simmel, *Philosophie de l'argent*, *op. cit.*, p. 197.
2. *Ibid.*, p. 196.
3. *Ibid.*, p. 199.

Simmel, « la forme et l'expression la plus concentrée et la plus aiguë de la confiance dans l'organisation et l'ordre social-étatique[1] » – une autre forme de la confiance soit dans un système, soit dans des institutions.

La quatrième forme de la confiance sous-tend le crédit commercial : elle est une confiance en quelqu'un. Cette forme ajoute un moment autre à « la simple conclusion inductive » sous-tendant les autres formes, à savoir un élément supplémentaire de « foi socio-psychologique apparenté à la foi religieuse » :

> [Il s'agit] d'un état d'âme qui ne se situe absolument pas dans la direction du savoir ; c'est, d'un côté, assurément moins, mais, de l'autre, bien davantage que ce savoir. Selon une excellente tournure, pleine de profondeur, on « croit en quelqu'un » – sans ajouter ou même sans penser clairement ce que l'on croit en vérité à son sujet. [...] Le moi s'abandonne en toute sécurité, sans résistance, à la représentation [qu'il a de l'autre, représentation] se développant à partir de raisons invocables, qui cependant ne la constituent pas[2].

Cette quatrième forme de confiance – appelons-la « confiance-*fides* » – a bien une base cognitive et rationnelle, mais elle va au-delà du savoir ou des bonnes raisons, ou dans une tout autre direction. Elle est pour une part inconditionnée. C'est ce que Simmel expliquera quelques années plus tard (1908) dans ses considérations sur les sociétés secrètes, dans l'ouvrage *Sociologie*.

Une société secrète est un groupe qui « prend le secret comme forme d'existence » : « Le secret détermine les relations réciproques de ceux qui le détiennent tous

1. *Ibid.*, p. 198.
2. *Ibid.*, p. 197.

ensemble »[1]. C'est un type de groupement particulier : il doit se rendre invisible, pour se protéger. Ce ne sont pas les individus qui sont cachés, ni leurs buts ou dispositions particuliers, mais « le fait qu'ils se réunissent », qu'ils ont entre eux un commerce extrêmement actif, qu'ils forment une conjuration, une bande de malfaiteurs, une secte, une communauté religieuse, un réseau de résistance, etc. À cette caractéristique externe correspond une caractéristique interne : la confiance réciproque de ses membres, indispensable pour que cette protection soit assurée. Il s'agit « d'une confiance tout à fait spécifique : celle dans la capacité de se taire[2] ». Et Simmel d'ajouter : « Il s'agit là de toute évidence d'une foi en la personne, sociologiquement plus abstraite que toute autre, parce que cette foi peut recouvrir n'importe quel contenu commun à un groupe ».

Quelques pages auparavant, Simmel avait de nouveau distingué cette confiance-*fides* d'une confiance de type plus cognitif, définie comme « une forme... du savoir sur un être humain », « un état intermédiaire entre le savoir et le non-savoir sur autrui » : « Celui qui sait tout n'a pas besoin de faire confiance, celui qui ne sait rien ne peut raisonnablement même pas faire confiance »[3]. La confiance-*fides* est « une attitude tout à fait immédiate de la sensibilité » ; elle se passe de justification par des « preuves que la personne en est digne, et même bien souvent malgré la preuve du contraire ». Cette « acceptation sans réserve » de l'autre personne « n'est induite ni par l'expérience, ni par les hypothèses ».

C'est ce dernier type de confiance, qualifié de « supra-théorique », qui est en jeu dans la société secrète. Il implique

1. G. Simmel, *Sociologie*, *op. cit.*, p. 379.
2. *Ibid.*, p. 381.
3. *Ibid.*, p. 356.

« une très forte prédominance de facteurs subjectifs », parce que ce n'est pas un domaine où l'on trouve facilement « des faits qui fondent une fois pour toutes la quantité de confiance que l'on peut accorder et qui réduisent au minimum la probabilité d'être déçu »[1]. C'est pourquoi les sociétés secrètes « sont une école extrêmement efficace de la solidarité morale entre les hommes » (ce qui est paradoxal, lorsqu'il s'agit de bandits ou de terroristes[2]). Et Simmel de pointer, en des termes très appropriés, la dynamique morale de la confiance interpersonnelle :

> Car il y a dans la confiance qu'un être humain porte à un autre une valeur morale aussi haute que dans le fait de ne pas décevoir cette confiance ; et cette valeur est peut-être même encore plus libre et plus méritoire, car lorsqu'on nous fait confiance, nous sommes presque engagés par un jugement porté sur nous par avance, et il faut être positivement mauvais pour le décevoir. Mais la confiance « se donne » ; on ne peut pas exiger qu'on nous l'accorde comme nous exigeons de ne pas être déçus, une fois qu'elle a été accordée[3].

Selon Simmel, la confiance interpersonnelle articule donc différents moments : cognitif, moral, affectif (« une attitude de la sensibilité »), pratique. Quand il définit le moment cognitif de la confiance, il le fait soit en termes de savoir ou d'ignorance, soit en termes de croyance étayée sur

1. *Ibid.*, p. 381.

2. Il est possible que Simmel soit allé trop loin en postulant d'une façon générale une « solidarité morale » dans les sociétés secrètes : « Entre les méchants, quand ils s'assemblent, c'est un complot, non pas une compagnie, ils ne s'entr'aiment pas mais ils s'entr'craignent : ils ne sont pas amis mais ils sont complices » (Étienne de La Boétie, *De la servitude volontaire*). Sur un registre similaire, Annette Baier fait des criminels des experts de la confiance – ils savent gagner la confiance de leurs victimes.

3. *Ibid.*, p. 382.

un raisonnement – une des formes de la confiance est une assurance fondée sur une inférence inductive qui extrapole du passé vers le futur, sans véritable fondement rationnel. Mais quand il introduit l'idée de foi en une personne, Simmel souligne que si elle suppose des connaissances sur la personne, et des raisons, étayées sur des faits ou des preuves, de croire qu'elle est digne de confiance, cette foi n'est « absolument pas dans la direction » du savoir et des raisons. Elle comporte un engagement réciproque inconditionné, qui se passe de certitudes et va au-delà des garanties.

Relativement au moment cognitif de la confiance, Simmel distingue deux formes du savoir en jeu : d'un côté, une connaissance individuelle de la personne ; de l'autre, un « savoir tout à fait général, qui ne concerne que l'aspect objectif de la personne[1] ». Le second savoir est fourni par les traditions et les institutions, par l'opinion publique et les « positions circonscrites de l'individu », qui rendent objectives « la motivation et la régulation » du comportement. La disponibilité de ce second type de savoir fait que « la confiance n'exige plus la connaissance véritable des personnes[2] », du moins tant que les enjeux ne sont pas vitaux :

> Il suffit au marchand qui vend des céréales ou du pétrole à un autre de savoir si ce dernier est solvable ; mais dès qu'il en fait un associé, il ne lui suffit plus de connaître sa situation financière et certaines de ses qualités tout à fait générales, il doit aussi connaître à fond sa personnalité, savoir s'il est correct, s'il a bon caractère [...] et c'est cette connaissance – réciproque – qui fonde non seulement l'établissement de

1. *Ibid.*, p. 357.
2. *Ibid.*

la relation, mais aussi sa poursuite globale, la collaboration quotidienne, la répartition des tâches entre associés[1].

Une affaire de reconnaissance personnelle

On peut reformuler en termes de reconnaissance le geste que Simmel place à la base de la confiance-*fides*. Commentant une phrase célèbre de Kant dans *Fondements de la métaphysique des mœurs*, où celui-ci dit du « respect » porté à quelqu'un qu'il est « la représentation d'une valeur qui porte préjudice à mon amour-propre », Axel Honneth définit la reconnaissance comme un acte dans lequel

> un décentrement s'opère chez le sujet parce qu'il concède à un autre sujet une « valeur » qui est la source d'exigences légitimes qui contrarient son amour-propre... En reconnaissant quelqu'un et en lui conférant une autorité morale sur moi..., je me dispose en même temps à le traiter à l'avenir en fonction de sa valeur[2].

C'est exactement ce genre de décentrement qui a lieu dans la confiance-*fides* : le crédit que nous accordons à une personne est fondé sur la « valeur » que nous lui reconnaissons, valeur ancrée en elle ; et cette reconnaissance « contrarie notre amour-propre », en ce sens qu'elle est source d'exigences pour nous, qu'elle « impose des limites à la réalisation de nos envies spontanées et de nos inclinations[3] ».

1. *Ibid., p. 356.*
2. A. Honneth, *La Société du mépris*, Paris, La Découverte, 2006, p. 238.
3. *Ibid.*, p. 243.

À l'appui de cette interprétation j'invoquerai la belle étude d'Émile Benveniste, dans *Le vocabulaire des institutions indo-européennes*, sur l'évolution du sens du mot latin *fides*. *Fides* est le substantif abstrait de *credere* (d'où vient « crédit »). *Credere*, c'est remettre à un autre, sans la donner, une chose qui est à soi, sans considération du risque, avec la certitude de la récupérer. Si *fides* a évolué vers la notion subjective de confiance, le terme a néanmoins conservé quelque chose de sa valeur ancienne. Cette valeur ancienne comportait l'idée d'une « qualité propre d'un être qui lui attire la confiance et s'exerce sous forme d'autorité protectrice sur qui se fie en lui[1] », ce qui fait que

> celui qui détient la *fides* mise en lui par un homme tient cet homme à sa merci. [...] Mettre sa *fides* en quelqu'un procurait en retour sa garantie et son appui. Mais cela souligne *l'inégalité des conditions*. C'est donc *une autorité* qui s'exerce en même temps qu'*une protection* sur celui qui s'y soumet, en échange et dans la mesure de sa *soumission*[2].

À quoi aboutit-on ? À ceci précisément : faire confiance à quelqu'un, c'est à la fois s'engager en sa faveur et s'engager dans un certain type de relation avec lui, relativement à un objet ou un domaine. Cet engagement appelle un engagement corrélatif chez le bénéficiaire. Mais il crée aussi une « inégalité des conditions » : l'un fait de l'autre son agent (ce qui est visible, par exemple, dans le fait de confier un objet ou une tâche à quelqu'un) ; ce faisant, il se soumet à lui ; il se rend aussi vulnérable ; cependant, « en échange et dans

1. É. Benveniste, *Le Vocabulaire des institutions indo-européennes*, t. I, Paris, Minuit, 1969, p. 103.
2. *Ibid.*, p. 118.

la mesure de sa soumission », il peut espérer bénéficier de l'appui et de la protection de celui à qui il fait confiance[1].

Luhmann a bien décrit cet engagement réciproque et cette « inégalité des conditions ». Une relation de confiance s'établit dans un processus temporel et séquentiel, comportant des « conditions structurelles qui le rendent possible », et « des étapes de renforcement réciproque »[2]. Une de ces conditions structurelles est la présence d'un type de situation particulier : une situation dans laquelle un agent peut se soumettre à un autre et dépendre de lui. Sinon, « le problème ne surgit même pas »[3]. Une autre condition est que le partenaire ait « la possibilité de décevoir/tromper la confiance et à vrai dire non seulement la possibilité de le faire, mais également celle d'y trouver un intérêt important »[4]. Le processus ne peut pas débuter par une exigence : je ne peux pas exiger de quelqu'un qu'il me fasse confiance. C'est à lui de faire le premier pas, d'offrir sa confiance.

> Il en ressort déjà un résultat important : le processus exige un engagement mutuel et il ne peut être mis à l'épreuve que si les deux parties s'engagent en celui-ci ; et l'ordre ne peut être inversé : d'abord celui qui accorde sa confiance et, ensuite, celui à qui le premier fait confiance [et qui l'accepte][5].

Cet « engagement mutuel » instaure des conditions inégales : l'un se soumet à l'autre ; ce faisant il lui confère un pouvoir discrétionnaire et lui reconnaît une autorité ; il lui

1. Une forme dégénérée de cette soumission est la « servitude volontaire » instaurée par un pouvoir autoritaire, qui offre à ses sujets une protection en échange de leur obéissance aveugle.
2. N. Luhmann, *La Confiance*, *op. cit.*, p. 48.
3. *Ibid.*
4. *Ibid.*
5. *Ibid.*

donne aussi la possibilité de lui nuire, d'exploiter cette délégation à son profit ; il se rend donc vulnérable à son égard. Mais cette vulnérabilité est productive :

> Pour celui qui accorde sa confiance, sa vulnérabilité est l'instrument par lequel il met en branle une relation de confiance. Ce n'est qu'à partir de sa propre confiance qu'il a la possibilité de formuler à titre de norme le fait que sa confiance ne soit pas déçue et ainsi d'amener l'autre dans cette voie qu'il vient de tracer[1].

La soumission qui instaure une « inégalité de conditions » génère notamment des habilitations et des prétentions, des droits et des obligations, dont le contenu est toujours défini en référence à une certaine forme d'organisation sociale. C'est parce que la formation de la confiance commence par une « opération surérogatoire » (on qualifie de « surérogatoire » ce que l'on fait au-delà de ce que l'on est tenu de faire) qu'elle suscite des prétentions et fait naître des possibilités de revendication de part et d'autre. Du côté de celui qui fait confiance, des prétentions à voir sa confiance honorée, et à être traité « comme il est normal » qu'on le soit, notamment à avoir, pour contrepartie de sa soumission, une « protection », pour parler comme Benveniste, c'est-à-dire, minimalement, une prise en compte de son intérêt. Du côté du bénéficiaire de la confiance, des prétentions à voir adopter à son égard un certain type de comportement, corrélatif de la reconnaissance d'une autorité et de l'attribution d'un pouvoir discrétionnaire : que celui qui fait confiance suspende sa propre compétence de jugement (dans certaines limites bien sûr, car il ne s'agit pas de déférer aveuglément à l'autorité épistémique ou morale de l'autre), qu'il n'interfère

1. *Ibid.*, p. 49 ; cf. aussi Baier, « Trust and antitrust », art. cité.

pas constamment, qu'il renonce à une surveillance tatillonne et au contrôle permanent, qu'il ne recherche pas plus d'assurances qu'il n'en faut, qu'il demande des comptes au bon moment, etc. C'est dans des attitudes, des modes de relation et des manières d'agir et de se conduire de ce type, que se manifeste concrètement la confiance.

Le contrôle dans la confiance

J'ai évoqué la nécessité d'aller au-delà de la représentation standard de la rationalité pour pouvoir rendre compte de la dynamique propre de la confiance. Une première façon de le faire est de considérer que la confiance non aveugle incarne une forme spécifique de rationalité : puisqu'elle consiste à suspendre, à un moment donné et dans une situation donnée, la recherche d'informations, de contrôles et de garanties, et à assumer le caractère irréductible de l'incertitude du futur, notamment de celle du comportement futur d'autrui, la confiance est une façon raisonnable de faire face à l'incomplétude inévitable de l'information et à l'impossibilité d'une transparence des relations et des échanges : elle « remplace l'information manquante par une assurance intérieure garantie[1] » ; elle extrapole une attitude active à partir de connaissances et de convictions disponibles – elle extrapole au sens où elle va au-delà des faits, des preuves et des assurances détenues. C'est en ce sens que Luhmann dit que la confiance réduit la complexité de l'environnement par l'acceptation d'un risque et d'une vulnérabilité.

1. N. Luhmann, *La Confiance*, *op. cit.*, p. 111.

Elle manifeste sa fécondité par le fait qu'elle rend possibles des formes de coopération et des genres d'action qui n'existeraient pas sans elle.

Une seconde façon d'aller au-delà de la représentation standard de la rationalité est de considérer que le processus de la confiance comporte un mode de contrôle qui lui est propre. On considère souvent le contrôle comme une alternative à la confiance, ou vice-versa (« La confiance c'est bien, le contrôle c'est encore mieux », disait Lénine). Mais il s'agit là d'un contrôle externe, reposant pour une grande part sur le soupçon et la méfiance. La forme de contrôle inhérente à la confiance est d'une autre nature. Luhmann l'a décrite en termes de « contrôle symbolique » et de « contrôle par des seuils ».

Une personne ou une institution à laquelle on accorde sa confiance acquiert, dit Luhmann, « le statut d'un complexe symbolique », en ce sens que les événements les impliquant sont interprétés sous l'angle de la confiance accordée, et notamment comme indices de leur loyauté et de leur fiabilité, indices servant à déterminer s'il est opportun ou non de leur maintenir sa confiance :

> Dans le cadre du problème de la confiance, tout ce qui arrive se voit accorder une pertinence ou une importance à titre de symptôme. Des événements isolés acquièrent, comme s'il s'agissait de tests, une signification déterminante pour l'ensemble : un mensonge peut détruire la confiance dans son ensemble, et, en raison de leur valeur de symboles, des erreurs minimes et des fautes de présentation peuvent, souvent avec une acuité implacable, démasquer le « vrai caractère ». [...] Celui qui fait confiance doit donc surveiller sa propre acceptation des risques inhérents. Il doit, ne serait-ce que pour se rassurer lui-même, clarifier le fait qu'il n'accorde pas sa confiance sans condition, mais qu'il le

fait dans des limites et selon les critères propres à certaines attentes rationnelles[1].

En effet, une fois mis en place, l'engagement réciproque initial fournit un cadre à la perception et à l'interprétation des événements : ceux-ci sont appréhendés sous l'angle de leur pertinence pour la relation de confiance établie, et notamment comme indices, d'un côté, du degré de confiance accordée, de l'autre, de la loyauté du bénéficiaire et de son usage de l'inégalité des conditions. De tels indices servent, entre autres, à déterminer s'il est légitime ou non de maintenir sa confiance, ou à en moduler le degré. De fait la confiance est relativement tolérante et capable d'absorber des informations et des expériences défavorables. Celles-ci n'ébranlent pas ou ne détruisent pas nécessairement la confiance. Cela n'est pas dû au fait que la confiance soit aveugle, mais au fait que son mode de contrôle interne soit un « contrôle par des seuils ».

Le « contrôle par un seuil » est un type de contrôle très particulier. Le seuil est une frontière dont le franchissement transforme subitement une orientation en une autre, voire en son contraire, par exemple la confiance en méfiance, l'amour en haine. En deçà du seuil, l'attitude prédominante est une « large indifférence à l'égard de nombreux détails et des nuances subtiles de l'expérience » ; cette indifférence se traduit par une capacité importante d'absorption d'informations, d'incohérences et d'expériences plutôt défavorables. En revanche, quand le seuil est franchi, des modifications importantes s'ensuivent, dont la disparition de la confiance : « Lorsqu'un soupçon surgit, l'effet est la plupart du temps surdimensionné et va bien au-delà de ce

1. *Ibid.*, p. 32 (traduction modifiée).

qui pourrait être attribué au phénomène concret qui a fait déborder le vase[1] ».

Une autre forme de reconnaissance sociale

Partant des sondages sur la confiance, j'ai exploré les liens entre confiance et reconnaissance, d'abord en termes de jugements de valeur sur des catégories sociales, ensuite en termes d'engagements réciproques sous des conditions d'inégalité. La reconnaissance sociale dont bénéficient certaines catégories de personnes parce qu'elles apparaissent porteuses de valeurs socialement approuvées et partagées, est d'une nature différente de la reconnaissance de la valeur d'une personne particulière qui fonde le don de la confiance. L'évaluation de la fiabilité des personnes, l'émission d'hypothèses sur leur comportement à venir ou l'établissement de raisons de croire en leur loyauté dans le futur font partie du processus de la confiance, mais ils ne rendent entièrement compte ni de sa dynamique propre, ni de sa rationalité.

Ma critique des approches qui privilégient le moment cognitif de la confiance se résume ainsi en deux mots : elles ne peuvent pénétrer au cœur de la confiance parce qu'elles réduisent indûment la gamme des attitudes impliquées à des attitudes propositionnelles (savoir que, croire que, juger que, estimer que...), et qu'elles préjugent de la nature de la conduite inférée (coopération). Je leur ai opposé l'idée d'une attitude active, qui, pour parler comme John Dewey, est projective, qualitativement dynamique et se

1. *Ibid.*, p. 86-87.

manifeste ouvertement dans des modes de comportement. Cette attitude est elle-même dotée de valeur dans un environnement culturel donné, où elle est liée à d'autres valeurs. On pourrait d'ailleurs considérer la confiance comme une quasi-institution : elle fait partie de nos manières établies d'agir et d'entrer en relation avec les autres, et en ce sens elle est incorporée à nos mœurs et à nos pratiques individuelles et collectives. Ces dernières seraient tout autres si au lieu d'adopter spontanément l'attitude de la confiance, nous adoptions systématiquement celles de la méfiance et de la suspicion. Si ces dernières attitudes prévalaient, nous aurions une tout autre « forme de vie »[1] ; notre sociabilité serait très différente, de même que nos procédures d'apprentissage ou la manière dont nous fixons et révisons nos croyances.

En un sens c'est ce qu'a montré Garfinkel dans ses « *breaching experiments* ». L'article où il présentait leurs résultats envisageait la confiance comme « condition de la stabilité des actions concertées »[2]. Garfinkel avait demandé à ses étudiants d'adopter le plus possible des comportements de doute, de méfiance et de suspicion dans leurs interactions. Il s'agissait par exemple d'aborder une personne en la soupçonnant d'être de mauvaise foi, de vouloir tromper son interlocuteur, de cacher ses vraies pensées ou les vrais motifs de sa conduite, etc. Adopter une telle attitude revenait à douter sans raison des apparences, à ne pas prendre comme schème d'interprétation de la situation ce

1. Je donne à cette expression son sens wittgensteinien : une « forme de vie » est un tissu complexe d'activités et de pratiques, de manières d'être et d'agir, de relations aux autres et au monde, étayé à la fois sur une constitution biologique et sur une organisation sociale (cf. D. Moyal-Sharrock, *Understanding Wittgenstein's* On Certainty, New York, Palgrave Macmillan, 2007, p. 6-7).

2. H. Garfinkel, « A conception of, and experiments with, "trust" as a condition for stable concerted actions », *op. cit.*

qui est tenu pour « allant de soi », pour « naturel », pour « normal », ou « ce que tout un chacun comme nous sait nécessairement ». Quand cette forme de suspicion était mise en œuvre, la poursuite de l'interaction devenait vite impossible, et les affects sociaux négatifs faisaient massivement irruption – allant de la gêne, la confusion et l'embarras à la honte, l'indignation, la colère et la haine.

Pour Garfinkel, ce genre d'expérience prouve que « les actions concertées » sont rendues possibles par une forme très spécifique de confiance réciproque : dans leurs interactions courantes, les gens attendent normativement les uns des autres qu'ils n'adoptent pas, comme attitude première, le doute systématique ou le soupçon gratuit, mais qu'ils se règlent, d'un côté, sur les apparences premières, de l'autre, sur ce qui est considéré comme « normal », « naturel » ou « allant de soi », donc sur ce qui est socialement approuvé, considéré comme légitime et doté de valeur.

Il s'agit là d'une forme de confiance très basique, consistant à compter les uns sur les autres pour honorer un certain type d'attentes d'arrière-plan. Elle est très en deçà de la confiance-*fides*, et implique un tout autre genre de reconnaissance : la reconnaissance de tout un chacun comme membre compétent de sa société, notamment comme personne dotée d'une « connaissance de sens commun des structures sociales ». Elle ne se confond pas non plus avec la *confidence*, parce qu'elle est à sa source. En fait ce ne sont pas simplement les actions concertées qui sont ainsi stabilisées : c'est la constitution même d'un monde commun qui est rendue possible, notamment parce que c'est en exigeant les uns des autres d'honorer les attentes constitutives de « l'attitude de la vie ordinaire » que les gens parviennent à accorder spontanément leurs perceptions et leurs interprétations. Ce qui est donc aussi stabilisé par cette forme de confiance c'est l'environnement social lui-même.

Il ne faudrait pas prendre ce genre d'argument pour un plaidoyer en faveur de la confiance aveugle. Ce qu'il souligne c'est que, de même que, normalement, le doute n'est pas premier – il faut des raisons pour douter – de même, habituellement la méfiance n'est pas première, et il faut des raisons pour se méfier, ou pour vouloir s'assurer de la fiabilité des gens. Il arrive cependant que de telles raisons s'imposent d'emblée et que la confiance soit l'aboutissement d'une enquête. Diego Gambetta et Heather Hamill se sont ainsi intéressés à la manière dont les chauffeurs de taxi, à New York et à Belfast, où les agressions de chauffeurs de taxi sont monnaie courante, sélectionnent leurs futurs passagers en jaugeant leur fiabilité. La suspicion et la méfiance sont les attitudes de base, et, en situation, ils quêtent les indices leur permettant de juger s'ils peuvent prendre tel ou tel passager à bord[1]. Cependant, les stratégies de méfiance sont plus coûteuses et plus compliquées à mettre en œuvre que celles de la confiance :

> Celui qui se méfie a besoin d'un plus grand nombre d'informations et il diminue en même temps la quantité d'informations sur laquelle il peut s'appuyer. Il devient plus fortement dépendant d'un plus petit nombre d'informations. Et ainsi la possibilité d'être déçu gagne à nouveau en importance. [...] Il n'est pas rare que les stratégies de méfiance absorbent les forces de celui qui est méfiant dans une mesure qui laisse peu de place à une étude sans prévention et objective de l'environnement et à une adaptation, offrant ainsi moins de possibilités d'apprentissage[2].

1. D. Gambetta et H. Hamill, *Streetwise : How Taxi Drivers Establish their Customers' Trustworthiness*, New York, Russell Sage Foundation, 2005.

2. N. Luhmann, *La Confiance*, *op. cit.*, p. 84.

Une confiance aveugle ou mal placée est une erreur, et, pour l'éviter, il faut une certaine dose de circonspection et d'esprit critique. Mais la vigilance n'est pas la méfiance. Elle est particulièrement bienvenue dans certains domaines, notamment en politique, et certains considèrent que, dans ce champ, la confiance ne devrait être accordée qu'une fois épuisées les raisons de se méfier[1]. C'est le principe de la « défiance libérale » à l'égard du gouvernement et de l'État. Cet argument sous-estime cependant un aspect non négligeable du processus de la confiance, à savoir qu'il commence par un « premier pas risqué » et qu'il fait le deuil de la certitude. Et de fait, dans une société démocratique, du moins dans une démocratie représentative, le public des citoyens s'en remet bien à ses représentants pour être ses agents ; il leur concède ainsi le pouvoir discrétionnaire de décider ce qu'il convient de faire pour servir au mieux ses intérêts et promouvoir le bien commun. Comme dans la confiance-*fides*, cette déférence implique une soumission et une vulnérabilité. Mais elle habilite aussi ses auteurs à faire valoir des droits, à exercer une certaine forme de contrôle et à exiger des comptes[2]. Dans le domaine politique, cela passe, dans les sociétés démocratiques, par les dispositifs et les pratiques de la « publicité », par l'exercice de la critique sociale et politique, et par la pratique de « l'enquête » par le public, qui empêchent la soumission consentie de devenir une « servitude volontaire »[3].

1. C. Offe, « How can we trust our fellow citizens ? », *in* M. Warren (dir.), *Democracy and Trust*, Cambridge, Cambridge University Press, 1999, p. 52-87.

2. La soumission consentie n'est pas une passivité ; elle est une attitude active, bien différente « d'une simple résolution stoïque de supporter sans broncher les mauvais coups du sort » (J. Dewey, *Une foi commune*, Paris, Les Empêcheurs de penser en rond, 2011, p. 101).

3. J'entends « servitude volontaire » au sens d'Étienne de La Boétie. Ce qui intéressait La Boétie « ce n'est pas tant le tyran [...] que la fascination qu'il est capable d'exercer et l'obéissance qu'il réussit à obtenir. [...] La

CONCLUSION

Cette manière de raisonner introduit moins de ruptures que ne le fait la théorie du choix rationnel entre la confiance interpersonnelle et la confiance en d'autres entités, telles les institutions, parce qu'elle est plus sensible à la dynamique d'ensemble du processus constitutif de la confiance, que l'on retrouve ailleurs que dans la confiance interpersonnelle. Mais cela ne revient-il pas, une fois de plus, à confondre *trust* et *confidence* ? Pour faire confiance à ma banque (*confidence*), explique Hardin, je n'ai besoin que « de généraliser inductivement à partir de ce que je pense être l'essentiel de son comportement, ou même seulement des résultats apparents de sa conduite, comme je généralise inductivement que l'hiver sera froid »[1]. La confiance dans une institution ou dans un gouvernement ne serait somme toute qu'une attente générale de ce type, beaucoup moins exigeante, du point de vue cognitif, que la confiance interpersonnelle. Mais, on l'a vu, à accentuer ainsi le moment cognitif de la confiance, et à hiérarchiser les modes de connaissance impliqués, on en arrive à considérer qu'il n'y a finalement rien à dire sur le processus de la confiance lui-même et que ne demeure comme objet d'étude possible que la *trustworthiness*.

Boétie cherche [...] à comprendre ce qui conduit des hommes, naturellement libres et naturellement portés à défendre leur liberté, à consentir à leur servitude » (A. Mahé, « La Boétie entre l'amitié et l'inimitié : l'échange, l'alliance et la complicité », *in* É. de La Boétie, *De la servitude volontaire*, Saint-Denis, Éditions Bouchène, 2015, p. 268). La soumission à un charlatan ou à un gourou est aussi de cet ordre.

1. R. Hardin, *Trust*, *op. cit.*, p. 159.

CHAPITRE 3

La confiance au prisme de la théorie des jeux et des neurosciences[1]

La confiance est un thème classique des sciences sociales et de la philosophie morale, sur lequel de nouvelles approches ont vu le jour ces dernières années, en particulier celles de l'économie expérimentale qui s'appuie sur la théorie des jeux. Une série de publications récentes montre que ces approches ont servi de supports à des recherches en neurosciences. Je vais me pencher sur deux articles parus en 2005, l'un sur les processus neuronaux présumés sous-jacents à la confiance[2], l'autre sur la biochimie supposée de celle-ci[3]. Nous tenterons d'identifier les transformations opérées sur le phénomène pour passer d'une description intentionnelle, en termes d'attitudes à l'égard d'êtres humains, et de modes de pensée caractéristiques de ces attitudes, à une description physique en termes de mécanismes ou de processus dans le cerveau. Nous pointerons ensuite les problèmes soulevés par la tentative d'établir une correspondance terme à terme

1. Ce chapitre est une version révisée d'un article paru en 2007 dans la revue *Intellectica* sous le titre : « How could trust be restored to nature ? ».

2. B. King-Casas *et alii*, « Getting to know you : Reputation and trust in a two person economic exchange », *Science*, 308, 1er avril 2005, p. 78-83.

3. M. Kosfeld *et alii*, « Oxytocin increases trust in humans », *Nature*, 435/2, juin 2005, p. 673-676.

entre un phénomène défini dans un vocabulaire intentionnel et des processus définis en termes physiques.

Le « jeu de la confiance »

Le développement des techniques d'imagerie cérébrale (variations de l'oxygénation du sang dans les régions du cerveau) a donné l'idée aux chercheurs en neurosciences d'explorer les substrats neuronaux des interactions sociales. La croyance qui anime ces chercheurs est que les comportements observables procèdent d'événements ou de processus internes à l'organisme, dotés d'un pouvoir causal, notamment d'événements ou de processus cérébraux, auxquels on peut désormais avoir accès par les techniques de l'imagerie par résonance magnétique. Une conviction s'est alors imposée : on peut apprendre quelque chose de l'organisation des interactions sociales en observant et mesurant ce qui se passe dans les cerveaux des individus impliqués. Tout le problème est de trouver un moyen de définir en termes d'états, d'événements ou de processus du cerveau, ce qui génère ces interactions. C'est justement ce que permet le développement de la théorie des jeux et de l'économie expérimentale, qui ont mis au point (tout à fait indépendamment des neurosciences) le jeu dit « de la confiance ». C'est une variante de ce jeu que les chercheurs utilisent pour décrire le substrat biochimique de la confiance.

Qu'est-ce que le « jeu de la confiance » ? La situation modélisée par la théorie des jeux est un échange économique entre deux partenaires qui ne se connaissent pas. Le premier a le choix entre deux stratégies : « faire confiance » et « ne pas faire confiance ». S'il ne fait pas confiance, le jeu prend fin. Le bénéfice de la première stratégie est supposé plus grand que celui de la seconde. Mais l'agent s'expose à ce que son partenaire abuse de sa confiance, car tel sera son intérêt : son gain sera plus important s'il ne coopère pas. L'intérêt de l'agent est donc de ne pas faire confiance[1].

Une variante de ce modèle de base est le « jeu de l'investissement ». Dans ce jeu, l'un des partenaires, l'investisseur, est doté au départ d'une certaine somme d'argent, dont il peut transférer une partie à l'autre ; la somme investie est multipliée par *n* ; le bénéficiaire du placement décide alors quelle part de cette somme il va restituer à l'investisseur. Une fois le montant retourné à l'investisseur, le jeu prend fin. L'investisseur peut décider de ne rien transférer et de se contenter de sa dotation initiale, le jeu se terminant alors. Ce jeu est tel que, puisque l'intérêt bien calculé du second joueur est de ne rien retourner à l'investisseur de la somme transférée, celui-ci n'est aucunement incité à lui verser une part de sa dotation. Il risque en effet de se retrouver dans une situation moins intéressante s'il fait confiance au partenaire, ou de voir celui-ci abuser de la confiance faite.

Théoriquement, en termes de calcul d'avantages dans l'échange, aucun investissement ne devrait avoir lieu. Pourtant, les expériences qui ont tenté d'éprouver cette hypothèse théorique manifestent des résultats complètement différents. Il est très rare que l'investisseur ne fasse aucun transfert, et une partie non négligeable de ceux qui jouent en second retourne une somme plus importante que celle qu'ils ont reçue. Tout se passe donc comme si le premier joueur faisait

1. Pour une discussion, cf. R. Hardin, *Trust and Trustworthiness*, *op. cit.* ; *Trust, op. cit.* ; M. Hollis, *Trust within Reason,* Cambridge, Cambridge University Press, 1998.

confiance au second et que ce dernier honorait sa confiance par une réciprocité dans la générosité.

Pour expliquer ces résultats contraires aux prédictions théoriques, les économistes ont imaginé de transformer ce jeu à un tour en un jeu à plusieurs tours (l'investisseur recevant chaque fois une nouvelle dotation). Alors que, lorsque le jeu ne comporte qu'un seul échange, l'investisseur, s'il est rationnel, n'a pas intérêt à faire confiance à son partenaire, il en va différemment dans les échanges séquentiels : les partenaires peuvent régler leurs décisions sur les dispositions à coopérer, la loyauté ou la réciprocité, manifestées dans les tours précédents, ainsi que sur les représentations qu'ils viennent à former l'un de l'autre (réputation). D'où l'idée que, dans de tels échanges séquentiels, tend à se développer une réciprocité forte dans la coopération, exprimant une confiance « bidirectionnelle » : les partenaires répondent à un comportement coopératif en maintenant ou en renforçant leur niveau de coopération, tandis qu'ils répondent à une absence de coopération ou de bienveillance en la sanctionnant, même si cette sanction ne fournit aucun avantage, voire les pénalise.

En quoi s'agit-il d'un « jeu de la confiance » ? On présuppose que l'agent qui ouvre le jeu, l'investisseur, décide de faire confiance ou non à son partenaire ; s'il lui fait confiance, il revient au bénéficiaire de décider s'il honore ou trahit la confiance faite. Deux décisions sont donc présupposées intervenir dans l'échange : celle de l'investisseur, qui choisit de faire ou de ne pas faire confiance ; celle du partenaire, qui choisit d'honorer ou de trahir la confiance faite. Une interdépendance sous-tend la coopération susceptible de conduire aux gains les plus avantageux pour chacun : le gain du partenaire dépend de la générosité de l'investisseur, tout comme le résultat atteint par celui-ci dépend de celle du premier. Dès lors que le jeu est à plusieurs tours, la générosité et le manque de générosité peuvent être payés de retour. Mais il est aussi possible qu'un placement généreux suscite une réponse non généreuse, et *vice versa*. Enfin, la répétition des coups permet aux partenaires de faire des anticipations sur les comportements futurs à partir des comportements antérieurs, et de l'idée qu'ils se sont faite de la fiabilité de l'autre. Du point de vue méthodologique, les changements dans la coopération et la réciprocité, matérialisés par des variations dans les montants monétaires échangés, constituent en quelque sorte les processus à travers lesquels les évolutions de la confiance sont supposées pouvoir être observées et mesurées.

Russel Hardin (qui, je l'ai dit, se réclame des théories du choix rationnel) note que l'on ne peut véritablement parler de « jeu de la confiance » que si le jeu est à plusieurs tours[1]. Ce n'est en effet que dans ce cas qu'existent des incitations à se montrer digne de confiance et à faire confiance. Plus récemment il a souligné la circularité vicieuse d'une conceptualisation de la confiance en termes de coopération. D'une part, rien ne permet de dire que le choix d'une stratégie coopérative dans un jeu de la confiance soit un indicateur de la confiance – il existe en effet une multitude de raisons pour adopter une stratégie coopérative, qui n'impliquent pas la confiance. D'autre part, la coopération est considérée, de façon circulaire, comme l'indice de la confiance et comme la conséquence résultant du fait d'avoir fait confiance[2].

Des chercheurs américains ont eu l'idée d'étudier ce qui se passe dans le cerveau d'étudiants invités à jouer ce jeu à

1. R. Hardin, *Trust and Trustworthiness*, *op. cit.*, p. 16.

2. Cf. R. Hardin, « Communautés et réseaux de confiance », *in* A. Ogien et L. Quéré (dir.), *Les Moments de la confiance*, *op. cit.*, p. 89-108.

plusieurs tours (dix tours, 48 paires de cobayes). Qu'ont-ils observé ? Trois choses essentiellement, en plus de la localisation des régions du cerveau où est traitée la supposée information au sujet des changements dans la confiance :

1. Les entorses à la réciprocité, notamment le paiement de la défection du partenaire par un geste de générosité de l'investisseur, qui accroît sa donation contre toute attente, produisent dans le cerveau du premier (et dans une région particulière de celui-ci, la tête du noyau caudé[1]) un effet physiologique similaire à celui de la surprise.
2. Au fur et à mesure du développement du jeu, le moment où le bénéficiaire décide quel sera son paiement en retour, donc où il forme « l'intention de faire confiance », précède de plus en plus la révélation de l'investissement effectif ; ce qui veut dire que « son cerveau a construit un modèle de la réponse de l'investisseur », donc quelque chose qui est de l'ordre d'une réputation.
3. Un accroissement de confiance a plus d'effet chez celui qui en bénéficie qu'une baisse de confiance :

> Pris ensemble, ces résultats suggèrent que la tête du noyau caudé reçoit ou traite l'information au sujet (i) de la loyauté de la décision d'un partenaire (ii) l'intention de répondre à cette décision par la confiance. Dans les premiers tours du jeu, l'« intention de faire confiance » n'est évidente qu'après qu'un investissement a été révélé. Avec l'expérience, ce signal se déplace à un moment qui précède la révélation de l'investissement[2].

1. Le noyau caudé fait partie des noyaux gris centraux du cerveau, situés en dessous du cortex. Ils sont impliqués dans les mouvements moteurs volontaires, l'apprentissage et la prise de décision sur la réalisation des actions motrices.

2. B. King-Casas *et alii*, « Getting to know you : Reputation and trust in a two person economic exchange », art. cité.

Des chercheurs suisses se sont quant à eux intéressés à la base biochimique de la confiance. En recourant au même jeu de l'investissement[1], mais à un seul tour, et répété avec quatre partenaires différents, et en administrant de l'ocytocine aux joueurs – un neuropeptide déjà connu pour ses effets positifs sur la socialité dans le comportement animal (inhibition des conduites défensives, réduction de l'évitement social, facilitation du contact et de l'attachement) et utilisé par les vétérinaires –, ils prétendent avoir mis en évidence les effets positifs de cette substance dans l'établissement de la confiance. Mais comment s'assurer que c'est bien sur la confiance que l'ocytocine agit, et pas sur autre chose, par exemple, sur l'aversion générale aux risques, sur la réciprocité ou sur « l'inclination générale à adopter une conduite pro-sociale » ? Les auteurs présentent en détail dans leur article le dispositif expérimental qu'ils ont mis au point pour prouver que c'est bien le niveau de la confiance qui est affecté.

Seuls les investisseurs sont sensibles à l'ocytocine, et seuls ceux qui en ont inhalé accroissent leurs transferts. Ce sont en effet eux qui font le premier pas, esquissent une approche du partenaire en transférant une somme d'argent, et donc ont à surmonter les obstacles à la confiance, dont le principal, la crainte de la trahison. Bref ce sont eux qui décident de faire ou de ne pas faire confiance, leurs partenaires se trouvant dans une situation un peu différente : ils ont surtout

1. Il est intéressant de remarquer que trois des auteurs de la publication intitulée « L'ocytocine accroît la confiance chez les humains » sont des chercheurs en économie expérimentale, deux d'entre eux – Ernst Fehr et Urs Fischbacher – étant très connus pour les modèles qu'ils ont développés pour résoudre le paradoxe soulevé par la version standard du « jeu de la confiance » : « modèles d'aversion à l'inégalité », « modèles de réciprocité », etc. Pour une présentation, cf. T. Tazdaït, *L'Analyse économique de la confiance*, Bruxelles, De Boeck, 2008.

à décider s'ils trahiront ou non, ou s'ils feront preuve ou non de réciprocité. L'explication donnée est que l'ocytocine accroît la confiance en neutralisant l'« aversion pour la trahison ». Elle affecte « la volonté d'accepter des risques sociaux surgissant dans les interactions interpersonnelles », le principal étant celui de la trahison de la confiance faite :

> Nous montrons que l'effet de l'ocytocine sur la confiance n'est pas dû à un accroissement général de la disposition à supporter des risques. Au contraire, l'ocytocine affecte précisément le fait d'être prêt à accepter les risques sociaux qui se présentent dans les interactions interpersonnelles. Ces résultats convergent avec les recherches sur les animaux, qui suggèrent que l'ocytocine joue un rôle essentiel en tant que base biologique du comportement pro-social[1].

Erreurs de catégorie

D'un certain point de vue, ces formes de réduction matérialiste de la confiance ne soulèvent pas de problèmes majeurs. Nul ne trouvera à redire au fait que l'on essaie d'observer ce qui se passe dans le cerveau quand nous adoptons tel ou tel comportement, que l'on mette en évidence les processus physico-chimiques qui ont lieu dans notre corps quand nous agissons ou interagissons (avec les autres et avec l'environnement), ou que l'on fasse ressortir la continuité qui existe entre nos conduites et celles des animaux. Cependant, un doute surgit à la lecture de telles recherches,

1. M. Kosfeld *et alii*, « Oxytocin increases trust in humans », art. cité, p. 673.

qui peut être exprimé par des questions telles que : qu'est-ce qui garantit que c'est bien le substrat neurophysiologique ou biochimique de la confiance qui est observé ? Car s'agit-il bien de confiance dans ces expériences, plutôt que de simples attentes, conjectures, croyances ou anticipations concernant les actions futures, contingentes, de l'autre ? Ces questions mettent en jeu la conceptualisation de la confiance.

On a le sentiment, en lisant les recherches évoquées, qu'elles placent la confiance dans des catégories dont elle ne peut pas relever[1]. D'où proviennent ces erreurs de catégorie ? Vraisemblablement des transformations effectuées sur un phénomène social dense et subtil pour en faire une réalité physique observable. C'est sur ces transformations et sur les problèmes qu'elles posent que je voudrais d'abord me pencher.

Ce n'est sans doute pas un hasard si les neurosciences recourent aux modèles de la théorie des jeux et de l'économie expérimentale. C'est par leur médiation, et notamment par celle de la psychologie de l'action qui les sous-tend, que la confiance peut être transformée en phénomène observable du cerveau. En effet, aussi bien l'observation de ce qui se passe sous le crâne que son explication causale (la mise en évidence d'une causalité efficiente implique d'opérer avec

1. Dans sa discussion avec Jean-Pierre Changeux (dans *La Nature et la Règle. Ce qui nous fait penser*, Paris, Odile Jacob, 1998), Paul Ricœur critiquait l'« amphibologie conceptuelle » des neurosciences. Il attirait l'attention de son interlocuteur sur le type de psychique qu'il mettait en relation avec le neuronal : à savoir un « psychique de laboratoire de psychologie », un « psychique très simplifié afin de vous mettre en situation de bien le corréler avec l'architecture neuronale ». C'est aussi un psychique indûment construit autour du « primat de la représentation dans l'activité mentale » (la représentation étant conçue comme une image mentale – « dans la tête » – de la réalité extérieure). Pour une discussion, cf. L. Quéré, « Sciences cognitives et herméneutique », *in* C. Delacroix, F. Dosse et P. Garcia (dir.), *Paul Ricœur et les sciences humaines*, Paris, La Découverte, 2007, p. 145-165.

des événements) exigent que la confiance soit considérée comme un changement d'état de la personne, généré par un changement d'état du cerveau. Or, qui dit changement d'état dit événement ponctuel, qu'il s'agisse, d'un côté, de décision, de formation d'intention ou de représentation, de modification d'attitude ou de comportement, de l'autre, d'activation des neurones d'une zone déterminée du cerveau ou d'accroissement momentané de l'ocytocine dans le système nerveux central.

La psychologie de l'action impliquée dans la théorie des jeux permet en un sens de passer directement du monde social au cerveau. Car en plaçant l'action sous le contrôle de la volonté libre de l'agent, supposé décider et faire des choix à l'aide de calculs stratégiques, elle postule l'existence d'événements mentaux spécifiques générant des comportements observables, notamment celle de choix interprétés en termes de volitions internes ou d'« actes de vouloir ». Opter pour une stratégie coopérative, choisir la confiance plutôt que la méfiance, la réciprocité plutôt que la trahison, construire une représentation interne du partenaire, etc., sont considérés comme des événements mentaux correspondant à des changements dans le cerveau, qu'ils soient d'ordre neurophysiologique ou d'ordre biochimique. Certains de ces changements sont directement observables et mesurables (par les techniques d'imagerie cérébrale, par exemple). D'autres le sont par l'intermédiaire de comportements manifestes. Ainsi, dans la recherche sur les effets de l'ocytocine, l'augmentation du neuropeptide dans le cerveau génère apparemment une plus grande générosité des investisseurs, puisque le montant des transferts qu'ils décident s'accroît. De cette variation observable des montants transférés, qu'ils interprètent comme un effet de l'augmentation de l'ocytocine dans le cerveau, les chercheurs infèrent que le neuropeptide agit sur la disposition (non observable) à faire confiance.

Le choix d'un tel cadre d'analyse rend possibles deux opérations essentielles à la réduction matérialiste du phénomène de la confiance : l'« instantanéisation » et l'« événementialisation ». La première consiste à privilégier un moment ou un état mental passager : celui de la prise de décision portant sur une ligne de conduite. Cette opération engage évidemment, outre la mythologie des volitions internes évoquée, toute une conception instantanéiste de l'agent et de la rationalité de son action, à laquelle on peut opposer une approche mettant l'accent sur l'enjeu qu'est la durée. Peirce, par exemple, notait que la question importante à se poser concernant la rationalité de l'action n'est pas de savoir comment nous choisissons une ligne de conduite, mais comment nous la suivons et la maintenons dans la durée[1].

La seconde opération est étroitement liée à la première : elle consiste à faire du phénomène un événement interne. Ce n'est pas seulement le privilège accordé au moment de la décision, dont le chercheur en neurosciences cherche à observer le corrélat physique, qui y contribue ; intervient aussi plus largement la conceptualisation de la confiance comme une attente, une anticipation ou une estimation subjective de probabilité[2]. En effet, dès lors qu'elle est considérée comme

1. Cette « instantanéisation » est aussi une opération inévitable de la science : « Quand elle recourt à l'expérimentation comme test de la réalité, la science moderne fait entrer en dernier ressort ses hypothèses les plus subtiles et les plus abstraites, pour prouver leur fiabilité et leur vérité, dans le champ du "maintenant" » (G. H. Mead, *L'Esprit, le soi et la société*, Paris, Puf, 2006, p. 384).

2. Cette événementialisation de la confiance est aussi présente dans nombre d'approches s'inspirant de la théorie du choix rationnel. Cf. par exemple M. Bacharach et D. Gambetta, « Trust in signs », *in* K. S. Cook (dir.), *Trust in Society*, *op. cit.*, p. 150 : « En général, on peut dire qu'une personne

procédant d'un choix stratégique étayé sur un calcul ou un raisonnement, la confiance tend à être conceptualisée comme le fait d'escompter un comportement déterminé chez le partenaire, fondé sur la croyance, ou l'estimation subjective de la probabilité, que celui-ci ne fera pas preuve d'opportunisme, coopérera, sera loyal, sera guidé par un principe de réciprocité ou par une « aversion pour la trahison ».

Une telle conceptualisation est doublement défectueuse. D'abord, même s'il y a peut-être des circonstances où les gens peuvent être confrontés à des décisions du type « faire ou ne pas faire confiance », les situations les plus fréquentes sont celles où la confiance s'établit de manière progressive, sans qu'il y ait vraiment un tel moment de décision. La confiance est un processus temporel et séquentiel, impliquant des étapes et des opérations, ainsi que des procédures de contrôle spécifiques[1]. D'une façon plus générale, la perception d'une décision à l'origine d'une action, d'une conduite ou de l'adoption d'une attitude, est le plus souvent un phénomène *a posteriori*, consistant à réviser une situation dans laquelle un engagement déterminé a eu lieu, sans que l'on sache exactement quand et comment il s'est produit, en l'interprétant à travers le schème de la prise instantanée (au sens de « faite à l'instant *t* ») de décision[2]. Par conséquent, supposer un acte mental spécifique précédant la manifestation d'un comportement observable ou l'adoption d'une attitude quelconque c'est introduire une entité explicative qui souvent ne

"se fie à quelqu'un pour faire X" si elle agit sur la base de l'attente qu'il fera X lorsque les deux savent que deux conditions sont satisfaites : s'il ne fait pas X il aurait mieux valu qu'elle agisse autrement, et en agissant comme elle le fait, elle donne à l'autre une raison égoïste de ne pas faire X ». Pour une critique, voir O. Lagerspetz, *Trust, Ethics and Human Reason*, *op. cit.*, chap. 4.

1. Cf. N. Luhmann, *La Confiance*, *op. cit.*, chap. 2.
2. Cf. H. Garfinkel, *Recherches en ethnométhodologie*, *op. cit.*, chap. 4.

correspond à rien « dans les choses ». Sans doute s'agit-il de rendre compte du caractère libre et volontaire du don de la confiance. Mais l'invocation d'un événement volitif ne résout pas la difficulté qu'elle est censée résoudre[1]. D'une façon générale, le fait de vouloir s'exprime moins dans un acte mental spécifique que dans l'effort (observable) déployé dans une action ou une conduite pour obtenir un résultat valorisé, le concept d'effort incluant deux notions : « celle de la modalité conative de l'agir (l'agent est entièrement engagé dans sa tâche, il y consacre toutes ses énergies) et celle du caractère incertain, parce que difficile, de cet acte dont le succès n'est pas garanti[2] ». Il vaut donc mieux se passer de la double idée qu'un don de confiance procède habituellement d'une décision, d'une formation d'intention ou d'un acte de vouloir, et que la confiance est l'affaire d'un instant, dépourvue d'épaisseur processuelle et temporelle[3].

Ensuite, faire confiance n'est pas escompter un événement. En effet, escompter un comportement déterminé de la part d'un partenaire, ou se fier *au fait que* celui-ci sera loyal, c'est tabler sur l'occurrence d'un événement futur pour décider ce que l'on va faire. Or, tabler sur l'occurrence d'un événement est une chose ; compter sur une personne déterminée en est une autre, et lui faire confiance, c'est-à-dire, par exemple, s'en remettre à elle du bon soin de quelque chose à quoi l'on tient, et se mettre dans une situation de dépendance par rapport à elle, encore une autre chose. Si la personne ne fait pas ce pour quoi je comptais sur elle, je ne serai pas seulement déçu, comme lorsque l'événement

1. Cf. V. Descombes, *Le Complément de sujet*, Paris, Gallimard, 2004.

2. *Ibid., p. 296.*

3. Cf., à ce sujet, O. Lagerspetz, *Trust, Ethics and Human Reason*, *op. cit.*, chap. 4.

attendu manquera de se produire ; j'éprouverai aussi sans doute du ressentiment à son égard. Mais compter sur une personne (pour honorer un rendez-vous, par exemple) n'est pas encore nécessairement lui faire confiance, de même que se fier à une personne n'est pas exactement lui faire confiance.

L'indice de la confiance est qu'elle implique un engagement en faveur de la personne, un jugement positif porté sur elle par avance, allant de pair avec l'acceptation d'une vulnérabilité. Si cette personne contredit ce jugement et exploite cette vulnérabilité pour me nuire, je me sentirai trahi. La confiance a pour condition structurelle la possibilité pour l'autre de la tromper ou de la trahir en y trouvant un intérêt important.

Trahir la confiance c'est donc tout autre chose que ne pas témoigner de la réciprocité ou de la bienveillance dans un échange, ou répondre à une attitude coopérative par une attitude non coopérative. Dans le jeu de l'investissement, l'investisseur peut craindre que le bénéficiaire de son transfert ne coopère pas, ou qu'il réponde à sa générosité par de la parcimonie ; si cela se produit, il sera déçu par le manque de coopération et de réciprocité du partenaire ; il regrettera éventuellement son geste ou éprouvera du ressentiment, mais il ne se sentira pas trahi – ce qui témoignerait du fait que rien de tel que la confiance n'a été impliqué dans leur échange. La confiance est trahie quand son bénéficiaire exploite à son profit, pour servir son intérêt, la vulnérabilité créée par un engagement en sa faveur, et nuit délibérément à celui qui par avance a porté un jugement positif sur lui, en faisant fi de l'obligation morale générée. Un tel sentiment de trahison ne peut pas être conceptualisé sans introduire deux idées : que le don de la confiance fait naître des possibilités de *claims* chez le donateur ; que ce même don de la confiance génère le sens d'une obligation chez le donataire.

La conceptualisation défectueuse de la confiance que nous observons dans la théorie des jeux repose donc en dernier ressort sur des erreurs de catégorie. Or celles-ci ne sont pas sans conséquences pour la recherche en neurosciences, lorsqu'elle emprunte ses modèles à la théorie des jeux. L'une d'elles est qu'il est finalement impossible de savoir à quoi correspondent exactement les événements ou les processus que les chercheurs en neurosciences observent dans le cerveau de leurs cobayes, c'est-à-dire de quel phénomène identifiable ils sont le support matériel. Il n'y a aucune évidence qu'il s'agisse peu ou prou de la confiance.

Par ailleurs, considérer la confiance, qui est un phénomène du monde vécu, intelligible et descriptible dans le vocabulaire intentionnel, comme une production du cerveau, voire comme un effet mécanique de la « disponibilité accrue d'ocytocine dans le système nerveux central », ou encore faire de la relation interpersonnelle de confiance une affaire d'interaction mesurable entre deux cerveaux, mettent en jeu une hypothèse forte : à savoir que le phénomène de la confiance, tel que nous le comprenons, le pratiquons et le décrivons dans le langage ordinaire, est, à la base, un processus matériel, et que ce processus est susceptible d'être décrit dans plusieurs vocabulaires, le vocabulaire intentionnel articulant la compréhension spontanée du phénomène devant cependant céder le pas au vocabulaire physique dans le cadre d'une analyse scientifique. Mais que reste-t-il de la confiance, une fois qu'elle a été séparée du vocabulaire intentionnel ? Telle est la question que je voudrais maintenant examiner.

La confusion des vocabulaires

Le vocabulaire physique est le langage de description qu'utilisent les neurosciences pour rendre compte des changements d'état du cerveau qu'elles observent, ou pour mesurer les variations de l'ocytocine dans le système nerveux central. Mais lorsque, par exemple, elles tentent de définir les effets de telles variations, elles recourent à un autre vocabulaire, le vocabulaire intentionnel, dont proviennent des termes tels que « confiance », « aversion pour la trahison », « risques sociaux surgissant dans les interactions interpersonnelles » (celui d'être trahi notamment), « réciprocité », « générosité », etc.[1]. Un tel vocabulaire n'a de sens qu'en référence à une forme culturelle de vie, la nôtre précisément, où de tels risques n'existent que parce qu'autrui peut nous nuire et que nous sommes sensibles à ses jugements et à ses représentations, à ses attitudes et à ses comportements, que nous y réagissons d'une certaine manière, et que nous avons un sens du caractère normatif de nos situations d'engagement mutuel (la confiance en est une), avec les émotions qui nous font repérer le franchissement de seuils d'admissibilité.

Est intentionnel le vocabulaire dans lequel nous décrivons notre environnement en termes de signification, de pertinence ou d'importance, que les choses ont pour nous – pour nos buts, visées, désirs, besoins, aspirations,

1. Dans les termes de Ricœur, en neurosciences « on n'arrive pas aux activités langagières, symboliques, lexicales, syntaxiques, on en part. L'expérience est tenue pour langagière par stipulation » (*Ce qui nous fait penser*, *op. cit.*, p. 104). Mais ce point de départ n'est jamais problématisé par les chercheurs.

sentiments, croyances, etc.[1]. Le vocabulaire intentionnel introduit la médiation d'un point de vue dans le rapport aux choses : telle occurrence physique est « tenue pour » tel acte, « compte pour » telle action ou tel comportement[2]. Une des caractéristiques des descriptions faites dans le langage intentionnel est qu'elles sont produites par des agents capables de caractériser et de décrire eux-mêmes les choses qu'ils rencontrent, à raison des espoirs, craintes, désirs, croyances, émotions qu'ils éprouvent ou entretiennent à leur contact.

Ordinairement, quand nous parlons de confiance c'est le vocabulaire intentionnel que nous utilisons, car c'est en fonction des notions et des distinctions que ce vocabulaire nous offre, et de la compréhension qu'elles articulent, que nous

1. Cf. C. Taylor, « Descombes' critique of cognitivism », *Inquiry*, 47 (3), 2004, p. 203-218.

2. Dire qu'un phénomène est intentionnel ne veut pas dire qu'il est le corrélat d'actes mentaux de visée ou de représentation, ou qu'il est produit expressément, avec une conscience des résultats recherchés. Il faut entendre intentionnel en son sens *logique*. Une relation intentionnelle au monde est une relation *oblique*, une relation médiatisée par ce que les philosophes appellent des « attitudes propositionnelles » (croyances, pensées, désirs, etc.), ou tout simplement par un point de vue, par une organisation de perspectives ou par des « interprétants » – des signes, des règles, des rites, des us et coutumes, des institutions, des « cadres primaires », etc. La relation intentionnelle s'oppose ainsi à la relation causale, mécanique. Une autre manière de définir le caractère intentionnel d'un phénomène est de dire que celui-ci n'est ce qu'il est que « sous une description » : il est relatif à un ordre du sens en vertu duquel il est plus et autre chose que ses substrats physiques ; il incorpore un « voir comme » ou un « compter pour ». Pour y accéder, il faut donc passer par ce que les gens disent, pensent, croient, ou par ce qu'ils veulent dire et faire en parlant et en agissant. Mais attention : ce point de vue et ces perspectives ne sont pas d'abord des choses individuelles ou subjectives, des vues que les sujets sociaux pourraient choisir à leur guise, selon leurs préférences, leurs désirs et leurs croyances, et qui sous-tendraient leurs actes de donation de sens ou de fonction. Il s'agit d'un point de vue et de perspectives impersonnels, généraux et objectifs, qui précèdent tout point de vue individuel et subjectif et le rendent possible.

sommes en mesure de vivre, de reconnaître et de caractériser une expérience, une relation, une situation, une attitude ou un comportement comme impliquant la « confiance » – nous saisissons la réalité à travers le filtre de ce langage, qui informe notre expérience, notre perception et notre compréhension.

De plus, le concept de confiance fait sens au sein d'un réseau de concepts (et de distinctions qu'ils produisent) qui recouvre non seulement des émotions et des sentiments, des types de conduite et de relation, mais aussi des attitudes et des manières de réagir, avec les modes de pensée et de comportement qui les caractérisent. Il s'agit par exemple des attitudes, tels le respect ou l'impertinence, la reconnaissance ou le dédain, la déférence ou le mépris, la foi ou la méfiance, le ressentiment ou la gratitude, que nous sommes enclins à adopter à l'égard des gens, en fonction de leurs manières d'être et d'agir, ainsi que de leurs comportements à notre égard. Précisément de telles attitudes sont impliquées dans la confiance. Faire confiance à quelqu'un, ou avoir confiance en lui, c'est adopter une certaine posture à son égard, une posture de membre d'une intersubjectivité. Cette posture est pratique, pas intellectuelle ; elle connote un engagement en faveur d'une personne, susceptible de provoquer certaines réactions et comportements déterminés de part et d'autre. Vous ne comptez pas seulement sur elle et vous n'entretenez pas seulement une croyance ou une attente à son égard (par exemple vous croyez qu'elle est digne de confiance ou vous vous attendez à ce qu'elle soit loyale) ; votre « *reliance* » est aussi pénétrée d'une certaine attitude active à son égard, celle de la confiance précisément. Si la personne fait défection, vous ne vous sentirez pas seulement déçu par son comportement, mais aussi trahi, et les sentiments que vous éprouverez seront d'une autre nature que ceux que vous inspirerait la défection d'un outil, d'un objet ou d'un animal. Pourquoi ?

La réponse la plus plausible a été donnée par Georg Simmel. Celui-ci a insisté sur l'engagement qu'un individu réalise lorsqu'il fait confiance à un autre : il porte un jugement sur lui à l'avance et il s'oblige à un certain type de conduite par rapport à lui ; mais en contrepartie il « exige de ne pas être déçu ». Quant à celui qui bénéficie de la confiance, il est lui aussi obligé moralement par l'engagement de l'autre[1].

Comme je l'ai suggéré *supra*, on peut expliciter cet engagement et cet investissement à la lumière de la problématique de la reconnaissance d'Axel Honneth. Honneth définit la reconnaissance comme un acte dans lequel « un décentrement s'opère chez le sujet parce qu'il concède à un autre sujet une "valeur" qui est la source d'exigences légitimes qui contrarient son amour-propre »[2]. Ce n'est donc pas le sujet qui s'impose à lui-même une obligation ; c'est plutôt un « décentrement » qu'il opère en référence à la valeur qu'il reconnaît à la personne d'un autre : « Par des gestes appropriés et des expressions du visage nous manifestons publiquement que nous concédons à l'autre personne une autorité morale sur nous-mêmes, en raison de sa valeur, ce qui impose des limites à la réalisation de nos envies spontanées et de nos inclinations[3]. » C'est bien ce qui se passe lorsque la confiance comporte un aspect de foi en une personne : l'autorité que nous accordons à cette personne, la capacité que nous lui concédons à déterminer nos attitudes et nos conduites, le droit que nous lui attribuons de

1. Cf. G. Simmel, *Sociologie*, *op. cit.*, p. 382.
2. A. Honneth, *La Société du mépris*, *op. cit.*, p. 238.
3. *Ibid.*, p. 243.

prétendre à notre allégeance sont fondés sur la « valeur » que nous lui reconnaissons, valeur ancrée dans sa personne (même si elle est étayée sur une normativité d'arrière-plan qui la dépasse).

Si la confiance est d'une telle nature, il est évident que l'« aversion pour la trahison », et plus généralement pour « les risques sociaux surgissant dans les interactions interpersonnelles », ne peut exister que pour des êtres qui peuvent être sensibles à l'attention, à la considération, aux attitudes, aux jugements ou aux engagements d'autrui à leur égard. Il convient toutefois de prêter la plus grande attention à une observation de Simmel : ce n'est qu'une fois que la confiance a été accordée que « nous exigeons de ne pas être déçus ». Il ne s'agit donc pas d'une disposition générale, du genre de l'« aversion pour la trahison », mais d'une exigence dont on attend normativement qu'elle soit honorée dans le cadre d'un processus sériel. Cette exigence ne précède donc pas le don de la confiance ; elle naît concrètement avec lui. En d'autres termes, le don de la confiance génère des possibilités de *claims* chez le donateur, dont celle de ne pas être déçu/trompé. Luhmann fait un constat similaire :

> Pour celui qui accorde sa confiance, sa vulnérabilité est l'instrument par lequel il met en branle une relation de confiance ; ce n'est qu'à partir de sa propre confiance qu'il a la possibilité de formuler à titre de norme le fait que sa confiance ne sera pas déçue et ainsi d'amener l'autre dans cette voie qu'il vient de tracer[1].

Si tel est le cas, l'hypothèse que celui qui décide de faire confiance doit chaque fois surmonter une « aversion pour

1. N. Luhmann, *La Confiance*, *op. cit.*, p. 49.

la trahison » est assez peu plausible. Cette aversion, qui est en quelque sorte le corollaire d'une attente normative, surgit de l'acte de donner sa confiance ou de faire confiance ; elle n'est donc pas un élément qui entre en ligne de compte dans la décision. Elle entre d'autant moins en ligne de compte que, comme l'a aussi montré Luhmann, la confiance réduit la complexité, notamment celle du futur : elle permet de minimiser l'importance des risques et de tolérer l'incertitude quant au comportement d'autrui, y compris celle quant à la suite que l'autre donnera à un don de confiance. Elle est un « élan vers l'*indifférence* », en ce sens que « par le biais de la confiance, on exclut de la prise en compte certaines possibilités de développement. On neutralise certains dangers qui ne peuvent être éliminés, mais qui ne doivent pas pour autant perturber l'action »[1].

De la sociabilité animale à la confiance

Aux deux vocabulaires précédents se mélange, dans les recherches en neurosciences évoquées, un troisième, que l'on peut caractériser comme « béhavioriste ». Il est introduit pour rattacher la confiance à une catégorie de comportement que l'on observe aussi bien chez les humains que chez les animaux, et dont l'ocytocine paraît être le facteur biochimique : approche, neutralisation de l'évitement social, inhibition des conduites défensives, réduction du niveau de méfiance, rééquilibrage de l'attrait et de la répulsion, attachement et affiliation, etc. :

1. *Ibid.*, p. 27.

> On a la preuve que l'ocytocine promeut les conduites d'approche sociale en inhibant les comportements défensifs, mais il n'y a pas de preuve qu'elle a des effets sur la réciprocité chez les animaux [...]. Notre interprétation des effets de l'ocytocine en termes d'aversion pour la trahison peut être considérée à la lumière des recherches sur les animaux qui montrent qu'un accroissement de l'ocytocine dans le système nerveux central favorise les conduites d'approche en aidant à surmonter l'évitement social en lien avec l'activation des circuits neuronaux impliqués dans la récompense [...]. La recherche sur les mammifères non humains suggère que l'ocytocine joue un rôle clé dans l'attachement social et l'affiliation[1].

À vrai dire, il ne s'agit pas d'un vocabulaire strictement béhavioriste. Un vocabulaire béhavioriste décrirait les comportements et les gestes observables sans prendre en considération ce « pour quoi ils comptent » (une manière déterminée de se comporter à l'égard d'un autre « compte pour » de « l'évitement social »), ou sans les rapporter à des états intentionnels. Dans la description rapportée ci-dessus, il s'agit plutôt de rendre compte de comportements ou de gestes de non-humains, en tant qu'ils font sens de notre point de vue humain, tel le comportement d'inquiétude, de recherche, d'expression de douleur, etc. d'un animal lorsqu'il est séparé de son petit ou que celui-ci disparaît de sa vue. Il s'agit donc d'un mode de description qui étend aux animaux un vocabulaire fait pour rendre compte de la vie mentale et sociale d'êtres qui peuvent nourrir des espoirs, éprouver des craintes, ressentir de l'inquiétude, de la peur ou du chagrin, croire, désirer, etc. ; bref d'êtres

1. M. Kosfeld *et alii*, « Oxytocin increases trust in humans », art. cité, p. 675.

qui partagent la forme de vie culturelle qui est celle des humains.

Bien sûr, rien n'interdit de décrire les conduites humaines en termes de comportements communs aux humains et aux animaux[1]. Mais comme type de conduite, la confiance ne peut être attribuée qu'à des personnes, même si cela fait sens d'attribuer de la méfiance, voire une forme élémentaire de confiance, à un animal. Ce qui passe pour de la méfiance chez un animal est un comportement observable, facilement identifiable ; il est déjà plus difficile de lui attribuer une attitude de confiance sur la base de l'observation de son comportement ; le fait qu'il se laisse approcher ou qu'il s'approche spontanément, ou qu'il soit « sociable » avec d'autres animaux, ou avec les humains, n'est pas un indicateur suffisant de confiance. Si, après avoir inhalé un peu d'ocytocine, un animal craintif se laisse tout d'un coup approcher plus facilement, cesse de manifester un comportement systématique de crainte et de méfiance, on pourra éventuellement dire qu'il « se sent désormais en confiance ». Mais ce n'est là qu'une manière courante (non problématique) de parler, qui consiste à étendre le vocabulaire intentionnel aux animaux.

Peut-être puis-je avoir une confiance absolue en mon chien – pour ramener une proie, trouver des truffes, sauver quelqu'un de la noyade, ou me ramener chez moi si je suis

1. N'est pas problématique notre propension à étendre aux animaux une partie de nos réactions naturelles à l'égard des humains, à leur attribuer des désirs, des croyances, des sentiments ou des attitudes, à leur conférer une sensibilité similaire à la nôtre, à leur appliquer des modes de pensée caractéristiques de nos attitudes à l'égard des êtres humains – ce qui fait que nous pouvons éprouver une certaine compassion à leur égard. En effet, nous sommes bien conscients qu'il ne s'agit que d'une extension, qu'il manque aux animaux le type d'identité caractéristique des humains pour qu'ils puissent être inclus dans l'intersubjectivité humaine au même titre que ceux-ci (cf. C. Diamond, *L'Esprit réaliste*, Paris, Puf, 2004).

aveugle ou ivre. Mais il est impossible qu'une telle confiance puisse susciter chez lui quelque chose qui ressemblerait à un sens de l'obligation générée par le don de la confiance, ni créer chez moi le genre de possibilités de *claims* que je peux faire valoir face à un partenaire humain, en vertu d'un engagement mutuel. Certes on peut inculquer à un animal un sens de ce qu'il peut faire et ne peut pas faire, de ce qu'il doit faire et ne doit pas faire, par exemple en associant des récompenses et des sanctions à ses performances. Il acquiert ainsi une sorte de connaissance et de respect de la norme, qui proviennent de la sanction répétée du comportement. Mais on peut douter qu'un tel dressage fasse naître un sens de l'obligation, au sens défini plus haut (faute, entre autres, de pouvoir comprendre les notions normatives de correct/incorrect, ou acquérir le sens déontique de « tu dois »). Il peut ne s'agir que d'un apprentissage du comportement efficace dans une situation donnée : l'animal se met à simplement faire ce que la situation exige « en vertu d'une manifestation motrice innée déclenchée par la représentation de cette situation »[1].

Par conséquent, seuls des êtres qui comprennent la normativité des engagements mutuels peuvent être impliqués dans des relations de confiance. Des expressions telles que « faire une approche », « surmonter une aversion à la trahison » ou « surmonter l'évitement social » ne peuvent pas restituer la teneur de l'engagement personnel, de l'attitude active ou du mode de comportement qu'implique le fait de faire confiance ou d'agir en confiance. S'engager en faveur de quelqu'un c'est autre chose que s'attacher à quelqu'un, faire une ouverture dans sa direction, esquisser une approche ou tenter/accepter un contact, etc.

1. J. Proust, « L'animal intentionnel », *Terrains*, 34, 2000, p. 23-36.

Toute compréhension de ce que peut être un engagement s'appuie sur une participation à des pratiques normatives dans un contexte social, qui définissent ce que chacun peut et ne peut pas faire, doit et ne doit pas faire, et qui sont la source objective du sens de son comportement. Soit mon engagement lorsque je contracte un prêt immobilier auprès d'une banque : il crée pour moi une nouvelle situation sociale ; il produit un changement dans mon « statut normatif » et pas seulement dans mes « états d'esprit » (croyances, désirs, intentions, etc.) ou dans mon cerveau. Ce qui est changé c'est ce que je peux et ne peux pas faire, ce que je dois et ne dois pas faire, ce que je suis autorisé ou non autorisé à faire, ce dont je suis responsable ou non responsable, ce que je peux attendre normativement et ce qui est attendu normativement de moi, etc., dans mes relations aux autres et aux institutions. Un tel changement se produit dans un contexte ou un ordre social, que l'on peut envisager comme un processus dans lequel sont centrales les opérations que les agents font continûment les uns par rapport aux autres, et les « attitudes sociales pratiques » qu'ils adoptent dans leurs interactions : « Il n'y aurait pas d'engagement, d'autorité ou de responsabilité si les gens ne se traitaient pas, ou ne se répondaient pas, dans la pratique, comme se considérant pratiquement engagés, autorisés ou responsables »[1]. Il en va de même dans le cas de la confiance : l'établissement d'une relation de confiance crée une situation d'engagement mutuel, et par là modifie le « statut normatif » des personnes impliquées, c'est-à-dire ce qu'elles peuvent ou ne peuvent pas faire, ce qu'elles doivent ou ne doivent pas faire, ce

1. R. Brandom, « From a critique of cognitive internalism to a conception of objective spirit. Reflections on Descombes' anthropological holism », *Inquiry*, 47 (3), 2004, p. 236-253.

qu'elles sont autorisées ou non à faire, etc., en référence à leur appartenance commune à un monde social.

La situation d'engagement en question a une structure déterminée que l'on peut observer et décrire. À coup sûr quelque chose se passe dans le cerveau des personnes concernées quand une telle situation apparaît ou quand elles la gèrent. Mais il est possible que ce qui se passe dans leur cerveau ne soit pas du tout spécifique à ce type de situation ou de relation, et que l'afflux d'ocytocine, par exemple, « supporte » biochimiquement des conduites de natures très différentes, même si elles relèvent d'un même domaine, celui de l'approche, de la sociabilité et de l'attachement.

Cette possibilité tient simplement au fait qu'un processus physique ou un mouvement corporel peuvent servir de support matériel à des actions très différentes. Je peux lever la main pour demander à poser une question dans un cours ou une assemblée, pour faire signe à un ami aperçu sur le trottoir d'en face, pour héler un taxi, etc. À chacune de ces actions intentionnelles correspond-il un processus spécifique dans le cerveau, bien que le mouvement corporel soit le même ? D'un autre côté, nous disposons d'une riche gamme de possibilités « physiques » pour réaliser une certaine sorte d'action : pour manifester notre accord, nous pouvons lever la main, faire signe de la tête, dire « OK » ou « oui », signer un papier, etc. Cette action unique a-t-elle un processus neuronal spécifique comme support matériel, en dépit d'une pluralité de mouvements corporels possibles ?

Quoi qu'il en soit, s'agissant d'un humain qui fait confiance, c'est normalement toute la personne qui est impliquée, et il est possible qu'il n'y ait rien d'identifiable dans son cerveau qui étaye son attitude, ou son mode de conduite ainsi caractérisé[1]. Il n'y a sans doute pas lieu de chercher à donner un « véhicule » physique ou matériel déterminé, spécifiable dans un vocabulaire physique, à un acte tel que l'engagement mutuel inhérent à la confiance, ou au sens d'une obligation générée par un don de confiance.

Les conditions d'intégrité du phénomène

Les tentatives des neurosciences soulèvent une autre question. À supposer que la conceptualisation scientifique de la confiance évite les erreurs de catégorie pointées (et la propension à doter le cerveau d'attributs qu'il ne peut pas recevoir), et que l'on puisse spécifier les processus matériels (dans le cerveau) générant les changements d'attitude et de conduite caractéristiques de l'engagement mutuel qu'implique la confiance, le phénomène pourrait-il être conservé dans son intégrité dans le passage d'une description dans un vocabulaire intentionnel à une description dans un vocabulaire physique ? La condition d'une telle conservation serait que le phénomène existe indépendamment du langage dans lequel il est compris, décrit, expliqué. Or cette condition ne semble pas pouvoir être satisfaite dans le cas qui nous intéresse.

Notre appréhension du phénomène de la confiance s'articule en effet dans le vocabulaire intentionnel, et ne paraît

1. Il est indéniable que le cerveau est un agent essentiel dans l'adaptation d'un organisme vivant à son environnement. Il n'en demeure pas moins que c'est cet organisme dans sa totalité qui s'adapte, en fonction de sa constitution et de l'état de tension dans lequel il se trouve face à l'environnement tel qu'il existe pour lui *hic et nunc*, et pas seulement son cerveau.

pas pouvoir en être séparée. La description d'un phénomène dans le vocabulaire intentionnel n'est pas de même nature que les descriptions physiques, physiologiques, neurophysiologiques ou biochimiques qui peuvent en être données. Le langage de description que ce vocabulaire fournit n'est pas un cadre théorique, procédant d'une construction humaine. Si tel était le cas, on pourrait effectivement considérer la description et l'explication intentionnelles de la confiance comme préscientifiques, tandis que les autres descriptions et explications seraient plus profondes ou plus robustes, notamment parce qu'elles révéleraient et cerneraient le substrat matériel du phénomène et que ce qui est matériel peut être expliqué mécaniquement. Mais la description intentionnelle d'un phénomène tel que la confiance n'articule pas une compréhension théorique. C'est cet argument, typiquement herméneutique, que je voudrais esquisser (en laissant de côté la critique de ses présupposés, notamment son hostilité au naturalisme)[1].

Sans doute pouvons-nous avoir des théories de sens commun de la formation des nuages et de l'éclatement des orages, des théories qui pourront être confrontées à celle dont dispose un météorologiste, voire invalidées par ce que la science météorologique a établi concernant ces phénomènes. Mais précisément les processus de formation des nuages et d'éclatement des orages existent indépendamment de telles explications, quelles qu'elles soient, et ils ne sont pas altérés dans leur être même par une variation de la

1. Le point de vue herméneutique présenté ci-dessous est celui de Charles Taylor. Pour une discussion de ce point de vue, notamment une critique de son anti-naturalisme et de son transcendantalisme, voir L. Quéré, « L'herméneutique critique de Charles Taylor », *Sociologie et sociétés*, 13 (1-2), 2021, p. 87-111 ; *« Au commencement était l'acte ». Pragmatisme et sociologie*, La Bibliothèque de *Pragmata*, 2024, chap. 7.

compréhension que l'on en a, ou par celle des descriptions et des explications que l'on en donne. Ce n'est pas le cas des phénomènes socioculturels, dont la réalité, l'identité et l'intelligibilité dépendent d'un « voir comme », d'un « tenir pour », d'un « compter pour », et sont articulées par des médiations symboliques, notamment par des règles, des normes et des institutions et par le vocabulaire intentionnel. La compréhension que l'on a du phénomène est donc constitutive de celui-ci. De même que « la compréhension d'une norme commune nous liant en un groupe d'agents n'est pas une construction théorique expliquant, par exemple, comment sont produits des dons – elle est une condition pour que dans notre répertoire il y ait une chose telle qu'un don – [1] », de même la compréhension de la normativité des engagements mutuels constitutifs de la confiance est-elle une condition pour que des relations de confiance s'établissent.

Un type particulier d'explication va de pair avec cette compréhension constitutive : non pas une explication théorique, mais le type même d'explication ordinaire sur lequel nous prenons appui pour faire ce que nous faisons, vivre les expériences que nous vivons. Si tel est le cas, on ne peut pas considérer ce type d'explication comme préscientifique, c'est-à-dire comme susceptible d'être remplacé par une caractérisation scientifique du phénomène, tout simplement parce qu'il n'est pas de l'ordre d'une construction théorique rendant compte des mécanismes de production de celui-ci. Cela ne veut pas dire que l'on ne peut pas décrire la confiance comme un processus objectif ou d'un point de vue objectivant. Considérée dans ses conditions d'émergence et de développement, ou dans la structuration du processus complexe qui la réalise, elle présente toute

1. C. Taylor, « Descombes' critique of cognitivism », art. cité, p. 214.

une série de régularités, que l'on peut observer, analyser, décrire et expliquer.

Peut-on imaginer que ce processus complexe puisse s'organiser sans une compréhension minimale, par les personnes concernées, des engagements pris et de leurs implications dans le contexte normatif qui est le leur, des caractéristiques de la relation créée et des conditions de maintien de cette relation, ou encore des sentiments qu'engendre l'interprétation des événements se produisant dans le « contexte symbolique » de la confiance donnée ? Une réponse positive paraîtrait assez invraisemblable. Il reste cependant à expliquer en quoi cette compréhension est constitutive du phénomène, et en quoi elle requiert le langage, et plus spécifiquement le vocabulaire intentionnel.

Une telle explication peut être donnée sur la base d'une conception « constitutiviste » tant de la compréhension que du langage. J'ai déjà évoqué l'intégration de la compréhension, et de l'explication non théorique qui l'accompagne, dans les phénomènes socioculturels. Peut-être faut-il ajouter qu'il s'agit d'une compréhension non formulée, véhiculée par les pratiques et les conduites, donc d'une compréhension qui n'est pas d'emblée de l'ordre de la représentation, de la pensée réfléchie ou de la connaissance discursive[1]. Mais cette compréhension non formulée comporte néanmoins une possibilité d'expliquer ce qui a lieu ou ce qui est fait, d'en donner les raisons. Elle est donc articulable, et son articulation est assurée par le langage, plus précisément par le vocabulaire intentionnel. En effet, le langage ne sert pas seulement à représenter ou à décrire les choses ; il sert aussi à articuler l'expérience, à la mettre en forme et à l'exprimer ;

1. Cf. C. Taylor, « Suivre une règle », *Critique,* LI (579/580), 1995, p 554-572.

cette articulation, cette configuration et cette expression font partie intégrante de l'expérience.

C'est le cas pour la confiance : une relation de confiance interpersonnelle ne peut pas exister sans sa configuration et son expression dans des modes de comportement mutuellement manifestes, interprétables de part et d'autre, ni sans un minimum de compréhension ou de reconnaissance de ce qu'elle est et de ce qu'elle implique, notamment de l'engagement mutuel qui la fonde. En ce sens elle n'est pas un magma informe, ni un ensemble de déterminations qualitatives simplement éprouvées : elle est « articulée », et cette articulation, même si elle n'est pas formulée discursivement, fait partie du phénomène et contribue à le structurer. Cette articulation se fait à l'aide de différentes médiations symboliques, dont un langage – elle repose sur des distinctions établies par un vocabulaire culturel (différenciant des attitudes, des relations, des comportements, des sentiments, etc.) –, et des normes. En effet, les modes de comportement et de relation impliqués sont régulés normativement ; ils obéissent à des standards impersonnels qui sont reconnus comme requérant une allégeance commune. La compréhension de cette normativité et la possibilité d'invoquer celle-ci pour expliquer les conduites sont constitutives de la relation de confiance.

D'une manière générale, pour pouvoir reconnaître ce qu'il convient de faire et de ne pas faire, et conformer nos conduites à des obligations de type déontique, nous devons être en mesure de distinguer des comportements possibles, avoir une idée des standards du juste, du correct ou du convenant, qui régulent un domaine donné, et donc disposer de différenciations. Or ces différenciations c'est, en dernier ressort, notre vocabulaire intentionnel qui nous les fournit ; il nous permet d'articuler ce qui est juste et ce qui ne l'est pas, ce qui est correct et ce qui ne l'est pas, ce qui convient et ce qui ne convient pas.

Il en va de même pour les sentiments, les aspirations, la sensibilité : ils sont conformés par les distinctions que notre langage nous permet de faire et par les descriptions que nous sommes enclins à en donner, cela parce qu'ils comportent un élément d'auto-compréhension : ils sont ce qu'ils sont « sous une description ». Un changement dans la compréhension et la description d'un sentiment se traduit par exemple par l'altération de celui-ci.

Enfin, nos relations et nos pratiques sociales sont elles aussi déterminées « sous une description » ; il leur est essentiel d'être comprises et reconnues pour ce qu'elles sont, et cette identification passe par un « compter pour », un « voir comme ». Le langage entre dans cette compréhension et cette description identifiantes. Non seulement il fournit un répertoire de distinctions pour les définir ; il détermine aussi les termes dans lesquels des personnes se rapportent les unes aux autres, ou encore la forme de l'espace public qu'elles établissent entre elles. L'instauration et le maintien d'un certain type de relation, qu'il s'agisse de subordination ou d'égalité, d'intimité ou de distance, de familiarité ou de réserve, de confiance ou de prudence, « exigent un certain degré de compréhension commune entre les participants potentiels », cette compréhension commune dépendant du langage (même si elle n'est que tacite), et de son pouvoir articulatoire[1].

Une certaine auto-compréhension et une certaine auto-description, articulées implicitement ou explicitement à l'aide de médiations symboliques, peuvent donc être essentielles

1. Cf. C. Taylor, *Philosophical Papers. 1. Human Agency and Language*, Cambridge, Cambridge University Press, 1985, p. 272-273.

à une relation donnée pour être ce qu'elle est. Dans ces cas, celle-ci ne peut pas s'établir et se développer sans que les personnes concernées ne comprennent ou n'identifient leur relation sous une certaine description. C'est une exigence cognitive qui concerne la définition même de la relation. C'est incontestablement le cas pour la confiance. La compréhension et l'explication de la confiance à l'aide du vocabulaire intentionnel ne sont ni une compréhension et une explication possibles parmi d'autres, ni une compréhension et une explication théoriques. Elles sont constitutives du phénomène lui-même, et essentielles au déroulement du processus en quoi il consiste. Expurger le phénomène de cette compréhension et de cette explication c'est le transformer, voire le rendre opaque, et par là, impraticable pour des êtres humains. Pour qu'une analyse matérialiste restitue le phénomène social de la confiance sans d'emblée le remplacer par un ersatz de confiance, ou par une confiance de « laboratoire de psychologie », il faudrait qu'elle donne une explication causale, matérialiste, de sa constitution langagière. Il n'est pas impossible que les stratégies actuelles de « naturalisation » du sens et de l'intentionnalité s'en approchent. Mais elles se trouvent toujours confrontées au même problème : naturaliser un ersatz d'intentionnalité ce n'est pas naturaliser l'intentionnalité.

Horizons de la confiance

L'explication de la confiance dans la perspective d'un naturalisme matérialiste et causaliste paraît confrontée à des obstacles quasi insurmontables, dus aux multiples difficultés de réduction d'un phénomène intentionnel, pétri d'intersubjectivité et de socialité, de moralité et de normativité, de reconnaissance et de langage, à des mécanismes physiques ou à des processus matériels de la nature. Ce qui ne remet pas en cause la légitimité des recherches en neurosciences sur le fonctionnement du cerveau et l'explication de comportements sociaux en termes neurophysiologiques, biochimiques, etc. Mais celle-ci ne devrait pas frapper d'illégitimité les analyses des conduites humaines en sciences sociales, qui tentent de rendre compte de l'organisation de celles-ci dans les structures du monde vécu, sans chercher à réduire le vocabulaire intentionnel à un vocabulaire béhavioriste ou physique[1].

Il y a d'ailleurs place dans ces analyses pour un « naturalisme atténué », sans prétention réductionniste forte, s'il est vrai que nos pratiques et nos dispositions, nos aptitudes et nos habitudes, nos us et nos coutumes, nos attitudes et nos institutions ont une histoire naturelle, et sont le résultat de « processus d'apprentissage évolutionnaires » qui ont apporté des solutions aux problèmes rencontrés par l'espèce, par les sociétés, par les groupes sociaux ou par les individus[2]. Il y a de ce point de vue une histoire naturelle de la confiance à écrire, qui devrait s'appuyer sur une explication de l'émergence d'une normativité dans la nature et rendre compte du développement des conditions qui ont rendu possible le type d'intersubjectivité dont la confiance fait partie (cf., par exemple, chez George Herbert Mead la description de l'apparition de l'interaction régulée par des normes à partir de la transformation de la conversation animale de gestes

1. Pour une analyse plus approfondie, concernant les émotions, voir mon livre : *Il n'y a pas de cerveau des émotions*, Paris, Puf, 2023.

2. Cf. J. Habermas, *Vérité et justification*, Paris, Gallimard, 2001.

ou d'attitudes en conversation médiatisée par des symboles signifiants, pourvus d'une validité intersubjective et d'un caractère de règles[1]). J'en dirai plus dans le chapitre 6 sur l'histoire naturelle de la confiance considérée dans la perspective d'un « naturalisme culturel ».

S'agissant de l'apprentissage de la confiance, plusieurs formes et niveaux seraient à distinguer. On peut l'envisager dans le développement social des enfants, comme on peut le faire dans l'évolution de l'espèce humaine, ou encore dans l'organisation de la coexistence et de la coopération dans les différents domaines de la vie en société. De tels apprentissages ont été rendus possibles par les structures de nos formes de vie socioculturelles, dont il n'y a pas lieu de douter qu'elles ont, elles aussi, une origine naturelle, et peuvent être en partie expliquées, y compris causalement, dans les termes d'une théorie de l'évolution.

Selon Maxine Sheets-Johnstone, l'apprentissage individuel de la confiance (et de la méfiance) « s'enracine dans l'expérience non linguistique, c'est-à-dire dans les interactions sociales tactiles et kinesthésiques qui se nouent dans le contexte de la prime éducation et du jeu », notamment dans les expériences affectives qu'elles occasionnent, où se développent les sentiments de confort, de sécurité, de bien-être ou de satisfaction ainsi que ceux, opposés, de gêne, d'inconfort, d'insécurité ou de peur, et qui sous-tendent les processus d'attachement affectif à certaines personnes dans l'environnement et les phénomènes temporaires d'« anxiété face à l'étranger »[2]. Cet apprentissage n'est d'ailleurs pas réservé aux humains, car ce « fondement affectif originel » de la

1. Cf. G. H. Mead, *L'Esprit, le soi et la société*, *op. cit.* ; L. Quéré, « *Au commencement était l'acte* », *op. cit.*

2. M. Sheets-Johnstone, « Sur la nature de la confiance », *in* A. Ogien et L. Quéré (dir.), *Les Moments de la confiance*, *op. cit.*, p. 23-41.

confiance n'a pas de structure symbolique ; son substrat est corporel ; il ne requiert que des capacités de mouvement, de sensation (notamment du mouvement), de perception tactile et d'attention conjointe. Une des questions qui se posent alors est de savoir comment une confiance essentiellement « centrée sur soi », d'origine « tactilo-kinesthésique » et fondée sur les affects, se transforme progressivement en une confiance « orientée vers autrui », dotée d'une structure symbolique et moins étayée sur les affects.

Parler de transformation implique d'ailleurs qu'il y ait à la fois une continuité et une discontinuité entre ces deux formes de confiance. Pour rendre compte d'une telle transformation, Luhmann invoque un processus de stabilisation des sentiments à l'égard de personnes et d'objets particuliers, ainsi qu'un évanouissement des sentiments d'appréhension initiaux lorsque l'inclination à la confiance devient une « attitude habituelle[1] ». Un des maillons importants dans ce développement serait l'expérience de l'incertitude du comportement d'autrui, celle de l'incapacité de prévoir et de contrôler « son pouvoir d'agir ». Dans cette découverte, la prise de conscience de la vulnérabilité à l'égard d'autrui prendrait une signification particulière : celui-ci peut me nuire et ce qu'il peut faire à mon encontre est illimité (il peut non seulement mentir, me tromper, me malmener, m'agresser, mais aussi me mutiler, me torturer, voire me tuer). Précisément la confiance pourrait être définie comme une manière de traiter ce sentiment de vulnérabilité créé par notre dépendance, donnée ou provoquée, héritée ou volontaire, à l'égard d'autrui, comme une façon de contrecarrer la peur ou l'angoisse paralysante qu'il peut engendrer : la confiance atténuerait ce sentiment par le fait qu'elle incite

1. N. Luhmann, *La Confiance*, *op. cit.*, p. 94.

à s'engager dans l'action sur la base d'une simplification du monde et de la vie, c'est-à-dire en faisant « comme si l'avenir ne comportait que des possibilités déterminées »[1]. C'est pourquoi, dit Luhman, la confiance repose sur une illusion : celui qui fait confiance renonce à réduire l'incertitude par une recherche d'informations supplémentaires et à exercer un contrôle continu sur le comportement de l'autre, au profit d'une « indifférence vigilante ». Accentuant, quant à elle, la nature affective de la confiance, M. Sheets-Johstone dit qu'elle est « un antidote aux sentiments d'effroi » engendrés par la conscience du pouvoir de nuire d'autrui. Chez elle, comme chez Luhmann, la naturalisation de la confiance passe par une analyse en termes de rôles fonctionnels dans un système ou une totalité dynamique (une conduite par exemple). Mais ce ne sont là que des esquisses, concernant la seule ontogenèse.

1. *Ibid.*, p. 22.

Post-Scriptum

Depuis l'article de Kosfeld *et alii*, les publications sur les effets de l'ocytocine se sont multipliées[1]. En fin de

1. Voici quelques titres : T. Baumgartner, M. Heinrichs, A. Vonlanthen, U. Fischbacher et E. Fehr, « Oxytocin shapes the neural circuitry of trust and trust adaptation in humans », *Neuron* 58, 2008, p. 639-650 ; O. J. Bosch, S. L. Meddle, D. I. Beiderbeck, A. J. Douglas et I. D. Neumann, « Brain oxytocin correlates with maternal aggression : Link to anxiety », *J Neurosci* 25, 2005, p. 6807-6 815 ; A. Campbell, « Attachment, aggression and affiliation : The role of oxytocin in female social behavior », *Biol Psychol* 77, 2008, p. 1-10 ; E. Choleris, N. Devidze, M. Kavaliers et D. W. Pfaff, « Steroidal/neuropeptide interactions in hypothalamus and amygdala related to social anxiety », *Prog Brain Res*, 170, 2008, p. 291-303 ; A. R. Consiglio, A. Borsoi, G. A. Pereira et A. B. Lucion, « Effects of oxytocin microinjected into the central amygdaloid nucleus and bed nucleus of stria terminalis on maternal aggressive behavior in rats », *Physiol Behav*, 85, 2005, p. 354-362 ; J. Debiec, « Peptides of love and fear : Vasopressin and oxytocin modulate the integration of information in the amygdale », *Bioessays,* 27, 2005, p. 869-873 ; G. Domes, M. Heinrichs, A. Michel, C. Berger et S. C. Herpertz, « Oxytocin improves "mind-reading" in humans », *Biol Psychiatry*, 61, 2007, p. 731-733 ; A. J. Guastella, P. B. Mitchell et M. R. Dadds, « Oxytocin increases gaze to the eye region of human faces », *Biol Psychiatry*, 63, 2008, p. 3-5 ; E. Hollander, J. Bartz, W. Chaplin, A. Phillips, J. Sumner, L. Soorya *et alii,* « Oxytocin increases retention of social cognition in autism », *Biol Psychiatry*, 61, 2007, p. 498-503 ; R. Jia, F. D. Tai, S. C. An, H. Broders, X. L. Ding, Q. Kong *et alii,* « Effects of neonatal oxytocin treatment on aggression and neural activities in mandarin voles », *Physiol Behav*, 95, 2008, p. 56-62 ; P. Kirsch, C. Esslinger, Q. Chen, D. Mier, S. Lis, S. Siddhanti *et alii,* « Oxytocin modulates neural circuitry for social cognition

compte les choses se sont avérées plus compliquées qu'on ne l'avait pensé au début. Les premiers articles en 2004-2005 établissaient que l'ocytocine était positivement active dans les conduites sociales (sociales = impliquant les autres, ou à l'égard des autres), qu'elle favorisait les attitudes dites « pro-sociales » (l'attachement, l'engagement dans les relations, la disposition à coopérer, la générosité, l'altruisme, etc.) ou les émotions sociales positives, telles l'empathie, la compassion ou la gratitude ; qu'elle réduisait l'anxiété liée aux incertitudes des échanges sociaux, ou la peur d'être trahi ; qu'elle accroissait la sensibilité à la région des yeux dans les visages humains, l'attention aux regards jouant un rôle important dans la reconnaissance des affects et des dispositions des autres, et donc dans la sélection de l'attitude à adopter à leur égard ; et que, de ce fait, elle avait aussi des effets positifs dans le traitement de troubles mentaux tels que l'autisme, la phobie sociale ou la schizophrénie. À noter qu'il s'agit toujours de résultats d'expériences en laboratoire, où l'on accroît la concentration d'ocytocine dans le cerveau par inhalation d'un produit contenant cette hormone.

Pourtant, force a été de constater que l'ocytocine n'avait pas que des effets pro-sociaux, et qu'elle ne suscitait pas que des affects positifs : elle stimule aussi la compétition, provoque des conduites agressives, notamment chez les mères qui défendent leurs petits, mais pas uniquement[1].

and fear in humans », *J Neurosci*, 25, 2005, p. 11489-11493 ; A. Meyer-Lindenberg, « Impact of prosocial neuropeptides on human brain function », *Prog Brain Res*, 170, 2008, p. 463-470 ; U. Rimmele, K. Hediger, M. Heinrichs et P. Klaver, « Oxytocin makes a face in memory familiar », *J Neurosci*, 29, 2009, p. 38-42 ; P. J. Zak, A. A. Stanton et S. Ahmadi, « Oxytocin increases generosity in Humans », *PLoS One*, 7 nov. 2007.

1. S. G. Shamay-Tsoory *et alii*, « Intranasal Administration of Oxytocin Increases Envy and Schadenfreude (Gloating) », *Biol Psychiatry*, 66, 2009, p. 864-870.

Chez les humains, on s'est rendu compte qu'elle ne provoquait pas nécessairement l'empathie et la compassion, mais qu'elle stimulait tout autant les émotions et les attitudes sociales négatives, l'envie par exemple, le plaisir pris au malheur des autres ou encore l'égoïsme, que les émotions positives. Ou encore qu'elle favorisait l'ethnocentrisme. Elle provoque notamment le favoritisme à l'égard des membres de son propre groupe et contribue à créer des tensions, des conflits, voire de la violence, dans les relations intergroupes.

Comment interpréter ces résultats quelque peu contradictoires ? La principale réponse donnée consiste à faire dépendre l'effet réel de l'ocytocine du contexte. Si celui-ci est de type compétitif ou défensif, l'ocytocine favorise les attitudes et les émotions négatives ainsi que les conduites agressives ; s'il est plutôt de type coopératif, les attitudes, les émotions et les conduites stimulées sont positives. On voit ainsi les conjectures monter d'un cran de généralité dans la définition des effets de l'ocytocine : celle-ci modulerait l'attention de l'individu aux agents sociaux dans l'environnement et adapterait les émotions sociales au contexte – sont dites sociales les émotions qui se rapportent aux autres agents, à leurs attitudes et à leurs comportements. Voici la conclusion de l'article de Shamay-Tsoory *et alii* :

> Nous proposons de considérer que le système ocytocinergique est responsable de la modulation de la saillance des agents sociaux dans des contextes sociaux [ainsi si votre regard est attiré par une jolie fille c'est que la production d'ocytocine dans votre cerveau a été activée]. Il en résulte que l'administration d'ocytocine peut provoquer une large gamme d'émotions et de conduites dans le domaine du comportement social, et de l'élevage des petits.

Une autre étude sur des macaques rhésus, auxquels on avait aussi administré de l'ocytocine pour voir si elle accroissait la sensibilité aux récompenses attribuées aux autres, ou à soi-même, constate une « fonction duale » de l'ocytocine, et, là aussi, une dépendance de ses effets par rapport au contexte. Voici une de ses conclusions – en l'occurrence une conjecture assez vague :

> En fonction du contexte comportemental, l'ocytocine peut aussi bien promouvoir la coopération qu'accroître l'hostilité vis-à-vis de ceux qui n'appartiennent pas au groupe. Ainsi l'ocytocine ne semble pas avoir une influence pro-sociale universelle sur le comportement, mais elle amplifie plutôt le traitement en cours de l'information sociale, peut-être en influençant des préférences déjà existantes. Il est donc vraisemblable que l'ocytocine ne médiatise la pro-socialité et la générosité que d'une manière indirecte[1].

Bref, l'ocytocine est loin d'être ce que les premières études avaient laissé entendre : l'hormone de l'amour, de l'attachement ou de la confiance, ou « la molécule morale ». Ces incertitudes et le vague des conjectures n'ont cependant pas découragé les partisans d'une neuro-sociologie d'appeler leurs collègues sociologues à élucider la régulation endocrinienne du comportement social, du lien social et des émotions sociales.

Ces corrections dans l'évaluation des effets de l'ocytocine sont cependant intéressantes, car elles manifestent, me semble-t-il, que l'on ne peut pas faire correspondre de manière univoque un processus du cerveau et un mode de

1. S. W. C. Chang *et alii*, « Inhaled oxytocin amplifies both vicarious reinforcement and self reinforcement in rhesus macaques (*Macaca mulatta*) », *PNAS*, 3 janvier 2012.

comportement, une hormone synthétisée par les neurones et qui se diffuse dans les aires du cerveau impliquées dans les émotions et une émotion déterminée. Plus précisément, elles montrent à quel point il est difficile, voire impossible, de « spécifier un ensemble de conditions neuronales qui soient des conditions suffisantes pour une action humaine caractéristique dans les circonstances de la vie »[1]. Bref, il ne suffit pas d'augmenter l'ocytocine dans le cerveau pour générer de la confiance.

L'accent mis sur la dépendance par rapport au contexte, sur les dynamiques en cours, notamment sur les dynamiques informationnelles et les dynamiques émotionnelles, et sur « la modulation de la saillance des agents sociaux », mérite l'attention. Il me semble que l'on retrouve là les problèmes classiques de l'analyse de l'action : qu'est-ce qui fait d'un mouvement corporel une action d'un certain type, étant donné qu'il peut correspondre à des actions très différentes ? On peut verser des larmes parce qu'on est en train d'éplucher des oignons, parce que la police a lancé des bombes lacrymogènes sur la manifestation à laquelle on participe, parce qu'on a une conjonctivite ou une poussière dans l'œil, comme on peut le faire parce qu'on est épuisé ou en état de choc, parce qu'on a mal, parce qu'on rit aux larmes, ou encore parce qu'on est ému, l'émotion pouvant être très différente (joie, chagrin, peur, compassion, déception, etc.). L'identité de ces réactions dépend des circonstances, de l'évaluation de ces circonstances par l'agent, de l'appréhension de leurs qualités, de ce qu'il sait ou croit, de ce qui le préoccupe, etc. Il y a sans doute des mécanismes physiologiques différents en jeu. Mais le défi pour les neurosciences est de

1. M. R. Bennett et P. M. S. Hacker, *Philosophical Foundations in Neuroscience*, Oxford, Blackwell, 2003.

spécifier, pour chaque cas, « un ensemble de conditions neuronales qui soient des conditions suffisantes » pour chacune de ces réactions, compte tenu des circonstances.

Une part des difficultés dont témoignent les conclusions contradictoires des études sur l'ocytocine vient sans doute de la volonté des neurosciences de trouver une passerelle entre deux domaines incommensurables : celui des processus chimiques et physiques dans le cerveau supposés non seulement impliqués dans l'adoption d'un comportement déterminé, mais aussi le causer ; celui de ce même comportement identifié sous une description intentionnelle à l'aide des concepts de notre langage ordinaire. Toutes ces études recherchent des supports chimiques et neuronaux, supposés causaux, à des émotions, des attitudes et des conduites qui nous sont familières et intelligibles, et pour lesquelles nous avons des identifications et des explications utilisant les concepts de notre vocabulaire psychologique ordinaire : l'empathie, la compassion, l'altruisme, la confiance, l'envie, le plaisir pris au malheur des autres, la peur de la trahison, la colère, l'agression, le soupçon, la défiance, le traitement plus favorable des membres de son groupe d'appartenance, la reconnaissance, etc.

CHAPITRE 4

Les « dispositifs de confiance » dans l'espace public[1]

Dans son *Projet d'une paix perpétuelle*, où il définit le principe de publicité ou la « forme de la publicité », Kant note que celle-ci « écarte toute méfiance à l'égard des maximes » de la politique, en ce qu'elle garantit que celles-ci sont en harmonie avec les droits ou les intérêts du public[2]. C'est sur le pouvoir de la « publicité » que je veux me pencher, en le reformulant comme suit : quelle place le principe de publicité occupe-t-il dans l'engendrement de la confiance dans les institutions ? La réponse dépend de la conception que l'on se fait de cette confiance et de ses conditions de possibilité. C'est pourquoi j'examinerai différentes théories en ce domaine et proposerai une définition acceptable. Mais la réponse dépend aussi de la conception que l'on a de la « publicité », appliquée aux institutions. De ce point de vue, il me semble nécessaire de différencier publicité et transparence, et de s'interroger sur l'incapacité des dispositifs mis en œuvre aujourd'hui pour garantir l'*accountability* des institutions à maintenir ou restaurer la confiance en elles. C'est ce que je tenterai de faire dans un second temps.

1. Ce chapitre est une version révisée d'un article publié dans *Réseaux*, 132 (23), 2005, p. 185-217.

2. E. Kant, *Vers la paix perpétuelle*, Paris, Flammarion, 1991, p. 125.

Confiance et crédibilité

Nous ne pouvons pas être témoins de tout ce qui se passe dans le monde. Nous ne pouvons pas non plus être compétents dans tous les domaines du savoir, de la technique, de la culture ou du droit. Nous dépendons donc des autres pour y avoir accès et nous sommes bien obligés sinon de leur faire confiance, du moins de nous en remettre à eux ; nous fixons nos croyances à partir de ce qu'ils nous apprennent, nous racontent, nous expliquent, nous prescrivent de faire, et basons nos actions et nos raisonnements là-dessus. Ce n'est pas exactement de la confiance, mais quelque chose d'approchant, disons un engagement en faveur de l'autre, voire une soumission acceptée à quelque chose à quoi nous reconnaissons une sorte d'autorité. Cet engagement peut être aveugle ; mais il est souhaitable qu'il ne le soit pas, qu'il s'entoure de garanties ; cependant il excède quasiment toujours le savoir ou le fondement rationnel sur lesquels il repose, en particulier la connaissance de l'autre acquise soit par expérience personnelle, soit par réputation. Mais qu'en est-il lorsqu'il faut s'en remettre à une institution ?

De même que nous ne pouvons pas être témoins de tous les événements ni être compétents dans tous les domaines, nous ne pouvons pas contrôler directement l'exercice des pouvoirs et soumettre ceux-ci au regard de tous pour réduire l'arbitraire et empêcher la manipulation, pas plus que nous ne pouvons vérifier que toutes les institutions se conforment à leur « idée normative » dans leur fonctionnement et leurs pratiques. Nous ne pouvons pas non plus participer à tous les débats publics ni à toutes les enquêtes sur tous les problèmes publics du moment. Or, ce sont des aspects importants d'une société démocratique. Aussi sommes-nous obligés de nous en remettre à d'autres – à d'autres personnes, mais aussi à des institutions ou des organisations, pour effectuer ces contrôles, vérifications et participations en notre nom. Ceux-ci fonctionnent alors comme « dispositifs de confiance » : en réduisant l'incertitude sur les comportements des institutions et de leurs agents, et en combattant l'opacité de l'exercice des pouvoirs, ou leur désir de dominer, ils créent les conditions d'une relative confiance dans les institutions sociales et politiques. Mais ces dispositifs de confiance ne jouent leur rôle que s'ils suscitent eux-mêmes la confiance, que si on leur accorde crédit. Et tel est le premier paradoxe de la confiance dans un régime démocratique. Il concerne en premier lieu les médias.

Un second paradoxe est que c'est la défiance qui est institutionnalisée dans un tel régime, plutôt que la confiance[1]. Celle-ci étant essentiellement une attitude active, une « attitude sociale pratique », avec une dimension d'engagement personnel, il est impossible de l'institutionnaliser. En un sens, elle ne s'établit que lorsque les principales raisons de se méfier ont été invalidées[2]. La défiance est donc aussi essentielle à la démocratie que la confiance, et, de ce point de vue, elle n'est pas le contraire de la confiance, mais ce qui la rend possible. Si elle est institutionnalisée, c'est sous la forme de procédures et de dispositifs pour s'assurer de la crédibilité

1. Sur la différence entre « défiance » et « méfiance », voir *infra*.

2. Il semble qu'il n'en aille pas tout à fait ainsi dans la vie courante. Tout comme la certitude vient avant le doute, et qu'il faut des raisons pour douter, le mouvement premier est sans doute celui de la confiance, et il n'exige pas de raisons, contrairement à la méfiance. Mais cela ne vaut que pour ce qu'on peut appeler la « confiance première », la « confiance de base » ou la « confiance civile » (cf. *infra*). L'instauration d'une relation de confiance personnelle est, quant à elle, un processus temporel, qui, en général, n'est pas dépourvu de raisons.

des engagements de ceux qui exercent le pouvoir. Elle va donc de pair avec le doute et l'enquête, la vigilance et l'exercice du jugement. Dans une société démocratique, le pouvoir est en effet limité et son exercice est soumis au contrôle des citoyens, de même que l'est la conformité des institutions à leur « idée normative », à ce que le sociologue allemand Claus Offe appelle leur *ethos*. L'espace public démocratique implique la possibilité de la critique, de l'enquête et de la discussion libres, de l'articulation discursive d'alternatives, et de la formation de contre-pouvoirs :

> La légitimité politique des démocraties constitutionnelles modernes repose sur le principe que les normes orientant l'action, les pratiques, les politiques, et les prétentions à l'autorité peuvent être contestées par les citoyens, sont ouvertes à leurs propositions et révisions, et doivent être validées par la discussion. [...] Une discussion critique non contrainte dans l'espace public (garantie par des droits) est la forme de « défiance » (*distrust*) institutionnalisée qui est cruciale pour maintenir la confiance, la croyance dans la légitimité, dans les démocraties constitutionnelles[1].

Or, qui dit critique dit suspension de la délégation, report de l'adhésion, vérification de l'information et examen des prétentions à la validité des normes, des institutions et des décisions. La critique implique une forme de contrôle, mais le contrôle semble antinomique de la confiance. En effet, dans la confiance il y a une dimension de renoncement au jugement et au contrôle personnels, une dimension de reconnaissance d'un savoir ou d'un jugement supérieur, de soumission à quelque chose à quoi l'on accorde une

1. J. Cohen, « Trust, volontary association and workable democracy », *in* M. Warren (dir.), *Democracy and Trust*, *op. cit.*, p. 216.

autorité. Ces dimensions paraissent contraires au mouvement de la critique. D'où une tension assez caractéristique de la confiance, du moins quand elle n'est pas aveugle. Normalement, quand on fait confiance à quelqu'un, quand on lui confie une tâche par exemple, on s'engage au-delà des informations ou des connaissances disponibles ; on accepte l'incertitude sur son comportement futur, on renonce à contrôler en continu ses performances, à interférer dans l'accomplissement de la tâche ; on s'en remet à sa compétence et à son jugement. Même si elle implique une abstention de surveillance et d'interférence, la confiance n'en demeure pas moins une attitude active : elle s'incarne dans un mode de comportement, ou un régime d'action, qui respecte une délégation.

Toutefois, renoncer à interférer ne signifie pas renoncer à s'informer, à évaluer, à exercer une certaine vigilance et à demander des comptes – sinon la confiance est aveugle. Il y a bien une forme de contrôle qui est antinomique de la confiance : c'est le contrôle tatillon de la bureaucratie qui est le signe évident d'un manque de confiance – on contrôle l'autre parce qu'on le soupçonne d'opportunisme, d'incompétence, de manque de loyauté, de calcul ou de mensonge. Mais une confiance sans vigilance ni suivi est aveugle. Si je confie une tâche à un collaborateur et lui fais confiance, je renonce à interférer dans la réalisation de la tâche ; je le laisse juge de ce qu'il convient de faire et m'en remets à sa compétence et à sa conscience professionnelle ; je lui laisse donc une très grande liberté de mouvement ; mais je reste vigilant ; je ferai le point de temps en temps avec lui, lui demanderai des comptes et évaluerai ses performances. Si ce contrôle est fait avec tact, et si chacun est au clair sur les conditions du jeu, la confiance sera réciproque. L'autre ne viendra pas à se considérer comme non digne de confiance, ou à considérer que la confiance ne règne pas, ou que je l'exploite, et moi je ne considérerai pas qu'il abuse de ma confiance. Il y a ainsi une sorte d'équilibre qui doit être atteint, dans la confiance, entre la délégation et le renoncement à interférer, d'un côté, le contrôle et la vigilance, de l'autre. Cet équilibre protège la confiance de la suspicion.

On retrouve cette tension dans les formes démocratiques de la confiance : la confiance dans les institutions est d'autant plus grande que l'on sait que l'on peut contrôler et contester les autorités, *via* des dispositifs et des pratiques institués, et que celles-ci savent que cela est le cas et l'admettent comme légitime. Mais les autorités demandent toujours la confiance des citoyens. Cette demande est ambiguë, car elle peut être la demande d'un pouvoir souverain – *i.e.* d'un pouvoir non subordonné à quiconque, ultime, et régi par ses propres normes – ou celle d'une « servitude volontaire ». Or, d'une part, la confiance n'est pas quelque chose que l'on peut exiger ; elle est de l'ordre du don et le don n'est pas quelque chose que l'on peut décréter. D'autre part, comme dit Luhmann, « on ne peut pas faire confiance à un souverain » – on ne sait rien de ses raisons d'agir et il est incontrôlable.

Cette brève esquisse de définition éclaire le premier point mentionné *supra* : si la confiance est une attitude active, *i. e.* un engagement personnel en faveur de quelqu'un et un mode de comportement[1], alors elle n'est pas simplement un

1. Considérée sous un autre point de vue, la confiance peut aussi être une qualité d'une situation. Il est ainsi des situations où l'on est amené à dire que « la confiance règne », qu'il y a un « climat de confiance ». Il s'agit alors d'une qualité diffuse, qui imprègne, pénètre ou colore tous les événements impliqués dans la situation, ou qui affecte tous ses éléments constitutifs et leurs relations (cf. J. Dewey, *Logique. Théorie de l'enquête*, Paris, Puf, 1993).

jugement sur la crédibilité d'une personne (ou d'une institution), pas plus qu'une croyance dans sa fiabilité, ou une connaissance des raisons qu'elle a de se montrer loyale. Je peux juger quelqu'un digne de confiance, ou connaître les raisons qui le pousseront à se montrer digne de confiance, sans, pour autant, lui faire confiance. D'abord, peut-être, parce que je n'ai pas l'opportunité de lui faire confiance dans le domaine où je le trouve digne de confiance ; ensuite parce que le jugement, la croyance ou la connaissance sont d'ordre épistémique, tandis que la confiance est d'ordre pratique (un engagement, une attitude active), et donc quelque chose de lié à une situation. Il se peut aussi que je ne le considère pas comme digne de confiance, mais n'aie pas d'autre solution que de me fier à lui. Sans doute un jugement favorable sur la fiabilité d'une personne, ou une croyance dans la crédibilité de ses propos et propositions, favorise-t-il la confiance. Mais celle-ci ne se confond pas avec ceux-là, du fait de son caractère pratique. Notons aussi qu'il peut y avoir un écart entre ce que nous croyons, pensons ou disons et ce que nous faisons : nous pouvons croire, penser ou dire que nous faisons de moins en moins confiance aux institutions, tout en manifestant, au niveau de nos actes concrets, que nous leur faisons, de fait, confiance. Nous pouvons clamer que nous n'avons plus confiance dans la police, tout en nous précipitant pour l'appeler en cas de problème sérieux.

C'est une des raisons pour lesquelles les théories cognitives de la confiance ne sont pas satisfaisantes. Pour elles, faire confiance c'est juger l'autre digne de confiance, croire qu'il sera loyal, estimer la probabilité de sa loyauté, en se basant sur une connaissance de ses motivations, ou des raisons qu'il aura de se montrer digne de confiance et d'honorer la confiance faite. À mes yeux, ces théories inversent l'ordre du pratique et de l'intellectuel : je ne me fie pas à quelqu'un parce que je crois qu'il dit vrai, ou qu'il est digne de confiance, la croyance venant ainsi avant la confiance et la motivant ; je me fie plutôt à lui et je crois qu'il dit vrai, qu'il est digne de confiance ou qu'il sera loyal – la confiance, qui est un engagement personnel, s'établit d'abord et la croyance s'ensuit[1].

La confiance dans les institutions

En quoi peut bien consister la confiance dans une institution ? Plusieurs distinctions doivent être établies. Un premier élément de la réponse à donner est : il y a des institutions pour lesquelles l'expression n'a pas de sens, ou a un sens très particulier[2]. Je pense ici aux institutions de la vie sociale, c'est-à-dire, selon la définition de Paul Fauconnet et Marcel Mauss, à l'ensemble des manières réglées de penser, de dire et de faire, des procédures et des dispositifs qui structurent implicitement nos échanges, nos activités et nos interactions de la vie courante[3]. Dans l'organisation de nos conversations ordinaires, nous suivons un nombre considérable de règles, de procédures et de conventions, mais c'est en un sens très particulier que nous pouvons dire que nous leur faisons confiance. Quand nous fixons

1. R. Holton, « Deciding to trust, coming to believe », *Australasian Journal of Philosophy*, 72, 1994, p. 63-76.

2. Cf. *infra* la distinction entre « confiance première » et « confiance seconde ».

3. Cf. P. Fauconnet et M. Mauss, « Sociologie », *in* M. Mauss, *Œuvres*, t. III. *Cohésion sociale et division de la sociologie*, Paris, Minuit, 1969, p. 139-177.

un rendez-vous à quelqu'un, nous actualisons une manière réglée de faire pour programmer une rencontre, mais si nous faisons confiance à cette manière de faire, ce n'est pas à la manière dont nous faisons confiance à la personne en question pour venir au rendez-vous. Ce sont des institutions que nous nous sommes données collectivement et nous acceptons de nous plier à leurs règles et à leurs standards de convenance ou de correction comme faisant autorité, sans nous poser de questions. Il ne nous vient pas à l'idée de dire que nous leur faisons confiance. En un sens, nous les utilisons comme des outils transparents, c'est-à-dire comme des extensions de notre corps[1].

Quelles sont les institutions pour lesquelles nous disons que nous leur faisons confiance, ou avons confiance en elles ? Il est difficile de donner une réponse générale. Prenons trois exemples : la confiance dans la monnaie, la confiance dans le gouvernement, la confiance dans la « justice de notre pays ».

Pour la première, on peut se référer à Simmel. D'un point de vue phénoménologique, la question de la fiabilité de la monnaie ne se pose que dans certaines circonstances. Dans les transactions monétaires de la vie courante, la valeur de la monnaie n'est pas une source d'inquiétude (il en va sans doute différemment dans les situations d'instabilité et de dévaluation massives, où l'on risque de se retrouver du jour au lendemain avec de l'argent dépourvu de son pouvoir d'achat habituel). Je peux témoigner de ma confiance dans la monnaie si j'ai à placer des capitaux, à mettre des économies à l'abri ; ainsi je peux estimer que

1. Elles n'ont cependant pas le même type d'objectivité que les outils, qui sont des objets ; dans l'usage, ceux-ci se prêtent à une attention subsidiaire, l'attention focale se portant sur la tâche à réaliser qui mobilise l'effort (cf. chap. 1) ; ce qui n'est pas du tout le cas pour les « institutions de la vie sociale ».

la stabilité monétaire n'est pas garantie en France, pour x raisons, et qu'il vaut mieux transférer mes capitaux en Suisse, où la monnaie est réputée plus stable. Mais ce qui est alors en jeu c'est autre chose qu'un manque de confiance dans la monnaie proprement dite : le manque de confiance, il est plutôt dans les institutions qui garantissent la stabilité de la monnaie.

On l'a vu, l'analyse de la monnaie est une des occasions dans lesquelles Simmel aborde, dans son œuvre, le thème de la confiance[1]. Dans *Philosophie de l'argent*, il s'intéresse aux différences entre monnaie métallique, papier-monnaie et monnaie de papier (qui, tel le chèque, est un papier convertible), pour les atténuer, en rappelant que les échanges économiques se font dans une sphère sociale. Il souligne alors deux aspects de la confiance requise (une « double confiance », dit-il). Le premier est la confiance du public dans les instances qui garantissent la valeur réelle des pièces par rapport à leur valeur nominale, que ce soit le gouvernement émetteur, ou les personnes capables de vérifier la teneur d'une pièce de monnaie : « Sans une certaine confiance du public dans le gouvernement émetteur, [...] tout commerce en argent comptant serait impossible ». Le second est la confiance dans la « sphère économique » :

> Il faut la présence de cette conviction : l'argent que l'on reçoit maintenant pourra être re-dépensé à la même valeur. Ici encore, l'indispensable, et le décisif, c'est le *non aes sed*

1. Pour une autre présentation de l'analyse de Simmel, voir A. Orléan, « Georg Simmel, critique de la conception marginaliste de la valeur », *in* D. Thouard et B. Zimmermann (dir.), *Simmel, le parti pris du tiers*, Paris, CNRS Éditions, 2017, p. 225-245. Ou encore *L'Empire de la valeur*, Paris, Seuil, 2011.

> *fides* [non pas le métal mais la foi ou la confiance – inscription portée sur la monnaie maltaise], la confiance dans l'aptitude de la sphère économique à nous remplacer, sans dommage, le quantum de valeur que nous avons abandonné en échange de cette valeur intérimaire, la pièce de monnaie. Sans faire ainsi crédit de deux côtés, personne ne peut utiliser les pièces de monnaie ; seule cette double confiance confère à la pièce bien sale, presque méconnaissable, la mesure déterminée de sa valeur. De même que, sans la confiance des hommes les uns envers les autres, la société tout entière se disloquerait, [...] de même, sans la confiance, la circulation monétaire s'effondrerait[1].

Et plus loin :

> Le crédit commercial lui aussi comporte dans bien des cas un élément de cette foi supra-théorique, et cette confiance a pour effet sur la communauté rien moins que de l'amener à nous garantir les contre-valeurs concrètes des marques symboliques pour lesquelles nous avons cédé les produits de notre travail. Comme je l'ai dit, il s'agit ici, dans une très large mesure, d'une simple conclusion inductive [du genre : « si le commerçant ne croyait pas que le public va désirer acheter ses marchandises, il ne se les procurerait pas »], mais il y a en outre un supplément de cette « foi » socio-psychologique apparentée à la foi religieuse. Le sentiment de sécurité personnelle qu'assure la possession de l'argent est peut-être la forme et l'expression la plus concentrée et la plus aiguë de la confiance dans l'organisation et dans l'ordre étatico-social[2].

À noter que la seconde composante est une confiance dans une « aptitude de la sphère économique », donc dans

1. G. Simmel, *Philosophie de l'argent*, *op. cit.*, p. 196-197.
2. *Ibid.*, p. 197-198.

un système, qui excède de beaucoup les institutions proprement monétaires.

Simmel ajoute en fait un troisième élément, qu'il ne subsume pas sous la catégorie de la confiance, mais sous celle de l'« escompte », au sens où l'on dit que « *x* escompte que, dans telle situation, *y* se passera ». En effet, si le possesseur d'argent est garanti, par l'organisation et le fonctionnement de la sphère économique, ainsi que par la communauté (« engagée par rapport à lui »), de « pouvoir réutiliser » son argent à tout moment en obtenant dans le futur la quantité de biens correspondant approximativement à sa valeur d'aujourd'hui, il dépendra néanmoins du bon vouloir des possesseurs des biens contre lesquels il voudra échanger son argent, car ceux-ci seront libres de céder ou de garder leurs biens, d'accepter ou de refuser son argent – il ne pourra contraindre personne à lui livrer quoi que ce soit contre son argent (sauf, éventuellement, s'il y a eu un contrat de passé, garanti par la loi, s'il est habilité à faire usage de la force, ou s'il est dans un rapport de forces brut). Il se peut ainsi que les « promesses contenues dans l'argent » ne sont pas remplies ; de ce fait, le possesseur d'argent n'est pas absolument garanti de pouvoir réutiliser son argent ; il est simplement vraisemblable qu'il puisse le faire : « La garantie de pouvoir réutiliser l'argent [...] c'est d'escompter l'énorme vraisemblance que chaque particulier, malgré la liberté qu'il a de refuser l'argent, l'acceptera »[1].

C'est à juste titre que Simmel ne subsume pas cette troisième composante (l'escompte) sous le concept de confiance. Elle consiste à tabler sur un événement. Or, tabler sur un événement est une chose – je compte sur l'occurrence de l'événement, au sens où j'intègre l'hypothèse

1. *Ibid.*, p. 199.

ou l'attente de son occurrence dans mes plans d'action, et je prends appui sur cette hypothèse ou cette attente –, compter sur une personne pour réaliser quelque chose que l'on voudrait qu'elle fasse en est une autre : si elle ne le fait pas, je ne serai pas seulement déçu, j'éprouverai peut-être du ressentiment à son égard. Ce qui fait la différence est l'engagement personnel en faveur de quelqu'un. Enfin compter sur une personne n'est pas nécessairement lui faire confiance ; l'indice de la confiance est que, si la personne fait défection, on se sentira trahi. En revanche, se fier au fait que cette personne fera la chose anticipée ou attendue revient à tabler sur un événement.

Tout paraît clair dans cette évocation par Simmel d'une double confiance. Cependant, cette clarté est illusoire. En effet, le premier élément est une confiance dans une « autorité monétaire », voire dans un gouvernement. Mais en quoi consiste une telle confiance ? Le second n'est pas plus clair : qu'est-ce que cette confiance dans une aptitude de la « sphère économique », donc dans un système ? Commençons par le second. À l'époque de son livre *Vertrauen* (1968) – la notion ne réapparaît pas dans son article de 1988[1], où elle semble plus ou moins remplacée par celle de *confidence* –, Luhmann opposait la confiance dans le système (*system trust*) à la confiance personnelle[2]. Un de ses exemples était précisément la confiance généralisée dans l'institution de la monnaie. Il s'agit, dit-il, d'une confiance dans un fonctionnement anonyme, dont on dépend, ou auquel on s'en remet,

1. N. Luhmann, « Familiarity, confidence, trust : problems and alternatives », *in* D. Gambetta (dir.), *Trust. Making and Breaking Cooperative Relations*, Oxford, Basil Blackwell, p. 94-107 (trad. fr. in *Réseaux*, vol. 19, n° 108, 2001 ; réédité *in* A. Ogien et L. Quéré (dir.), *Les Moments de la confiance*, *op. cit.*, p. 9-22.

2. Cf. N. Luhmann, *La Confiance*, *op. cit.*

pas dans des personnes. C'est une confiance qui s'établit presque automatiquement à travers l'expérience de l'utilisation de la monnaie, dès lors que cette expérience n'est pas négative. Elle n'a pas besoin de garanties spécifiques, et fait l'économie des motivations personnelles (je n'ai jamais eu à me donner des raisons d'accorder confiance à la monnaie, ni à m'inquiéter des motivations de la confiance des autres en ce domaine). Elle n'est pas non plus exposée à la déception ou à la trahison. Enfin le contrôle est presque impossible, car il demande un savoir et un investissement tels qu'il est laissé au soin des experts et d'organismes de régulation : « Lorsqu'une telle confiance dans l'argent est institutionnalisée et se confirme de manière générale, il se crée une sorte *d'équivalent de la certitude*[1] ». Une monnaie bénéficiant d'une telle confiance institutionnalisée devient un économiseur de confiance :

> Celui qui possède de l'argent n'a pas besoin de faire confiance aux autres. La confiance généralisée dans l'institution de l'argent remplace alors [...] les innombrables témoignages individuels de confiance, qui sont si ardus et qui étaient nécessaires pour assurer les nécessités vitales au sein d'une société coopérative[2].

Qu'en est-il maintenant de la confiance dans une autorité monétaire ou dans un gouvernement ? Il est difficile de faire confiance à un gouvernement comme on peut le faire à une personne. La dimension de la délégation est peu accentuée et il n'y a pas d'expression possible de cette confiance dans une attitude active – à part à travers un vote, mais on ne

1. *Ibid.*, p. 59.

2. *Ibid.*, p. 60. Néanmoins, la confiance des autres dans la monnaie est une des bases de la confiance de chacun dans la monnaie : chacun fait confiance à la confiance des autres dans l'argent.

vote même pas pour un gouvernement, pas en France tout au moins. Enfin, à supposer que je fasse confiance au gouvernement, ce crédit n'engendre pas chez lui le sens d'une obligation, comme peut le faire un don de confiance dans le domaine interpersonnel. Ne faut-il pas pourtant continuer à parler ainsi ? Une des raisons de le faire est qu'il y a des situations où une population retire sa confiance à ses gouvernants.

Il fut un temps où les paysans français faisaient confiance à Jacques Chirac pour défendre leurs intérêts, en France par rapport aux autres secteurs d'activité ou aux autres catégories sociales, ou en Europe par rapport aux paysans des autres pays. De quelle nature était cette confiance ? Ils savaient pouvoir compter sur lui, et comptaient de fait sur lui, pour défendre leurs intérêts. Et lui-même savait qu'ils comptaient sur lui, et s'efforçait sans doute d'honorer cette confiance, même si c'était uniquement par calcul électoraliste. La théorie des « intérêts encapsulés » de Russell Hardin paraît marcher ici : les paysans faisaient confiance à Chirac parce qu'il leur semblait qu'il agissait en leur nom et que ses intérêts incorporaient les leurs, et qu'ils savaient qu'il n'avait pas intérêt à décevoir leur confiance. Mais, dans ce cas, il s'agissait d'une confiance dans la personne d'un gouvernant, plutôt que dans un gouvernement.

Hardin reste très sceptique à l'idée qu'une confiance dans le gouvernement soit possible[1]. Pour lui, il ne peut pas y avoir, à proprement parler, de confiance dans un gouvernement, en tout cas pas au sens qu'a le terme lorsqu'il s'agit de confiance interpersonnelle. D'ailleurs un gouvernement n'a pas besoin, à proprement parler, de la confiance des citoyens – le consentement de la majorité lui suffit, ou plus

1. Cf. R. Hardin, *Trust*, *op. cit.*

exactement l'absence de méfiance massive ou de « défiance active ». En effet, si faire confiance c'est croire que quelqu'un est digne de confiance et agir en conséquence, parce que l'on connaît ses intérêts et que l'on sait ce qui le motivera à se montrer digne de confiance ou à être loyal – telle est la définition de Hardin –, il faut pouvoir être en mesure d'évaluer la fiabilité (*trustworthiness*) et les chances de loyauté de la personne, de se faire une idée de sa manière habituelle de faire face à ses engagements, et de connaître ses motivations et ses intérêts. « La difficulté avec l'idée de "avoir confiance dans le gouvernement" est que la connaissance exigée (savoir si les gouvernants ou les hauts fonctionnaires sont dignes de confiance ou non) [...] n'est pas accessible aux citoyens ordinaires[1]. » Nous n'en savons pas assez sur eux, ni sur leurs motivations/intérêts, pour vraiment pouvoir leur faire confiance. Par ailleurs, la pression de l'« itération de l'interaction » ne joue pas ici (X a intérêt à honorer la confiance qui lui est faite s'il veut que l'interaction avec celui qui lui fait confiance dure, que la relation soit maintenue).

Donc si une telle confiance dans un gouvernement existe, elle est d'une autre nature que la confiance dans une personne. Pour Hardin, il s'agit plutôt d'une quasi-confiance, fondée sur « des raisons de croire que les gouvernants sont dignes de confiance », ces raisons n'étant pas étayées sur une connaissance personnelle de ces gouvernants. Elle serait du même ordre que la confiance que je peux avoir dans ma banque : je lui confie mon argent en comptant sur elle pour ne pas le dilapider ; s'il s'agit d'un capital, je compte sur elle pour lui maintenir sa valeur et son pouvoir d'achat sur une longue durée – je sais qu'il y a des techniques bancaires éprouvées pour cela et des gens capables de les mettre en

1. Cf. R. Hardin, *Trust and Trustworthiness*, *op. cit.*, chap. 7.

œuvre ; je me fie à eux bien que je n'en connaisse aucun, et bien que je ne me fasse pas d'illusion sur le souci de la banque de prendre mes intérêts en considération et d'agir au nom de mes intérêts ; je suis même assuré que ses intérêts en tant qu'organisation passeront toujours avant les miens ; éventuellement je peux cependant supposer que son intérêt, dans un contexte de concurrence et de défense d'une réputation, est de donner satisfaction à ses clients. Ce genre de confiance, dit Hardin, repose sur une « généralisation inductive » : nous inférons – à partir à la fois de notre expérience passée, et de suppositions concernant des incitations organisationnelles à être performant, ou l'existence de protections contre la fraude, ou encore un intérêt de l'organisation à être digne de confiance – qu'il est probable que la banque soit digne de confiance. Mais dans ce cas, la dimension du savoir proprement dit disparaît : je n'ai pas une connaissance suffisante des employés de la banque pour savoir s'ils sont dignes de confiance ou non ; je ne connais pas les techniques bancaires ni le détail de l'organisation de la banque ; à la place j'ai simplement des attentes stables – induites des suppositions précédentes, de l'expérience passée, de la coutume ou de la réputation –, qui extrapolent de la conduite passée vers l'avenir. C'est une confiance faible, qui n'est pas fondée sur un savoir éprouvé.

Cela vaut aussi pour le gouvernement : j'attends raisonnablement de lui, par généralisation inductive, qu'il se conduise de façon décente, qu'il soit à la hauteur des situations problématiques, en faisant prévaloir le souci du bien public. C'est de la *confidence* plutôt que du *trust*, pour reprendre la distinction de Luhmann[1] : « La prétendue

1. Ce qui différencie les deux concepts est que le premier implique une conscience de risques et la prise en compte d'alternatives dans le choix de

confiance banale dans le gouvernement ne semble pas être davantage que ce genre d'attente stable [...]. On peut dire des personnes qui nourrissent de telles attentes inductives qu'elles ont confiance dans le gouvernement comme elles ont confiance dans le fait que le monde va continuer plus ou moins comme il est[1]. » Retenons cependant la conclusion de Hardin : « On est plus disposé à se méfier d'un gouvernement qu'à lui faire confiance. Les types de compréhension nécessaires pour avoir confiance dans le gouvernement sont presque logiquement exclus pour les citoyens ordinaires, tandis que les types nécessaires pour s'en méfier sont banals et consonnent avec l'expérience de la vie ordinaire[2]. »

La monnaie est bien une institution, mais elle n'est sans doute pas un cas paradigmatique. Introduisons un autre exemple. On peut imaginer qu'à la suite de la répétition de procès judiciaires qui ont fait apparaître l'incompétence, la négligence, la désinvolture ou le parti pris des magistrats, voire leur corruption ou leur délinquance cachée, les membres d'une collectivité politique en viennent à perdre confiance dans « la justice de leur pays » ou à désespérer d'elle. C'est un autre cas de figure que ceux de la monnaie et du gouvernement. Comment l'analyser ? Ici non plus on ne peut pas appliquer les mécanismes de la confiance interpersonnelle. S'agit-il alors aussi d'une quasi-confiance, fondée non plus sur des processus de généralisation inductive, mais sur la connaissance de « l'idée normative » de l'institution, connaissance impersonnelle qui prendrait la place de la connaissance personnelle d'intérêts et de raisons d'agir ?

---

la conduite à suivre (si vos attentes sont déçues, vous n'avez qu'à vous en prendre à vous-même), ce que ne fait pas le second.

1. R. Hardin, *Trust*, *op. cit.*, p. 156-157.

2. *Ibid.*, p. 167.

C'est le type d'explication qu'a proposé Claus Offe[1]. La confiance étant, à la base, une affaire de relation de personne à personne, il n'y a pas, selon lui, de sens à parler de confiance dans les institutions, si, du moins par cette expression, on entend autre chose que le simple fait de s'appuyer sur la supposition, ou l'attente, que « les institutions continueront à fonctionner selon leurs règles établies comme on les a toujours vues fonctionner ». Cette forme élémentaire de confiance dans les institutions repose sur l'existence en elles de mécanismes d'auto-préservation et d'autocorrection :

> On peut compter sur les institutions parce qu'elles sont durables et qu'elles peuvent être prises comme allant de soi une fois qu'elles sont en place. [Mais précisément] ces mécanismes d'auto-maintenance impersonnelle rendent les relations de confiance à la fois impossibles et superflues. On n'a pas besoin de faire confiance à ce qui peut être considéré comme allant de soi (presque comme la force de la gravité)[2].

D'une certaine façon, pour Offe il n'y a pas de sens à parler de confiance dans les institutions, puisque seuls des acteurs individuels peuvent être objets de confiance : ils sont en effet les « seules unités capables de répondre à la confiance faite »[3], de se sentir obligés par elle – ce qui est le critère décisif à ses yeux. Il convient donc de remplacer la question : « Sur quelle base repose la confiance des citoyens dans les institutions ? » par : « Comment pouvons-nous avoir confiance dans nos concitoyens alors

1. C. Offe, « How can we trust our fellow citizens ? », *in* M. Warren (dir.), *Democracy and Trust*, *op. cit.*, p. 42-87.
2. *Ibid.*, p. 66.
3. *Ibid.*, p. 70.

que nous ne les connaissons pas ? », et « Comment les institutions contribuent-elles à instaurer et à maintenir une telle confiance civique ? ». La réponse est : « Nous faisons confiance à nos concitoyens grâce au fait que nous partageons un espace institutionnel doté de signification, avec une signification suffisamment forte pour rendre l'immense majorité d'"étrangers" parmi eux dignes de confiance, parce que nous anticipons qu'ils reconnaîtront cette signification »[1]. Ce qui se substitue ainsi à la connaissance interpersonnelle des concitoyens, comme source de confiance, est la connaissance des institutions « qui motivent, guident et contraignent » tous ceux qui appartiennent à un même espace institutionnel, plus particulièrement la connaissance de leur « idée normative » : « Les citoyens édifient la confiance en tenant compte non pas de ce qu'ils savent sur les personnes auxquelles ils font confiance, mais de ce qu'ils savent sur les institutions sous lesquelles elles agissent et dans lesquelles elles sont insérées[2] ».

L'argumentation d'Offe repose sur l'idée que les lois et les règles institutionnelles ne s'appliquent pas toutes seules ; elles requièrent que l'on s'y conforme. On peut s'y conformer parce qu'on est forcé de le faire. On peut aussi le faire volontairement. Qu'est-ce qui engendre cette conformité volontaire ? La correction formelle ou procédurale des lois ou des règles ne suffit pas, même si les procédures sont jugées équitables et impartiales. Entrent aussi en ligne de compte : a) l'évaluation par chacun de la probabilité que tout un chacun sera pareillement motivé à se conformer plutôt qu'à ne pas le faire ; b) sa croyance que le législateur

1. *Ibid.*, p. 71.
2. *Ibid.*, p. 76-77.

a pris ses responsabilités ; et c) sa conviction que ceux qui appliquent les lois n'agissent pas de manière opportuniste[1].

Cette problématique de la conformité aux lois permet à Offe de définir la confiance entre concitoyens comme « cette sorte de confiance, hautement abstraite et la plus inclusive, dans les dispositions coopératives de tous ceux à qui la loi s'adresse, alors qu'il manque le savoir tiré de l'expérience personnelle, ou d'indices communautaires, etc. »[2]. À noter qu'il s'agit de « confiance dans des dispositions à coopérer », plutôt qu'en des personnes, et que les citoyens sont définis non en référence à l'activité politique, ou à un espace de droits garantis, mais à la soumission aux mêmes lois. Alors qu'est-ce qui engendre ou facilite cette confiance civique ? Ce sont deux « mécanismes » : la « qualité substantive des institutions » ou « leur plausibilité morale », qui favorise l'adhésion, la loyauté et la conformité, et facilite l'estimation de la probabilité que tout un chacun va se conformer à la loi ; la fourniture par ces institutions de garanties contre les risques de la confiance. Le premier mécanisme est le plus important. Une institution comporte, incorporée en elle, des « idées normatives », un esprit, un *ethos*, etc., qui justifient les règles et les contraintes, leur donnent leur sens et font qu'on s'y soumet ; elle représente des valeurs. Si j'adhère à ces « idées normatives » ou à ces valeurs, que je reconnais comme s'imposant à moi, je peux supposer que les autres aussi partagent mon engagement en leur faveur, et que leurs conduites seront informées par elles ; j'en fais ainsi des « compatriotes » dignes de confiance et en qui je peux effectivement avoir confiance. C'est donc la connaissance partagée des « idées

1. *Ibid.*, p. 69.
2. *Ibid.*, p. 69.

normatives » incorporées dans les institutions qui produit des liens de confiance entre citoyens. La qualité d'une institution sera d'autant plus élevée que celle-ci sera plus capable de faire connaître son idée directrice, de l'expliciter et de la justifier par l'argumentation.

Quelles sont, dans les sociétés modernes, les « idées normatives » les plus à même d'induire de la confiance entre citoyens ? Selon Offe, il y en a deux : la vérité et la justice. La vérité se divise en deux vertus : « dire la vérité » et « tenir ses promesses » (ou honorer les contrats). La justice se divise, elle aussi, en deux : faire preuve d'équité, d'impartialité et de neutralité ; s'en prendre aux inégalités et viser la solidarité. Bref les institutions qui développent des pratiques informées par ces valeurs contribuent à accroître la confiance entre citoyens, plutôt qu'à susciter la confiance en elles-mêmes.

Offe explique ainsi les crises généralisées de confiance : si les institutions échouent à honorer concrètement les valeurs et les « idées normatives » censées les fonder et guider leurs pratiques, elles cessent de faire sens pour moi, et je peux supposer qu'il en va aussi ainsi pour les autres ; elles perdent alors leur pouvoir de susciter la conformité à l'ordre qu'elles prescrivent et d'informer les conduites ; la conduite des autres devient alors imprévisible et personne ne sait plus sur quoi il peut compter ou à quoi se fier. La communauté politique peut alors se déliter, et la confiance se recréer sur la base de solidarités ethniques, locales ou régionales.

Je ne suis pas sûr que cette analyse justifie que l'on se passe complètement de l'idée de confiance dans les institutions. On peut néanmoins s'en servir pour tenter de donner un sens à cette idée. « *What it means to trust an institution ?* », se demande Mark Warren, en conclusion du livre qu'il a édité, *Democracy and Trust*[1]. Sa réponse reprend la théorie d'Offe, tout en étant moins radicale, car elle n'évacue pas l'idée de « confiance dans une institution ». Il ne s'agit pas de connaître les intérêts des membres d'une institution, leurs motivations ou leurs raisons de se montrer dignes de confiance, ce qui est impossible ; mais, comme on vient de le voir, de connaître l'« idée normative » de l'institution, et de savoir si elle est fondée et respectée. L'« idée normative » de la Justice – en tant qu'institution – est de rendre la justice dans l'intérêt de la justice – au sens de valeur morale –, donc de toujours rechercher la vérité et l'équité dans l'application de la loi, etc. Cette « idée normative » est supposée déterminer les règles d'organisation et de fonctionnement de l'institution. Mais il ne s'agit pas seulement de connaissance : il faut que cette « idée normative » soit admise comme valide, ou plausible, qu'elle suscite le consentement de tous, qu'elle donne lieu à des « *committed beliefs* » partagées. La question de la légitimité devient alors essentielle, ainsi que celle de la conformité de l'institution à l'« idée normative » qui la constitue, et celle de la conformité des pratiques et des comportements de leurs agents à cette idée.

Il se trouve par ailleurs que les orientations et les fonctions d'une telle institution sont spécifiées par la loi – ce qui conforte leur légitimité par une légalité (le second mécanisme introduit par Offe). Les citoyens sont donc en mesure d'attendre normativement de ses agents qu'ils se conforment à la loi, et se soucient d'honorer les attentes que cette loi fait naître. Ils peuvent alors étayer la confiance qu'ils font à l'institution sur le pouvoir contraignant de la loi, et sur les garanties qu'elle offre. D'où la définition de Warren :

1. M. Warren (dir.), *Democracy and Trust*, *op. cit.*

« Faire confiance à une institution, ou avoir confiance en elle, signifie que celui qui fait confiance connaît l'idée normative de l'institution, et compte en partie sur les sanctions qui peuvent en outre inciter ses agents à se conduire conformément à cette idée normative »[1].

Cette définition n'est cependant pas satisfaisante car elle introduit toujours le même biais cognitiviste selon lequel faire confiance équivaut à connaître, à croire ou à émettre « des probabilités subjectives ». Elle perd de ce fait les dimensions pratiques de l'engagement personnel et de l'attitude active, inhérentes à la confiance. Comment sauvegarder celles-ci ? Soit de nouveau le cas de la confiance dans la Justice. Le juge, dans un tribunal, est censé juger dans l'intérêt de la justice et se soumettre à des standards et des exigences impersonnels. On attend normativement de lui qu'il rende la justice comme il convient, en particulier publiquement – « sans la forme de la publicité, il n'y aurait aucune justice » (Kant) –, et sans se tromper – en se fondant sur des faits établis, en cherchant soigneusement la vérité, en appliquant la loi, en faisant preuve d'impartialité et d'équité, en faisant abstraction de ses préférences, opinions, attirances et répulsions personnelles, en refusant la corruption, etc., et en produisant des jugements dont la validité puisse être reconnue par tout un chacun au regard à la fois des faits et de la loi. C'est cela l'« idée normative » de l'institution « Justice ». Les citoyens peuvent avoir confiance en celle-ci quand ils sont assurés que les jugements rendus sont conformes à cette « idée normative », et que les manquements à cette idée sont dénoncés et sanctionnés. Quand le comportement des juges bafoue cette idée sans qu'ils

1. M. Warren, « Democratic theory and trust », *in* M. Warren (dir.), *Democracy and Trust*, *op. cit.*, p. 349.

soient rappelés à l'ordre ou sanctionnés, la confiance dans la Justice se perd. Elle se perd aussi quand l'« idée normative » de l'institution devient confuse, peu lisible, quand son fonctionnement devient opaque, ou inaccessible au public. À l'inverse, on peut penser que l'institution est d'autant plus fiable qu'elle promeut en elle un *ethos* de la justice et de la vérité, qu'elle est engagée à juger dans l'intérêt de la justice et à éviter les erreurs, ainsi qu'à sanctionner les manquements à cet engagement. La contrepartie active de cet engagement est l'obligation de l'honorer concrètement.

On comprend ainsi comment peut se perdre la confiance dans une institution. C'est ce qui se passe quand elle ne se conforme plus à son « idée normative » et à ses standards impersonnels, quand ceux-ci deviennent opaques ou illisibles, quand ses agents s'écartent des normes légitimes de l'institution, sont incapables de concrétiser ses idéaux dans un fonctionnement, ou se soustraient à l'évaluation publique en rendant leurs comportements inaccessibles. C'est aussi ce qui se passe quand les gens modifient leurs attentes à l'égard de l'institution et que l'institution ne s'adapte pas, ou qu'ils accroissent leurs exigences tout en restant sceptiques quant à la fiabilité des agents de l'institution.

Alors qu'est-ce que finalement la confiance dans une institution ? Il n'est pas sûr qu'il y ait quelque chose de ce genre, du moins si l'on maintient la signification stricte du terme confiance, définie dans le domaine des relations interpersonnelles. Cependant il n'y a pas de raison de renoncer à l'expression, dès lors qu'indéniablement elle fait sens. Cette confiance ne se réduit pas au fait de compter sur la continuité des institutions, ni à celui de faire confiance à leurs agents. Elle est aussi plus qu'une adhésion consentie à leurs idées normatives. D'une façon générale, on ne peut parler de confiance que là où il y a un engagement personnel en faveur de quelqu'un à qui l'on s'en remet du soin de quelque chose à quoi l'on tient, en lui concédant un pouvoir quasi discrétionnaire, sans craindre qu'il n'exploite la vulnérabilité ainsi créée en sa faveur. Cet engagement est une attitude pratique.

À quoi s'en remet-on dans le cas de la confiance dans une institution ? À sa volonté et à sa capacité de parler et d'agir au nom d'une « idée normative » et de standards impersonnels, qui revendiquent notre allégeance et à l'autorité desquels nous acceptons de nous soumettre. Elle n'est pas elle-même l'agent qui crée et définit cette idée et ces standards (ceux du vrai et du faux, du juste et de l'injuste, du correct et de l'incorrect, de ce qui est conforme ou non au bien public, etc.). Ceux-ci sont posés comme existant indépendamment d'elle et comme s'imposant à elle ; ils l'obligent, sans jamais s'incarner en elle complètement. Ce qui fait qu'elle peut toujours être examinée et évaluée sous l'aspect de sa conformité à cette « idée normative » et à ces standards, impersonnels et indépendants, qui revendiquent son allégeance et la nôtre. Si nous nous en remettons à elle, c'est parce que nous lui faisons crédit en tant qu'elle est habilitée à interpréter cette idée et ces standards, et chargée d'agir en leur nom, et que nous laissons leur autorité passer en ses mains. Il se peut que nous ayons à révoquer cette délégation, et à retirer notre confiance. Mais là où il n'y a pas d'« idée normative » et de standards indépendants, il n'y a pas de confiance possible dans l'institution ; il ne peut y avoir que de l'asservissement (au sens de soumission à des personnes singulières, à leurs opinions, croyances, désirs, caprices, etc.)[1]. La confiance dans les institutions a nécessairement une structure triadique de cette sorte.

1. Je reprends le point de vue d'A. Woodfield exposé dans « Reference and deference », art. cité, p. 450.

Ce type de confiance n'est possible que si l'institution se prête à l'examen et à l'évaluation de sa conformité à l'« idée normative » et aux standards dont elle se réclame, donc si elle rend observables son organisation et son fonctionnement, et si elle admet l'enquête publique sur eux. Il est évident que cette publicité demande à être produite et maintenue par des dispositifs appropriés. C'est précisément ce genre de dispositif que l'on peut appeler « dispositif de confiance » : il donne aux citoyens des garanties, les incitant à s'en remettre aux institutions pour la réalisation d'un bien public. Ces garanties ne sont pas simplement celles des lois. Elles sont aussi fournies par la « publicité » des institutions.

Assurer la « publicité » des institutions est-ce assurer leur transparence ? Si tel était le cas, cette « publicité » rendrait la confiance superflue. En effet, comme l'avait noté Simmel, là où l'information est complète, le savoir assuré, l'incertitude inexistante sur les comportements futurs, il n'y a pas besoin de cette chose particulière qu'est la confiance. Elle est tout aussi superflue là où peuvent être réalisés une surveillance et un contrôle extensifs. Il y a dans la confiance une dimension irréductible de délégation et de déférence qui est antinomique de l'interférence et du contrôle continus. Qui dit déférence dit reconnaissance d'une autorité ou d'une compétence, soumission volontaire à une capacité de jugement et de réalisation dans un domaine, ainsi qu'attribution d'un droit à prétendre à notre allégeance. Mais la déférence n'exclut pas l'« *accountability*[1] », et la forme de contrôle qui lui est inhérente. L'institution doit non seulement rendre des comptes, mais aussi rendre observables (en

1. Comme il est difficile de trouver une traduction satisfaisante de ce terme (« reddition de comptes ») je maintiendrai le mot anglais.

évitant la simulation et la dissimulation) son fonctionnement et les comportements de ses agents pour que puisse être suivi et évalué l'accomplissement des tâches pour lesquelles les citoyens s'en remettent à elle. Le but de cette publicité n'est pas l'efficacité, la rationalité, la pression à l'exercice de responsabilités propres, la prévention de la gabegie et de la corruption ou la satisfaction des usagers ; il est de rendre possible une opposition du public et par là de permettre à celui-ci de se prémunir contre une exploitation opportuniste de la délégation qu'il a consentie.

Il y a cependant des limites de toutes sortes à la totale observabilité des pratiques. La déférence implique de faire un crédit d'autorité ou de compétence au délégataire, ainsi que de respecter la logique, la dynamique ou la technique propre de ses activités, ou encore les standards intrinsèques qu'elles cherchent à honorer. De ce point de vue la publicité n'entre pas en contradiction avec la déférence, car elle ne vise pas un contrôle étroit et continu. Pour revenir au cas de la Justice, l'épreuve de la publicité ne s'applique pas au processus de décision du juge : on attend de lui qu'il juge en conscience et en connaissance de cause, mais il a à faire connaître sa décision et à la motiver publiquement. La publicité intervient comme garant de l'équité de sa décision : la justice est rendue publiquement, ce qui veut dire que le public informé peut évaluer le jugement rendu au regard de critères tels que l'équité, le respect des faits et de la loi, la proportionnalité de la sanction, etc. Ce genre de publicité comporte toutefois un principe de non-interférence. Dès lors que la société confie à des juges la tâche de juger publiquement des personnes et leurs actes, elle leur reconnaît l'autonomie et les compétences nécessaires pour s'acquitter de leur tâche, et s'en remet à eux et à leur sens de la responsabilité qui leur incombe. Ce qui veut dire qu'elle renonce à interférer dans l'exercice de leur métier ou à leur imposer des objectifs ou des standards externes ; elle prend même soin de les protéger de toute interférence des pouvoirs établis. Mais elle ne renonce pas pour autant à leur demander des comptes sur l'exercice de leurs responsabilités. Car renoncer à interférer ne signifie pas renoncer à s'informer, à évaluer et à exercer une certaine vigilance – sinon la confiance est aveugle et la soumission se transforme en « servitude volontaire ». Bref, une exigence de publicité qui ne tempère pas la défiance qui lui est inhérente par une certaine dose de confiance ne peut pas elle-même générer de la confiance. Son but n'est pas le contrôle en soi, mais la prévention de menaces de torts ou d'abus rendus possibles par la délégation et la déférence.

J'ai distingué plus haut les « institutions de la vie sociale », dont on ne peut pas dire, à proprement parler, qu'on a confiance en elles, des institutions pour lesquelles cette expression a un sens. Qu'est-ce qui les différencie ? C'est vraisemblablement la prise que nous avons sur elles, en particulier la possibilité que nous avons de les évaluer, de les critiquer et de les modifier sous l'aspect de leur conformité aux « idées normatives » et aux standards impersonnels sous l'autorité desquels elles se placent. Les premières sont nos manières instituées de faire, avec les croyances qu'elles impliquent, et les significations instituées qui sont leur implicite ; elles font l'objet d'un accord dans les pratiques (nous faisons la même chose et réagissons pareillement), et elles ne suscitent pas beaucoup de rapport réflexif parce que nous vivons en elles ; elles ne sont pas le genre de choses qu'il nous vient à l'idée de critiquer sous l'aspect de leur conformité à une « idée normative » (celle de justice, par exemple) ni de vouloir modifier par une action réfléchie et délibérée – elles « sont une création collective anonyme et spontanée »[1] – et elles sont, pour l'essentiel, soustraites à la contestation ; leur régularité, leur stabilité et leur rigidité sont essentielles ; nous sommes immergés en elles, « imprégnés des règles tacitement transmises par les pratiques auxquelles elles sont immanentes », qui de ce fait demeurent peu négociables. Cependant certaines évoluent, se transforment, mais pas nécessairement sous l'influence d'une action politique ; et il arrive qu'elles soient critiquées et soumises à des transformations (ce qui s'est passé, ces dernières décennies, dans le domaine des rapports entre hommes et femmes, de la division du travail domestique, du mariage, etc., est en cela assez significatif).

Et il y a les institutions sur lesquelles nous avons une prise forte, à la fois pratique et réflexive, parce qu'elles dépendent « d'une activité collective explicite » (de création et de réforme) – l'activité politique. On peut les appeler « institutions positives » : de même que les lois positives sont des lois qui sont produites par un législateur et peuvent en principe être changées, les institutions positives sont des institutions qui peuvent être évaluées réflexivement, contestées au nom de solutions alternatives faisant référence à des « idées normatives » et changées par la volonté collective. Si l'École publique ne marche plus ou n'honore plus les valeurs censées la guider, on peut essayer de la réformer, comme la Justice ou la Police. Précisément on peut concevoir l'activité politique comme cette « activité explicite et lucide » consacrée à l'instauration d'institutions souhaitables, et plus encore d'institutions justes.

1. C. Castoriadis, « La démocratie comme procédure et comme régime », in *La Montée de l'insignifiance. Les Carrefours du labyrinthe IV*, Paris, Seuil, 1996, p. 239.

Qu'est-ce qu'un dispositif de confiance ?

J'ai évoqué la nécessité, pour que la confiance ne soit pas aveugle, que le public ne renonce pas à être informé et à exercer son jugement, tout en déférant au bénéficiaire de la confiance, et qu'il maintienne une forme d'enquête et de vigilance active, qui respecte la délégation inhérente à la confiance. La simple production d'informations par l'institution ne suffit pas à satisfaire ces exigences, car la confiance requiert autre chose que la disposition d'informations. Aujourd'hui nous sommes inondés d'informations sur tout, y compris sur les faits et gestes des gouvernants, sur les institutions et sur les politiques publiques, mais cela ne semble pas conduire pour autant à une société de confiance. C'est la preuve qu'un surcroît de transparence dans l'exercice des pouvoirs et le fonctionnement des institutions ne suffit pas à susciter une plus grande confiance. Car la transparence ne garantit pas contre la tromperie, le mensonge, la dissimulation et la désinformation délibérés. Bien au contraire ! La pression à la transparence peut, pour diverses raisons, inciter les institutions et leurs agents à mentir, à tromper ou à manipuler les citoyens (cf. *infra*).

Il n'est malheureusement pas en notre pouvoir d'exercer un contrôle direct sur quoi que ce soit au-delà de la sphère immédiate de nos interactions. Nous devons donc nous en remettre à d'autres pour ce faire, plus précisément à ce que l'on peut appeler des « dispositifs de confiance ». Nous leur déléguons la tâche de nous informer, de garantir la fiabilité des informations et de nous assurer de la crédibilité des engagements des institutions, ou de ceux qui exercent les pouvoirs, et donc de nous protéger de leurs manipulations, mensonges et tromperies.

La problématique des « dispositifs de confiance » a été développée en économie pour répondre à la question de savoir ce qui, dans un échange économique, où l'incertitude prédomine, où règne une certaine opacité du marché, et où l'un des partenaires s'expose au risque d'opportunisme de l'autre – l'opportunisme est « la tentative de réaliser des gains individuels sur la base d'un manque de franchise ou d'honnêteté dans les transactions »[1] –, permet aux partenaires de s'engager en minimisant les risques de se faire piéger. Bref, les dispositifs de confiance « assurent la coordination des activités économiques » en réduisant l'opacité du marché et en limitant le risque d'être victime de l'opportunisme des autres partenaires de l'échange.

Dans un article intitulé « Dispositifs de confiance et engagements crédibles », Lucien Karpik a proposé de distinguer deux types de dispositifs de confiance : les « dispositifs de jugement » et les « dispositifs de promesse »[2]. Les premiers permettent de réduire l'ignorance sur la qualité des biens et des services, dans une économie dite « de la qualité », où l'on a le choix entre des biens de qualités différentes. Les seconds protègent de l'opportunisme des partenaires.

Comment en effet s'engager raisonnablement dans l'échange économique si on ne sait rien de la qualité des biens ou services que l'on se propose d'acquérir, ou si on ne peut pas comparer ces biens ou services ? Il y a plusieurs manières de réduire cette opacité. La première est de recourir à l'expérience et au jugement de tiers, auxquels on reconnaît une certaine autorité ou une certaine compétence. J'hésite sur le modèle de voiture à acheter. Je demande l'avis

1. O. Williamson, « Markets and hierarchies. Some elementary considerations », *American Economic Association*, 63, (2), 1993, p. 316-325.

2. L. Karpik, « Dispositifs de confiance et engagements crédibles », art. cité.

d'un « connaisseur » – il s'y connaît en voiture, connaît les standards, connaît aussi, par expérience ou réputation, les qualités et les défauts des différentes marques et de leurs modèles, et je le crois désintéressé. Je prends alors son avis comme point d'appui pour effectuer mon choix. Un réseau de connaissances personnelles peut ainsi fonctionner comme « dispositif de jugement ». Mais il y a aussi des « dispositifs de jugement » fondés sur une « confiance impersonnelle » : ce sont les classements (diplôme, palmarès – liste des meilleures ventes pour les livres, des meilleures entrées pour les films, par exemple –, réputation), les appellations (labels de qualité certifiés, marques, AOC, sous-tendus par des engagements collectifs des producteurs, etc.) et les guides, qui évaluent la qualité des marques et des produits, ou les rapports qualité-prix (les critiques littéraires ou cinématographiques, le guide Michelin, en matière gastronomique, les guides touristiques ou les guides des organisations de consommateurs, etc.) ; mais ils n'ont pas tous la même autorité. En fait, ces « dispositifs de jugement » ne sont efficaces que si on leur fait crédit. Un crédit généralisé est une source d'autorité.

Les « dispositifs de promesse » traitent un autre type de problème : comment neutraliser l'opportunisme possible d'un partenaire, en faisant l'économie de la complexification des contrats (qui sont inévitablement incomplets), et de la multiplication des garanties juridiques[1] ? Une des réponses est l'établissement de relations de confiance fondées sur des jugements de *trustworthiness* des personnes. Une autre est la création de dispositifs normatifs, destinés à neutraliser

1. Sur l'incomplétude des contrats, voir E. Serverin, « Propos croisés entre droit et économie sur la place de l'incertitude et de la confiance dans le contrat », *Sociologie du travail*, 38 (4), 1996, p. 607-620.

la méfiance. Un exemple est l'autorégulation de professions (médecins, avocats, architectes, vétérinaires, par exemple) reposant, d'un côté, sur la définition d'un « système d'obligations professionnelles dont le respect est garanti par l'autorité disciplinaire » d'un Ordre, de l'autre, sur une affirmation de valeurs, assortie de promesses – par exemple, pour les avocats, celle de défendre par-dessus tout les intérêts des justiciables. Dans ce cas, il s'agit de « normes unilatérales ». Une autre forme de « dispositif de promesse » est le partenariat entre des entreprises, qui protège les transactions par « un ensemble commun de principes d'orientation de l'action (réciprocité, équité, loyauté, mobilisation) façonnés par les partenaires contractuels et convertis, au cours d'un processus historique contingent, en obligation morale associée à des sanctions diffuses »[1].

Dans le cas de la confiance dans les institutions, il ne s'agit plus de rendre possibles des engagements dans des transactions économiques, d'éviter d'être paralysé par l'opacité du marché et l'incertitude du comportement de l'autre, mais de donner aux citoyens les garanties les incitant à s'en remettre aux institutions pour la mise en œuvre des valeurs de vérité et de justice dans la poursuite du bien commun. L'opacité à craindre est désormais celle de l'exercice des pouvoirs et du fonctionnement des institutions, notamment celle de la dissimulation stratégique des projets et décisions. Elle est aussi celle des éventuelles conséquences néfastes, pour le bien commun, des initiatives et décisions politiques et institutionnelles, voire des décisions et activités de certains citoyens. Quant à l'incertitude, elle concerne surtout la conformité de l'institution à l'« idée normative » qui

1. L. Karpik, « Dispositifs de confiance et engagements crédibles », art. cité, p. 554.

la constitue. Ses agents agissent-ils de fait en conformité avec cette « idée normative » ? Leur soumission déclarée à l'autorité de valeurs, de normes ou de standards posés en transcendance n'est-elle pas que verbale (« de la comm' ») ? N'est-elle pas simulée ? L'engagement que représente le fait de s'en remettre à l'institution n'est-il pas induit par une tromperie ?

En un sens, il n'est possible de faire confiance aux institutions que si cette opacité et ces incertitudes sont levées. Et elles ne peuvent l'être que par des dispositifs qui œuvrent non seulement à l'information, mais aussi à l'enquête, à la critique et à la discussion publiques. Nous disposons aussi, malheureusement, d'expériences historiques massives, celles des régimes totalitaires en l'occurrence, qui ont montré que d'autres conditions sont requises. Les institutions ne sont plus dignes de confiance, non seulement quand elles trahissent leur « idée normative » dans leurs comportements, mais aussi quand elles abolissent toute référence à un tiers neutre, qui les oblige[1] ou dont elles reconnaissent la juridiction, donc quand elles revendiquent d'être elles-mêmes les productrices ou les détentrices de quelque chose qui n'est pas à leur disposition – la distinction du vrai et du faux, du juste et de l'injuste, du réel et de l'imaginaire, du légitime et de l'illégitime, du légal et de l'illégal, du correct et de l'incorrect, du normal et du déviant, etc. –, ou quand leur conduite manifeste leur engagement au service d'intérêts de groupes ou de collectifs particuliers, ou encore quand elles effacent les distinctions qui les constituent ou bien ne les mettent

1. Être obligé veut dire non seulement être contraint par..., mais aussi être engagé en faveur de... prendre position pour quelque chose qui ne dépend pas de soi, qui est placé au-dessus de soi et à l'autorité de quoi on accepte de se plier : on l'admet comme ce qui définit le cadre de sa responsabilité.

plus en œuvre que dans un simulacre de conformité[1]. Cette absence de simulation dans la mise en scène de la référence au tiers, dans la mise en œuvre de la différenciation des statuts, des fonctions et des rôles inhérents à une institution, ou dans la reconnaissance de droits, est décisive, car ce qui empêche ou détruit la confiance c'est moins l'absence de transparence que la tromperie et le mensonge.

Les médias ont représenté des supports essentiels de l'architecture institutionnelle des démocraties modernes, parmi beaucoup d'autres contributions à l'organisation et au fonctionnement de la société. Ils n'ont pu le faire que parce qu'ils bénéficiaient eux-mêmes de la confiance de leur auditoire ou de leur public, qui est un cas de confiance dans une institution. Il n'est pas sûr qu'ils continuent à jouer ce rôle de « tiers de confiance » dans la société de l'information qui se développe, tant leur crédit est atteint, ni que les diverses initiatives compensatrices qui y sont prises pour accroître la transparence des institutions soient des facteurs de confiance (cf. *infra*).

Les médias actuels sont des organisations mixtes, marchandes et non marchandes. Ils ne poursuivent pas des buts univoques : ils informent, éduquent, divertissent, etc., tout en essayant de gagner de l'argent et en en faisant gagner (par la publicité). Il est difficile de savoir quel rôle ils privilégient. Les conditions de la confiance ne sont évidemment pas les mêmes pour ces différents rôles. Par ailleurs, les sondages de ces dernières années montrent que la consommation des médias ne dépend pas nécessairement de leur degré de fiabilité ou de crédibilité. La radio et la presse sont jugées plus fiables que la télévision en matière de restitution des événements. Ceux qui pensent que la télévision ne présente pas

1. Cf. C. Lefort, *Un homme en trop*, Paris, Seuil, 1975.

les choses comme elles se sont passées sont nettement plus nombreux que ceux qui pensent le contraire. Pourtant c'est vers la télévision que les uns et les autres préfèrent se tourner pour avoir des nouvelles ou pour avoir des explications sur ce qui se passe. Bref « on se tourne systématiquement vers la télévision alors même qu'on considère que c'est le média le moins crédible [...]. On se méfie de ce qu'elle dit, on la regarde sans la croire. Son pouvoir d'attraction n'est pas dû à son autorité »[1], mais à celle de l'image et aux effets de réalité qu'elle produit. On peut se réjouir du fait que le spectateur reste sur ses gardes devant la télévision et conserve un esprit critique. Mais en même temps, manifestement, s'il y a allégeance à une autorité quelconque, c'est à celle de l'image ; et cette allégeance n'est pas réputée favoriser l'esprit critique. Ce n'est pas elle qui contribue à faire de la télévision un « dispositif de confiance », au sens que j'ai donné à ce terme.

À moins que celle-ci ne déplace tout simplement l'objet de la confiance dans les institutions, du fait, notamment, des nouvelles formes de rapport aux institutions que permet leur soumission à son regard. Revenons au cas de la Justice. Comme le rappelait récemment Antoine Garapon, un procès judiciaire est lui-même une mise en scène répondant à une intention : son rituel est « organisé en fonction d'une recherche loyale de la vérité et d'une recherche, autant que faire se peut, de l'égalité : l'égalité des armes, le contradictoire, un même regard sur la défense et l'accusation. Ainsi, toute l'organisation du procès est orientée vers l'objectif suivant : se tromper le moins possible[2] ». Cette mise en

1. Cf. M. O. Padis, « Les médias : déficit d'autorité, excès de pouvoir ? », *Esprit*, 313, 2005, p 128-141.

2. A. Garapon, « L'autorité est-elle télégénique ? », *Esprit*, 313, 2005, p. 115-127.

scène structure le regard de ceux qui assistent au procès. Il n'en va plus de même lorsque la télévision s'en mêle, que ce soit dans ses reportages sur des procès en cours ou dans les séries télévisées. Celle-ci permet au spectateur d'accéder à un espace beaucoup plus large que ne le peut le public d'un procès, qui ne voit qu'une scène : elle « agrandit le prétoire, l'élargit aux coulisses[1] ». Elle émancipe le regard du spectateur, ce qui ne manque pas de transformer aussi l'autorité de l'institution, et de déplacer les attentes du public à son égard :

> L'autorité de la Justice ne se nourrit plus seulement de son affirmation majestueuse et symbolique, mais aussi de son aptitude à apaiser concrètement des conflits, à organiser des débats loyaux, à correspondre à la vie sociale. Ce mouvement de la caméra opère une mutation majeure au terme de laquelle l'autorité se fait plus invisible, où elle a plus partie liée à la discussion qu'à des assertions, à une familiarité transformée par le droit qu'à une sacralité fermée à la vie. La Justice connaît aussi sa « nouvelle vague », vingt ans après le cinéma : le réalisme du droit devient le nouveau siège de son autorité[2].

L'absence d'indexation de la consommation des médias sur leur fiabilité manifeste sans doute aussi que l'on ne hiérarchise plus les organes d'information en fonction des garanties d'indépendance, à la fois économique et rédactionnelle, qu'ils offrent. Il fut (peut-être) un temps où la crédibilité des médias était proportionnelle à l'indépendance des journalistes et à leur respect d'un certain nombre de règles dans l'exercice de leur métier : autonomie par rapport aux sources, recoupement de l'information, séparation des

1. *Ibid.*, p. 122.
2. *Ibid.*

faits et des commentaires, conservation de l'initiative, etc.[1]. Aujourd'hui, les assurances qu'ils donnent – sur l'absence de subordination aux pouvoirs extérieurs et aux institutions du marché, ou de collusion avec les élites politiques et intellectuelles, sur l'absence de distorsions dans la mise en œuvre de l'objectivité et de l'impartialité, de la précision et de l'honnêteté, du tact et de la décence, sur l'imperméabilité à la pression des raisonnements et des impératifs marchands et financiers, sur l'indépendance par rapport aux services de communication dans tous les domaines, qui présentent une information déjà organisée – paraissent de moins en moins crédibles, et n'ont sans doute plus la même valeur que par le passé[2]. Enfin, le nombre de dérapages dans le fonctionnement de l'information et la multiplication des manifestations d'approximation, de précipitation ou d'erreur dans la présentation des événements est tel que les raisons de croire dans la capacité des médias à jouer leur rôle de contre-pouvoir, voire dans une éthique professionnelle des journalistes, se sont considérablement amenuisées.

Peut-être devons-nous alors réviser notre conception de l'orientation d'un « dispositif de confiance » tel que les médias. Leur tâche, ai-je laissé entendre *supra*, serait de combattre l'opacité de l'exercice des pouvoirs et du fonctionnement des institutions, de rendre observable, dans les conduites, leur allégeance à l'« idée normative » et aux standards impersonnels censés les régir. Mais ce principe s'applique aussi à eux. La perte de confiance dans les médias serait alors à la mesure de leur renoncement à se laisser obliger par les exigences impersonnelles de la vérité et de

1. Cf. C. Lemieux, *Mauvaise presse*, Paris, Métailié, 2000.

2. Un sondage réalisé en France au moment du débat sur la Constitution européenne manifeste cette perte de crédit : plus des deux tiers des sondés ne croient pas que les médias soient indépendants du pouvoir politique.

l'objectivité, ou éventuellement de leur prétention à faire de ces idées normatives des choses à leur disposition. Elle n'est sans doute pas étrangère non plus à la difficulté de les soumettre aux exigences d'une véritable « *accountability* ».

Ces exigences peuvent-elles être satisfaites par la fourniture d'informations ou par l'application de procédures de « qualification » ? Assurer la transparence des institutions est une préoccupation on ne peut plus contemporaine ; chaque jour sont inventés de nouveaux dispositifs, ainsi que des standards de plus en plus précis et contraignants, pour les obliger à rendre plus de comptes, le plus souvent en termes de résultats quantifiés. C'est ce que Onora O'Neill appelle la « nouvelle *accountability* » (cf. *infra*).

Le problème est que ces procédures nouvelles, visant une plus grande transparence, font souvent obstacle à la poursuite par les professions (médecins, enseignants, journalistes, travailleurs sociaux, etc.) et par les institutions, des buts qui leur sont propres, et qu'elles entravent leurs pratiques, dans ce qu'elles ont d'exigences, de standards, d'« étalons d'excellence » et de dynamique propres, plus qu'elles ne préviennent la tromperie. Sans compter qu'elles incitent les agents à adopter des postures défensives et à se protéger. Alors que ces procédures sont censées soumettre les institutions au contrôle du public, et améliorer la satisfaction de ses attentes par une plus grande efficacité et une qualité garantie des prestations, c'est plutôt à leur contrôle centralisé et à leur rationalisation par des technocrates et des gestionnaires qu'elles œuvrent. De plus, les indicateurs de qualité des performances sont choisis pour leur facilité de mesure plutôt que pour leur capacité à évaluer réellement la qualité des prestations.

Il est du coup possible que la méfiance manifestée actuellement à l'égard des institutions procède de la dénonciation, amplement relayée par les médias, de leur manque d'empressement et d'application à satisfaire les exigences standardisantes auxquelles elles sont soumises par des gestionnaires, plutôt que du constat de leur incapacité à poursuivre les buts et les standards qui leur sont intrinsèques (fournir une bonne éducation, une bonne justice, une bonne médecine, une bonne recherche, etc.). La poursuite d'une transparence toujours plus grande, mais peu intelligente – car peu respectueuse de l'« idée normative » de l'institution, ainsi que de la logique et des standards des pratiques qui lui sont propres –, « fournit aux citoyens et aux consommateurs, aux malades et aux parents, toujours plus d'information, plus de comparaisons, plus de possibilités de réclamations ; mais elle construit aussi une culture de la suspicion [...] et elle peut conduire en fin de compte au cynisme professionnel, et alors le public aurait de bonnes raisons de se méfier »[1]. Il n'est donc pas exclu que ce qu'on appelle « crise de confiance » ne soit pas autre chose que le développement d'une telle « culture de la suspicion », comme effet pervers d'une recherche, essentiellement néolibérale et gestionnaire, de la transparence des institutions (cf. *infra*)[2].

Une des conditions de la confiance est certainement la possibilité de s'assurer de la crédibilité des engagements de

1. O. O'Neill, *A Question of Trust*, *op. cit.*, p. 57.

2. La gestion néolibérale des affaires publiques a cependant un autre effet, qui explique en partie la méfiance envers l'État et les élites : celui de « l'affaiblissement de la présence de l'État dans les territoires, [d']une forme de décomposition des services publics, augmentant la distance réelle, mais aussi ressentie, entre les citoyens et l'État » (L. Rouban, *Le Monde*, 13 mai 2023) (à quoi on peut ajouter la « dématérialisation » progressive des démarches administratives). À noter que cette gestion néolibérale génère une confusion de plus en plus marquée entre le privé et le public, dont témoigne le recours de l'État à des cabinets de conseil, voire une pénétration de plus en plus grande des intérêts privés dans celui-ci.

ceux qui réclament notre adhésion. Là où nous ne pouvons pas nous assurer du bien-fondé des revendications et des prétentions de ceux qui nous demandent de nous en remettre à eux, et de leur capacité à les honorer, nous retenons notre confiance. Nous avons vu que, compte tenu de la limitation de notre pouvoir de contrôle, nous devions avoir recours à des « dispositifs de confiance ». Encore faut-il que nous puissions leur faire confiance, évaluer par nous-mêmes la qualité de leur engagement, nous assurer qu'ils ne nous induisent pas en erreur, qu'ils ne nous racontent pas d'histoires. On pourrait imaginer que, concernant les médias, ces assurances nous soient données par des dispositifs de confiance d'un niveau supérieur (tels les autorités indépendantes – type CSA – qui régulent et surveillent les médias, ou les tribunaux qui font respecter les lois régissant les médias). Mais cela risque de nous entraîner dans une régression à l'infini, ces dispositifs demandant à être contrôlés par des dispositifs supérieurs. Une autre manière de raisonner serait de considérer que le public doit pouvoir examiner, vérifier, juger par lui-même ce que les médias rapportent, ceux-ci s'obligeant eux-mêmes à être évaluables et critiquables par leur auditoire, à s'exposer à ses évaluations et à ses critiques et à en tenir compte. Mais est-ce une solution réaliste ? Comment assurer une implication permanente du public ? Cela suppose une motivation politique forte, qui n'est envisageable que sur de courtes périodes de forte mobilisation sociale et politique.

Il est possible aussi que soit tout simplement révolue l'ère de l'organisation verticale de la confiance, fondée sur le mécanisme de la déférence. En témoignerait le développement actuel des nouvelles formes d'élaboration et de diffusion de l'information, où se manifeste la volonté des citoyens de se réapproprier la mission historique confiée aux médias, ce qui va de pair avec la remise en cause de l'autorité des médias traditionnels, et avec la promotion d'une forme horizontale et non plus verticale de journalisme, ou d'un « nano-journalisme » sans intermédiaire[1]. Je doute que ce soit une solution viable à la crise de confiance qui touche aujourd'hui beaucoup de nos institutions, car elle revient à remplacer la déférence fondée sur la reconnaissance d'une normativité impersonnelle, soustraite à l'appropriation de quiconque, par les mécanismes de la confiance interpersonnelle (expérience directe, connaissance personnelle, réputation dans un milieu, etc.), qui, on l'a montré, ne peuvent pas être opératoires dans le champ des institutions.

1. Cf. B. Le Gendre, « La blogosphère contre les médias », *Le Monde*, 25 mai 2005.

Deuxième partie
Un pas de côté

Introduction

Wittgenstein considérait que lorsque l'on entreprend d'analyser une question ou un problème, il est facile, du fait des manières de penser que nous offrent spontanément le langage et, plus largement, notre culture, de s'engager sur de faux chemins :

> La langue a préparé les mêmes pièges à tous ; un immense réseau de faux chemins, où il est aisé de s'engager. Ainsi voyons-nous les hommes s'engager l'un après l'autre sur les mêmes chemins, et nous savons déjà où ils vont dévier, continuant à marcher droit devant eux sans avoir remarqué la bifurcation, etc. À tous les endroits d'où partent de faux chemins je devrais donc placer des pancartes, qui les aideraient à franchir les points dangereux[1].

Dans la première partie de cet ouvrage, j'ai dessiné un tableau des principales façons conventionnelles de rendre compte de la confiance en philosophie et dans les différentes disciplines des sciences humaines et sociales. Mais ont-elles vraiment emprunté les bons chemins ? Les problématiques qu'elles ont développées pour analyser le phénomène ne

1. L. Wittgenstein, *Remarques mêlées*, Paris, Flammarion, « GF », 2002, p. 73.

sont-elles pas biaisées quelque part ? Dans cette deuxième partie je voudrais faire place au doute à ce sujet.

C'est à tort que la confiance a été d'emblée considérée comme une attitude épistémique, c'est-à-dire comme relevant du domaine du savoir, ou encore comme l'objet d'une décision personnelle procédant d'un calcul ou d'un raisonnement. Ce sont sans doute l'« épistémocentrisme scolastique » (Bourdieu) et le subjectivisme prédominants dans notre culture qui nous font la considérer ainsi[1]. Mais il est possible de contrer ces distorsions. Pour cela, « nous devons commencer par essayer de comprendre la nature de la confiance en termes de réaction première »[2]. Wittgenstein voyait cette « réaction première » comme une nécessité logique, dans l'action et le jugement, et comme « un fait de notre histoire naturelle ». Il l'a définie comme une forme de la certitude extérieure au domaine du savoir, c'est-à-dire comme une attitude pratique comportant un engagement. Il s'agit d'une confiance irréfléchie, donc quasi-instinctive, qui rend précisément possible la forme de confiance qui retient l'attention de ceux qui font de la confiance un objet de pensée et de décision[3]. Si la confiance est une réaction pre-

1. P. Bourdieu fait de l'épistémocentrisme une des « trois formes de l'erreur scolastique » : « Mettant en quelque sorte sa pensée pensante dans la tête des agents agissants, le chercheur donne le monde tel qu'il le pense (c'est-à-dire comme objet de contemplation, représentation, spectacle) pour le monde tel qu'il se présente à ceux qui n'ont pas le loisir (ou le désir) de s'en retirer pour le penser ; il place au principe de leurs pratiques, c'est-à-dire dans leur "conscience", ses propres représentations spontanées ou élaborées ou, pire, les modèles qu'il a dû construire [...] pour rendre raison de leurs pratiques » (P. Bourdieu, *Méditations pascaliennes*, Paris, Seuil, 1997, p. 65).

2. L. Hertzberg, « On the attitude of trust », art. cité.

3. William James, que Wittgenstein a lu attentivement (notamment *The Principles of Psychology* et *The Varieties of Religious Experience*), avait déjà dit quelque chose de semblable : « L'assurance non raisonnée et immédiate est la chose profonde en nous, l'argument raisonné n'est qu'une présentation

mière inévitable, de nature réflexe et un fait de notre histoire naturelle, ce n'est pas seulement son rapport au savoir, mais aussi son rapport à la vérité, qu'il faut reconsidérer. Plus largement, l'adoption de cette perspective me permettra de préciser les propos que j'ai tenus dans le premier chapitre sur l'engagement inhérent à la confiance.

Dans cette partie, je vais d'abord tenter d'identifier quelques-uns des « faux chemins » sur lesquels nombre d'auteurs de référence se sont engagés inconsciemment, et que j'ai moi-même empruntés dans mes premières études sur la confiance, et, comme le proposait Wittgenstein, de repérer des bifurcations dangereuses, ou encore des médiations superflues. Dans un second temps, je m'appliquerai à différencier les formes de certitude qui correspondent à la confiance. À cette occasion, je reviendrai sur la question de la naturalisation de la confiance, abordée dans le chapitre 3.

---

en surface. L'instinct mène, l'intelligence ne fait que suivre » (*The Varieties of Religious Experience*, *op. cit.*, p. 73).

Chapitre 5

De quelques faux chemins dans l'analyse de la confiance

Des faux chemins, j'en ai retenu quatre : la problématique de l'anticipation de risques ; le thème de la « vulnérabilité acceptée » ; la psychologisation de la confiance en termes d'affects ; le recours à l'idée d'attente d'arrière-plan. Je m'arrêterai plus longuement sur la manière de bien franchir ce dernier « point dangereux ».

La problématique de l'anticipation de risques

On l'a vu, nombreux sont ceux qui analysent la confiance dans une problématique de gestion rationnelle du risque. Cette problématique semble s'être imposée dans le sillage de la compréhension « hobbésienne » de notre « vivre ensemble » : notre monde social – et surtout la société moderne (à en croire Ulrich Beck) – serait un univers de risques ! Une partie de ces risques tiendrait à l'incertitude des comportements d'autrui : comme on suppose que les individus sont principalement mus par des intérêts égoïstes, et donc peu disposés à enchâsser les intérêts des autres dans les leurs propres, voire à s'acquitter de leurs obligations morales, il n'est pas sage de leur faire spontanément confiance[1]. Il vaut mieux commencer par s'en méfier[2].

L'explication rationnelle de la confiance est le plus souvent subordonnée à ce que l'on peut appeler une « métaphysique des intérêts » : l'intérêt individuel, principale motivation supposée de l'action, y fonctionne comme « une présupposition transcendantale »[3]. On peut ajouter que la question de la motivation y est souvent aussi mal posée :

> Il est absurde de demander ce qui pousse un homme à agir (au sens général du terme). Il est un être actif et c'est tout ce qu'il y a à dire à ce sujet. [...] Un motif n'existe pas antérieurement à un acte et ne le produit pas. Il est un acte plus un jugement au sujet d'un de ses éléments, le jugement étant formé à la lumière des conséquences de l'acte[4].

Une motivation n'est pas non plus un état exclusivement interne : c'est l'expérience des éléments d'une situation comme attrayants (ou le contraire) qui la fait naître. Cette expérience procède d'impulsions, qui constituent la base affective-motrice de l'activité humaine, et plus particulièrement de la coordination avec les êtres et les choses[5].

1. A. Giddens considère que c'est à tort que l'on relie la confiance au risque. C'est, selon lui, plutôt à la contingence, qu'elle concerne le comportement des individus ou le fonctionnement des systèmes, qu'il faut la rapporter, la perception de la contingence n'étant pas la même aujourd'hui que dans les temps plus anciens (cf. A. Giddens, *The Consequences of Modernity*, *op. cit.*, p. 33).

2. Ce point de vue semble partagé par l'opinion publique, si l'on en croit les résultats de l'étude « Fractures françaises » réalisée en septembre 2023 par Ipsos-Sopra Steria : « Trois Français sur quatre estiment qu'on n'est jamais assez prudent quand on a affaire aux autres » ! (*Le Monde*, 11 octobre 2023).

3. O. Lagerspetz, *Trust, Ethics and Human Reason*, *op. cit.*, p. 42.

4. J. Dewey, *Human Nature and Conduct*, in *The Middle Works*, vol. 14, p. 84.

5. Sur la coordination affective, voir P. Dumouchel, *Émotions. Essai sur le corps et le social*, Paris, Les Empêcheurs de penser en rond, 1995. La

L'explication rationnelle de la confiance est aussi tributaire d'une conception défectueuse de la délibération pratique. Celle-ci ne peut pas être appréhendée, sans distorsion considérable de ses propriétés, comme l'acte d'un « délibérateur interne », qui fait de ses impulsions, affections, dispositions, un matériau sur lequel exercer sa volonté. Elle ne peut pas non plus être appréhendée sous la catégorie du calcul d'une action à accomplir pour atteindre un but, ni même sous celle du jugement réfléchi formé par une enquête, de même qu'elle ne peut pas être restituée formellement par le syllogisme pratique. Il faut considérer cette délibération « comme une collaboration active avec le monde »[1], toute empreinte d'affectivité. Elle est continue dans l'accomplissement, séquentiel, sériel et temporel, d'une conduite[2], et pas uniquement antérieure à une décision. En effet, la conduite s'organise en continu « au milieu des choses », et dans le cadre de connexions de différentes sortes entre elles ; cette organisation n'est pas attribuable au seul agent, encore moins à ce qui se passe dans sa tête ou dans sa conscience[3]. Considérer que celui-ci se représente les probabilités que son ou ses partenaires agissent de telle ou telle façon, et détermine sa conduite en fonction d'une telle représentation discrète, c'est se faire une idée trop intellectualiste des modalités de la coordination[4]. Ce n'est

---

coordination affective, qui est continue et a lieu dans le présent, constitue une première réduction de l'incertitude.

1. J. Bohman, « Ethics as moral inquiry : Dewey and the moral psychology of social reform », *in* M. Cochran (dir.), *The Cambridge Companion to Dewey*, Cambridge, Cambridge University Press, 2010, p. 193.

2. Sur la différence entre ces trois qualificatifs, voir J. Dewey, *Logique. Théorie de l'enquête*, *op. cit.*, chap. 2.

3. Cf. L. Quéré, « Le lieu du raisonnement pratique : "au milieu des choses" », in *« Au commencement était l'acte »*, *op. cit.*, p. 231-266.

4. Cf. P. Dumouchel, *Émotions. Essai sur le corps et le social*, *op. cit.*, p. 198 *sq.*

pas ainsi qu'il agit, mais en fonction de son estimation des possibilités propres à sa situation, au fur et à mesure qu'elle se développe. Cette estimation est cependant précaire. La sûreté à laquelle elle peut accéder est « toujours incomplète et tributaire de circonstances fâcheuses »[1].

En abordant la confiance en termes de délibération pratique dans une situation de risques possibles, dans laquelle il faut examiner et trouver les bonnes raisons de faire confiance, on est en fait amené à placer implicitement la méfiance au fondement de la confiance. Faire confiance consisterait à surmonter une méfiance initiale :

> Si je commence par chercher des raisons de faire confiance, [...] c'est que je suis déjà en train de considérer l'autre avec suspicion[2].
>
> Nous ne nous méfions pas d'une personne *parce que* nous considérons certaines choses possibles de sa part. Au contraire, le fait que nous considérions certaines choses possibles de sa part est *une expression* de notre méfiance[3].

En fait, du point de vue de l'agent dans sa situation concrète, il n'y a pas les risques présumés, tout simplement parce qu'un certain nombre de possibilités, qui n'existent que du point de vue externe d'un observateur, ou d'un point de vue réflexif antérieur ou postérieur à l'engagement dans une relation, ne lui viennent pas à l'esprit. Les possibilités et les risques n'existent pas en tant qu'entités externes et indépendantes. Ce sont des choses auxquelles nous donnons vie dans des scénarios que nous ébauchons réflexivement dans le cadre de nos raisonnements, jugements et délibérations pratiques :

1. J. Dewey, *La Quête de certitude*, Paris, Gallimard, 2014, p. 28.
2. O. Lagerspetz, *Trust, Ethics and Human Reason*, *op. cit.*, p. 134.
3. *Ibid.*, p. 58.

> Risques, probabilités et possibilités ne sont pas des entités qui existent là dehors par elles-mêmes ; ils sont des choses que nous invoquons dans le contexte d'un raisonnement pratique. [...] Parler de possibilités et de risques n'a de sens qu'en fonction de ce que nous voulons faire valoir en évoquant un scénario dans un contexte précis[1].

Quand nous évoquons un tel scénario, c'est parce que quelque chose dans la situation nous incite à le faire, et à prendre nos précautions. Se méfier sans raisons est aussi peu normal que douter sans raison. Ainsi si j'invite un ami à la maison, je cours objectivement le risque qu'il me vole quelque chose, et lui faire confiance serait ne pas tenir compte, plus ou moins délibérément, de cette possibilité. Mais envisager une telle possibilité c'est déjà adopter à son égard une attitude contraire à la confiance : si je juge hypothétiquement mon hôte capable de ce genre de forfait c'est que, fondamentalement, je me méfie de lui. Faire confiance serait donc être indifférent à des possibilités indésirables et taire la méfiance sous-jacente à leur prise en considération, ce qui paraît paradoxal comme définition[2] :

> Faire confiance ce n'est pas s'attendre à être éventuellement trahi ni prendre ses précautions. [...] En un sens la confiance est dans le regard du spectateur : vous pouvez considérer mon attitude comme une attitude de confiance précisément parce que je ne l'envisage pas dans ces termes. Parler de confiance implique une possibilité de trahison, mais celui qui fait confiance ne va pas considérer la trahison comme possible[3].

1. *Ibid.*, p. 58-59.
2. Luhmann parle d'« immuniser » la confiance contre le soupçon.
3. *Ibid.*, p. 100.

Imaginons, par exemple, que vous me demandiez si je fais confiance à mon hôte pour ne pas voler une pièce de mon argenterie lors de sa visite :

> Dans les circonstances normales, je ne comprendrai pas plus votre question que si on me demandait, dans un parc, si je sais que ce que j'ai devant moi est un arbre[1]. Admettons cependant, qu'après réflexion, je prenne votre question au sérieux. Si je le fais c'est parce que j'aurai saisi la façon dont vous avez formulé un défi réaliste. Peut-être m'avez-vous parlé de votre expérience malheureuse avec un de vos amis. En introduisant une complication, vous avez soulevé une question *nouvelle* à laquelle je peux maintenant me rapporter. Supposons que je vous dise que tout compte fait je fais confiance à mon ami. En disant cela, je m'en porte garant à l'encontre de votre suspicion implicite. Cela revient à mettre la relation de confiance au premier plan : je ne la considère plus comme allant de soi, mais maintenant je la contraste avec votre suspicion implicite[2].

Pourquoi cette approche, qui considère implicitement la méfiance comme première, a-t-elle une telle faveur dans le discours savant sur la confiance ? On peut alléguer plusieurs raisons : outre l'adhésion spontanée à une anthropologie hobbésienne (notamment dans les théories du choix rationnel et l'individualisme méthodologique) et à une psychologie instantanéiste de l'action, une propension à reproduire une forme ou l'autre de l'« erreur scolastique » (Bourdieu), qui consiste à attribuer le point de vue d'un analyste aux agents dans leurs actions et relations, ou encore l'impact d'un biais culturel. Lars Hertzberg évoque ainsi

1. Cet exemple de l'arbre est une allusion à un aphorisme de Wittgenstein dans *De la certitude* (cf. *infra*).
2. *Ibid.*, p. 104.

une inclinaison, dans notre culture, à voir la confiance (tout comme la foi religieuse) comme une faiblesse et à « croire en la supériorité de la suspicion par rapport à la confiance »[1]. Par ailleurs, il est plus facile de caractériser la méfiance que la confiance, peut-être parce que la suspicion et la prise de précautions sont des comportements liés à la réflexion et au raisonnement (il leur faut des raisons, sauf quand elles sont pathologiques), et surtout plus congruentes avec une perspective réflexive externe, qui introduit des contrastes réfléchis avec les attitudes spontanées de la vie quotidienne.

Pourquoi la méfiance ne peut-elle pas être première ? Je répondrai plus en détail à cette question dans le prochain chapitre. Pour l'instant il me suffit de dire qu'il en va pour elle comme pour le doute. Celui-ci vient toujours après la croyance ou la certitude, au sens où « il présuppose un système de croyances et de certitudes préalables[2] », et il ne peut jamais être complet (quand on doute, de nombreuses choses restent certaines) : « Le doute vient après la croyance[3] » ; « Qui voudrait douter de tout n'irait pas même jusqu'au doute. Le jeu du doute lui-même présuppose la certitude[4] ». Ajoutons que, pour qu'il ait un sens, le doute doit être inséré dans un contexte particulier qui le rend intelligible. Il peut par exemple être provoqué par « un effet de surprise face à une expérience inattendue[5] ». Pareillement, la méfiance est conditionnée par une confiance première, un *Ur-trust*[6] : « À la base de la croyance fondée, il y a la

1. L. Hertzberg, « On the attitude of trust », art. cité.
2. C. Tiercelin, *Le Doute en question*, Paris-Tel-Aviv, Éditions de l'Éclat, 2005, p. 73.
3. L. Wittgenstein, *De la certitude*, *op. cit.*, § 160.
4. *Ibid.*, § 115.
5. C. Tiercelin, *Le Doute en question*, *op. cit.*, p. 84.
6. Cf. D. Moyal-Sharrock, *Understanding Wittgenstein's* On Certainty, *op. cit.*, chap. 9.

croyance qui n'est pas fondée[1]. » On peut dire la même chose de la confiance. Il existe un type de confiance qui ne relève pas des actes volontaires et ne procède pas d'une décision, consécutive à une évaluation et une délibération (de nature comptable), d'accorder sa confiance. Elle consiste dans le geste de « se fier à... », « compter sur... », « faire fond sur... », cela immédiatement et sans réserve, donc, pour ainsi dire, les yeux fermés. Quand je poste une lettre, a priori je n'envisage pas la possibilité qu'elle se perde ; je n'ai pas de raison de douter qu'elle va arriver. Je n'éprouve pas l'inquiétude, voire le malaise et l'insatisfaction, caractéristiques du doute, notamment parce que « s'est établie en moi une habitude qui détermine mes actions » (Peirce)[2].

Il faut cependant se garder de mettre des actes spécifiques, qui plus est d'un sujet, derrière des expressions telles que « se fier à... », « compter sur... », « faire fond sur... ». Pourquoi ? D'abord parce que cette *reliance* ou cet « escompte » n'est pas un acte exprès ou une attitude délibérément adoptée par un sujet ; elle est une manière d'agir relevant de réactions réflexes, ou d'impulsions, qui ont un ancrage organique présubjectif ou prépersonnel. Il s'agit donc de quelque chose qui appartient à l'immédiateté de l'expérience. L'expérience immédiate est irréfléchie et son immédiateté est ineffable : « Les mots peuvent *pointer vers* les choses immédiates, mais non les décrire, ni les définir »[3]. Les expressions que nous utilisons pour désigner cette forme de confiance ne la définissent

1. L. Wittgenstein, *De la certitude*, *op. cit.*, § 253.

2. Peirce caractérise le doute comme un « état d'esprit au sentir différent » de celui de la croyance, si bien que « nous savons presque toujours [par la sensation immédiate] [...] quand nous sommes en proie au doute ». Mais il ne s'agit pas pour autant de considérer « que le doute consiste dans le sentiment » (Peirce cité *in* C. Tiercelin, *Le Doute en question*, *op. cit.*, p. 85). Nous verrons plus loin que cela vaut aussi pour la méfiance et la confiance.

3. J. Dewey, *Expérience et nature*, *op. cit.*, p. 107.

pas ou n'en sont pas un équivalent, tout simplement parce que sa mise en mots en fait quelque chose d'une nature très différente de ce qu'elle est en acte.

Une seconde raison pour ne pas rapporter cette variété de la confiance à la décision d'un sujet doté de croyances et de motifs est que derrière les activités d'un individu il n'y a jamais un *Self* tout fait, un *Self* fixe et simple, existant pleinement, mais un Self pluriel « *in process of making* », ou encore une proto-subjectivité faite « d'attitudes, d'habitudes et d'impulsions complexes, instables et s'opposant les unes aux autres ; progressivement elles arrivent à composer les unes avec les autres, et accèdent à une certaine cohérence de configuration »[1]. Faire de la confiance l'acte délibéré d'un *Self* c'est la dénaturer en partie, en lui attribuant une source stable et unifiée, au nom de laquelle l'acte est accompli. Comme le dit Dewey, la confiance fait partie de ces termes qui sont « pervertis quand ils sont préfixés par le mot *Self* », ce mot les « infectant par une introversion et un isolement fixes »[2].

L'argument de la « vulnérabilité acceptée »

Quand je fais confiance à quelqu'un, je dépends de sa bienveillance à mon égard [...]. Quand on dépend du bon vouloir d'un autre, on est nécessairement vulnérable aux limites de ce bon vouloir. Nous donnons aux autres l'opportunité de nous nuire quand nous leur faisons confiance, tout en tablant

1. J. Dewey, *Human Nature and Conduct*, *op. cit.*, p. 96.
2. *Ibid.*

> sur le fait qu'ils ne le feront pas. Une confiance raisonnable exigera de bonnes raisons d'escompter le bon vouloir d'autrui, ou au moins une absence de bonnes raisons pour s'attendre à de la malveillance ou à de l'indifférence de sa part. Ainsi, en première approximation, la confiance est-elle une vulnérabilité acceptée à l'égard de la malveillance possible mais non attendue (ou de l'absence de bienveillance) d'autrui à mon égard[1].

Introduire de cette façon, qui paraît aller de soi, la problématique de la vulnérabilité revient à faire procéder la confiance d'une recherche de raisons et d'une décision d'accepter d'être vulnérable. Mais est-il vrai que l'on cherche des raisons de faire confiance et que l'on accepte d'être vulnérable ? Comment concevoir correctement le lien entre confiance et vulnérabilité ? L'évidence peut ici aussi être trompeuse. Quatre arguments peuvent être avancés à son encontre :

1. En fait, Baier fonde sa théorie de la confiance sur un cas particulier : celui où nous décidons de confier à quelqu'un quelque chose à quoi nous tenons tout particulièrement (un objet, un enfant à garder ou plus largement notre bien-être). Cette décision crée, en un sens, une dépendance à l'égard d'une personne, d'un professionnel ou d'une institution, et nous livre à son pouvoir discrétionnaire, une dépendance que nous acceptons, en escomptant que les obligations morales qu'elle génère pour le bénéficiaire

1. A. Baier, « Trust and antitrust », art. cité, p. 235. La problématique de la « vulnérabilité acceptée » est aussi présente, en sociologie, chez Luhmann, et en philosophie morale et politique, chez Martha Nussbaum (« La vulnérabilité humaine : un thème qui unit les différentes parties de mon travail de philosophe », discours de réception du doctorat *honoris causa* de l'ENS, en 2010).

seront honorées. Mais peut-on faire de ce cas particulier le paradigme général de la confiance[1] ? On retrouve ici encore le travers des approches en termes de calcul de profits et de pertes, et de gestion de risques : en confiant quelque chose à quelqu'un je m'expose bien sûr à ce qu'il profite de la dépendance ainsi créée ; je suis conscient du risque pris, je l'ai évalué et je l'assume (en partie, par intérêt) ; le comportement futur de l'autre est incertain, néanmoins je veux prendre le risque de me fier à lui en raison des bénéfices que j'anticipe. Comme le dit Lagerspetz, celui qui fait confiance « est supposé percevoir la situation comme impliquant qu'il est *aussi bien possible que non* que l'autre ait des desseins hostiles »[2]. Mais la paranoïa n'est pas le régime le plus propice à la confiance ! Cela revient finalement à considérer d'emblée que l'autre risque de trahir la confiance faite, et, par-là, à placer la méfiance, le soupçon ou la suspicion à la base de la décision de faire confiance.

2. On peut aussi objecter à Baier « qu'elle ne décrit pas vraiment la confiance, mais seulement une sorte d'escompte prudente (*a kind of cautious reliance*) concernant la bonne conduite de l'autre[3] ». En réalité, elle fait comme si l'agent adoptait d'emblée sur sa situation et sur son propre comportement le point de vue de la troisième personne, ce qui ne correspond pas du tout à la confiance comme attitude pratique[4] :

1. O. O'Neill considère que le paradigme de Baier est l'intimité familiale (notamment la relation mère-enfant), mais pense que ce n'est pas un bon modèle pour rendre compte de la confiance dans le monde dans lequel nous vivons (cf. O'Neill citée *in* O. Lagerspetz, *Trust, Ethics and Human Reason*, *op. cit.*, p. 170, note 10).

2. O. Lagerspetz, *Trust, Ethics and Human Reason*, *op. cit.*, p. 50.

3. *Ibid.*, p. 56.

4. Pierre Bourdieu et les auteurs pragmatistes parleraient à ce sujet d'« intellectualisme » (cf. *infra*).

Tandis que l'observateur peut dire "Olli Lagerspetz fait confiance, mais il prend un risque", il est rare que je puisse dire cela de moi-même de manière sensée. Je ne peux pas véritablement essayer d'adopter la perspective de la troisième personne sur ma situation. Ce qui distingue ma perspective de celle d'un observateur réel est que celui-ci n'a pas les relations que j'ai, *moi*, avec les autres. C'est pourquoi les mots de l'observateur concernant mes relations signifieront toujours quelque chose d'autre que ce qu'ils veulent dire lorsqu'ils sont énoncés par moi[1].

3. Baier place la vulnérabilité là où elle n'a pas lieu d'être mise : en dehors de la relation de confiance engagée, notamment avant elle. Or c'est celle-ci même, et pas une « acceptation » préalable, qui génère cette vulnérabilité. La vulnérabilité n'est pas quelque chose d'indépendant d'un engagement effectif, quelque chose qui serait l'objet d'un acte spécifique d'acceptation. Certes, la possibilité inhérente à la confiance est le risque d'être abusé ou trahi. Mais c'est une possibilité qui appartient à son « espace logique », par exemple, une possibilité similaire à celle de la maladie dans son rapport à la santé : « Si un être vivant peut être décrit comme étant en bonne santé, il est logiquement possible qu'il puisse tomber malade. Cela ne veut pas dire que la bonne santé crée un risque de maladie, ou qu'une meilleure santé implique un risque accru de maladie[2]. »

Pareillement, on ne peut pas dire que la confiance crée un risque de déception ou de trahison ; il est simplement logiquement possible que celui qui fait confiance soit trahi ou abusé. Il n'est donc pas plus correct de dire que la confiance

1. *Ibid.*, p. 59.
2. *Ibid.*, p. 55.

crée un risque de trahison (donc une vulnérabilité) que de dire que la bonne santé crée un risque de maladie. Le risque d'exploitation d'une dépendance, ou de non-respect des obligations qu'elle génère, est simplement une possibilité logique inhérente à une relation de confiance. C'est ce qui fait que « l'affirmation *factuelle* que la confiance accroît la vulnérabilité est simplement fausse dans la plupart des cas que nous décrivons normalement comme étant de la confiance[1] ».

Lagerspetz considère que la relation entre confiance et vulnérabilité est, finalement, à l'opposé de ce que Baier suggère :

> Nous ne devrions pas commencer en introduisant l'idée de vulnérabilité, identifiée en termes éthiquement neutres en relation avec un intérêt ou une attente intelligible de manière indépendante, pour ensuite définir la « confiance » en termes d'atteinte portée à cet intérêt. Au contraire, la confiance personnelle crée l'espace logique à l'intérieur duquel il devient possible de considérer des termes tels que « vulnérabilité » et « nuisance » sous un nouveau jour[2].

En d'autres termes, il y a bien un sens à parler de vulnérabilité, mais en dehors d'une problématique du raisonnement et de la délibération pratiques, c'est-à-dire en dehors de la recherche de raisons de donner ou de refuser sa confiance, et d'un calcul de risques. La vulnérabilité fait partie de l'« espace logique » de la confiance. C'est comme lorsque vous entretenez une relation d'amitié avec quelqu'un – cette relation vous rend en un sens vulnérable : si votre ami vient à mourir, vous serez profondément affligé.

4. Dans l'« espace logique » de la confiance, la vulnérabilité est partagée. Dans un de ses articles, Lars Hertzberg a

1. *Ibid.*, p. 47.
2. *Ibid.*, p. 60.

fait remarquer que dans la plupart des analyses philosophiques de la confiance, la perspective privilégiée est celle d'un agent qui doit décider librement s'il accorde ou non sa confiance à d'autres, et qui peut se tromper ou faire preuve de naïveté[1]. Mais la vulnérabilité n'est pas seulement celle de celui qui fait confiance, et elle n'est pas seulement quelque chose à anticiper. Comme l'avait noté Simmel, elle est partagée entre celui qui fait confiance et celui qui bénéficie de la confiance donnée. Comment est-ce possible ? Tout simplement parce qu'être bénéficiaire d'une confiance donnée génère des obligations spécifiques, notamment celle d'honorer la confiance faite en adoptant un certain mode de comportement et celle de ne pas profiter de la vulnérabilité de celui qui l'a accordée, sauf à être « positivement mauvais » (Simmel). S'acquitter de ces obligations est, pour le bénéficiaire, une tâche où l'échec, la maladresse, le manque de tact, les faux pas, la duplicité, la tentation d'abuser de la confiance faite, etc. sont possibles. On l'a dit dans la confiance, du moins lorsqu'elle est consciente de part et d'autre, il y a un engagement réciproque. C'est pourquoi la vulnérabilité est partagée. Elle l'est aussi parce que le bénéficiaire de la confiance est exposé aux attentes normatives et aux jugements des autres.

1. Cf. L. Hertzberg, « On being trusted », *in* A. Grøn et C. Welz (dir.), *Trust, Sociality, Selfhood*, Tübingen, Mohr Siebeeck, 2010.

La confiance comme sentiment ou émotion

> Quand nous philosophons, nous voudrions hypostasier des sentiments là où il n'y en a pas. Les sentiments nous servent à nous expliquer nos pensées[1].

La mention par Simmel d'une « attitude tout à fait immédiate de la sensibilité » et d'une « foi sentimentale » a incité certains sociologues, J. David Lewis et Andrea J. Weigert, par exemple, à interpréter en termes d'émotion l'« élément supplémentaire de foi socio-psychologique » contenu dans la confiance[2]. Ils attribuent ainsi une base émotionnelle à la confiance, et définissent celle-ci comme un mixte de sentiment et de pensée rationnelle. Mais on peut contester que la confiance soit de l'ordre du sentiment ou de l'émotion, même si elle a une composante affective. Comment rendre compte de celle-ci sans l'hypostasier sous la forme d'un sentiment spécifique ?

Lewis et Weigert ne sont pas les seuls à faire de la confiance un phénomène affectif ou une attitude émotionnelle. C'est une approche assez courante[3]. Par exemple, Karen Jones définit la confiance comme une « attitude optimiste » à l'égard de la compétence et de la bonne volonté de la personne à laquelle

1. L. Wittgenstein, *Recherches philosophiques*, *op. cit.*, § 598.

2. J. D. Lewis et A. J. Weigert, « The social dynamics of trust : Theoretical and empirical research, 1985-2012 », *Social Forces*, 91 (1), 2012, p. 25-31.

3. Cf. par exemple K. Jones, « Trust as an affective attitude », *Ethics*, 107, 1996, p. 4-25 ; A. Giddens, *The consequences of modernity*, Cambridge, Polity Press, 1990 ; T. Govier, « An epistemology of trust », *International Journal of Moral and Social Studies*, 8, 1993, p. 153-174 ; mais aussi N. Luhmann, *La Confiance*, *op. cit.* ; Sheets-Johnson, « Sur la nature de la confiance », art. cité.

l'on fait confiance[1]. On attend de celle-ci qu'elle soit disposée favorablement par le simple fait de penser que l'on compte sur elle. De son côté Annette Baier pense qu'à la confiance est lié un ressenti spécifique (*a special « feel »*) que l'on reconnaît surtout quand elle fait défaut[2]. Quant à Anthony Giddens, il a fait de la « sécurité ontologique », comme sentiment, la marque de la confiance. La perte de ce sentiment (et non la méfiance) est, selon lui, le contraire de la confiance : elle engendre un « état d'esprit qui pourrait être le mieux résumé par les expressions *angoisse* ou *terreur* existentielle »[3]. Toutefois, on peut penser qu'il n'y a rien de tel dans la confiance :

> Le plus souvent la confiance est, au contraire, caractérisée par l'*absence* de certains sentiments et de certaines pensées – par exemple, la suspicion et la peur. De même quand je me fie à quelqu'un ce n'est pas pour l'essentiel quelque chose à quoi je pense ; c'est plutôt le contraire. Je ne me fie pas davantage à une personne parce qu'à un moment j'ai jugé qu'elle était digne de confiance[4].

La confiance n'est pas non plus une attitude émotionnelle. Comme l'a expliqué Martin Hartmann, elle ne présente aucune des caractéristiques des émotions, qui sont des « valuations » et ont l'extension temporelle d'un épisode. Elle est simplement une attitude pratique, un mode de comportement, ou une manière générale d'agir, qui donne un accès original au monde[5].

1. K. Jones, « Trust as an affective attitude », art. cité.
2. A. Baier, *Moral Prejudices : Essays on Ethics*, Cambridge, Harvard University Press, 1994.
3. A. Giddens, *The Consequences of Modernity*, *op. cit.*, p. 100.
4. O. Lagerspetz, *Trust, Ethics and Human Reason*, *op. cit.*, p. 92.
5. M. Hartmann, *Die Praxis des Vertrauens*, Francfort, Suhrkamp, 2011, p. 151 *sq.*

On peut aussi dire que la confiance n'est pas un sentiment ou une émotion tout simplement parce qu'elle n'est pas un état psychologique, ou un état logé dans l'intériorité du *Self*. Normalement un état psychologique a un minimum de durée, et il peut prendre fin, de sorte que l'on peut demander s'il dure encore, comme lorsqu'on demande à quelqu'un s'il a encore mal. Attendre quelqu'un peut être un état psychologique, par exemple si l'attente occupe les pensées pendant un moment :

> Nous disons « Je l'attends », lorsque nous croyons qu'il va venir, mais que sa venue ne nous préoccupe pas. (« Je l'attends » signifierait ici : « Je serais étonné qu'il ne vienne pas » – et l'on ne nommera pas cela la description d'un état d'âme.) Mais nous disons aussi : « Je l'attends » pour dire : « Je l'attends avec impatience »[1].

Seul le second cas est un état psychologique : il dure et il peut être interrompu, par exemple par la visite imprévue de quelqu'un d'autre que la personne attendue.

L'expérience de la confiance se traduit rarement par la présence d'un ressenti particulier. Il en va dans la confiance comme dans l'expérience de la familiarité[2]. L'environnement dans lequel nous vivons est habituellement vécu comme familier ; et « la familiarité nourrit la non-familiarité » (Luhmann). Mais cela ne nous fait pas nécessairement éprouver un sentiment spécifique de familiarité, comme nous ressentons un sentiment d'étrangeté dans une situation non familière :

> Il existe des sentiments de grande familiarité, ils s'expriment parfois par un regard, ou par les mots : « Ma vieille

1. L. Wittgenstein, *Recherches philosophiques*, *op. cit.*, § 577.
2. Cf. O. Lagerspetz, *Trust, Ethics and Human Reason*, *op. cit.*, p. 92-93.

> chambre ! » (celle que j'ai habitée il y a bien longtemps et que je retrouve maintenant inchangée). De même, il existe des sentiments d'étrangeté : J'hésite, je regarde avec perplexité ou méfiance tel objet ou tel homme, et je dis « Tout cela m'est étranger. » – Mais l'existence d'un tel sentiment d'étrangeté ne nous permet pas de dire de tout objet que nous connaissons bien et qui ne nous semble pas étranger qu'il nous donne un sentiment de familiarité. – Nous voulons quasiment dire que la place prise à un moment donné par le sentiment d'étrangeté doit être occupée *d'une manière ou d'une autre*. La place de cette atmosphère est disponible, et si l'une ne la prend pas, alors une autre le fera[1].

Comme un sentiment de familiarité peut être invoqué pour occuper la place laissée vide par l'absence d'un sentiment d'étrangeté, un sentiment de confiance peut également l'être pour occuper la place laissée vide par l'absence de perplexité, de crainte, d'inquiétude, d'insécurité ou de malaise. Perplexité, crainte, inquiétude, insécurité, malaise, etc. : c'est le genre de chose que l'on éprouve effectivement dans certaines situations, par exemple dans celles où surgit un doute[2]. Mais on ne peut pas dire d'une situation qui ne nous fait pas éprouver des affects de cette sorte qu'elle nous donne un « sentiment de confiance ».

Enfin, habituellement, on n'attribue un sentiment ou une émotion à quelqu'un qu'en tenant compte de la situation

1. L. Wittgenstein, *Recherches philosophiques*, *op. cit.*, § 596.

2. Cf. *supra*, la remarque de Peirce sur « le sentir » lié au doute. La méfiance et la suspicion ont aussi une teneur émotionnelle que n'a pas la confiance ; ainsi la peur leur est-elle souvent associée : « C'est un lieu commun [...] que la peur et la suspicion trouvent toujours une foule d'occasions pour que s'exercent terreur et méfiance » (J. Dewey, « Préjugé racial et friction raciale », *in* J. Stavo-Debauge, *John Dewey et les questions raciales. À propos d'une controverse actuelle*, La Bibliothèque de *Pragmata*, 2023, p. 169).

dans laquelle il se trouve. Ainsi comprend-on que quelqu'un éprouve du chagrin s'il a perdu un être qui lui était cher. La confiance ne présente aucune de ces caractéristiques : elle ne présente pas le genre de durée qu'ont les états psychologiques authentiques ; elle n'est pas le genre de chose qui peut occuper durablement nos pensées, etc. Lagerspetz applique à la confiance ce que Wittgenstein disait du mot « chagrin » (bien qu'il désigne, lui, un affect), à savoir qu'il « décrit un motif qui réapparaît dans diverses variations sur le tapis de la vie »[1], un motif qui n'implique pas nécessairement un « ressenti spécifique » :

> En général la confiance ne se manifeste pas comme un état spécifique occupant l'esprit. On peut établir la présence de la confiance en observant une configuration d'ensemble (*an overall pattern*) dans la manière de penser et d'agir d'une personne – une configuration dans le tapis de la vie [...]. La confiance de quelqu'un en quelqu'un d'autre se manifeste tant dans le fait qu'il est détendu en sa compagnie, que dans ce qu'il ne fait pas, par exemple prendre certaines précautions. Cela peut aussi se manifester dans ce qu'il pense concernant le futur : peut-être dans des projets qui incluent la personne en qui il a confiance [...] ou encore dans l'absence complète de tout projet alors que l'on en attendrait un. Mais cela ne requiert pas la présence de ressentis spécifiques à l'égard d'elle ou de pensées explicites à son sujet[2].

1. L. Wittgenstein, *Recherches philosophiques*, *op. cit.*, 2e partie, p. 247.

2. O. Lagerspetz, *Trust, Ethics and Human Reason*, *op. cit.*, p. 95.

La fiction des attentes d'arrière-plan

Il n'y a pas que les sentiments que « nous voudrions hypostasier » quand nous philosophons. Il y a aussi un autre état d'esprit : l'attente. Le concept d'attente, souvent couplé à celui d'arrière-plan, est fréquemment mobilisé pour définir la confiance ou rendre compte de son soubassement. Mais est-ce à bon escient ?

Dans *Au début est la confiance*, Marc Hunyadi place à la base de la confiance une attitude qu'il nomme « fiance » et qu'il définit en termes d'attentes de comportement. De telles attentes existeraient aussi bien à l'égard des choses que des personnes et des institutions. La notion d'attente de comportement est, écrit-il, « le nœud du lien social et de la confiance en général[1] ». Ce seraient des attentes de comportement qui constitueraient notre sens de la réalité du monde.

Selon Hunyadi, les attentes de comportement sont nourries par les agents « sous un régime de conscience spécifique », celui, spontané ou préréflexif, de l'automaticité :

> Ce régime de conscience préréflexif, particulier à la fiance, présuppose [...], pour qu'il puisse s'exercer, une relation spécifique aux attentes, relation inhérente à l'automatisme de la conscience. Ce qui caractérise cette dernière en effet, c'est de considérer spontanément les comportements attendus comme faisant partie du monde lui-même, au même titre que le sol, les murs, les artefacts. L'enfant qui apprend à marcher ne doute pas de la stabilité du sol ni de la solidité de ses jouets ; sans effectuer aucun acte mental pour cela, il compte spontanément

1. M. Hunyadi, *Au début est la confiance*, Lormont, Le Bord de l'eau, 2020, p. 27.

sur la permanence de ces caractéristiques qui lui permettent d'accomplir puis de répéter ses expériences. Il se dote très tôt d'une physique spontanée qui lui permet progressivement de maîtriser la gravité et l'inertie ; or, "maîtriser" veut dire ici pouvoir compter sur les comportements attendus des objets qui l'entourent. Mais aussi, progressivement, des personnes. Les comportements attendus deviennent pour lui très vite aussi réels que les choses mêmes[1].

On trouve chez Luhmann un usage similaire du concept d'attente, notamment pour distinguer *trust* et *confidence*. Selon lui, les deux notions « font référence à des attentes qui peuvent être déçues ». Ce qui fait la différence entre elles est que, dans la seconde, on n'éprouve pas le moindre doute quant à la satisfaction de ces attentes :

> Je veux proposer une distinction entre *confidence* et *trust*. Les deux concepts font référence à des attentes qui peuvent être déçues. Le cas normal est celui de la *confidence*. Vous êtes assurés (*confident*) que vos attentes ne seront pas déçues [...]. Vous ne pouvez pas vivre sans former des attentes par rapport aux événements contingents, et vous devez, plus ou moins, ne pas tenir compte de la possibilité qu'elles soient déçues. Vous n'en tenez pas compte parce que c'est une possibilité très rare, mais aussi parce que vous ne savez pas quoi faire d'autre. L'alternative est de vivre dans un état d'incertitude permanente et de renoncer à vos attentes sans avoir rien d'autre à mettre à leur place[2].

Ces descriptions bénéficient du poids de l'évidence. Cependant, il faut leur résister, du moins en partie, bien

1. *Ibid.*, p. 43.
2. N. Luhmann, « Confiance et familiarité. Problèmes et alternatives », *in* A. Ogien et L. Quéré (dir.), *Les Moments de la confiance*, *op. cit.*, p. 12-13.

que je sois convaincu, comme Hunyadi, qu'« au début est la confiance », ou comme Luhmann, que « le cas normal est celui de la *confidence* »[1]. En effet postuler des attentes tacites de comportement (à l'égard de personnes, d'objets, de matériaux, de la nature, etc.), ou la réalité indubitable de « comportements attendus », ne va pas sans poser un problème. Certes, fait partie de nos habitudes le fait de nous appuyer sur notre familiarité avec les manières de se comporter des êtres et des choses de notre environnement, notamment dans nos interactions et transactions avec eux. Et, effectivement, on peut dire que nous tablons inconsciemment, c'est-à-dire sans acte mental spécifique, ou sans attention expresse, sur ces modes réguliers de comportement quand nous interagissons avec ces êtres et ces choses. Mais est-il correct de dire que ces modes réguliers de comportement des êtres et des choses font, à proprement parler, l'objet d'attentes ? L'invocation d'attentes qui n'entrent pas dans la conscience réflexive, mais dans « la conscience agissant spontanément », ne relève-t-elle pas de la même disposition que celle qui consiste à postuler un « sentiment de familiarité » pour occuper la place laissée vide par l'absence d'un sentiment d'étrangeté ?

On peut considérer que tant qu'elles ne sont pas vraiment déterminées, les attentes ne sont que de « vagues attentes dans les nuages » (Wittgenstein). Le plus souvent c'est l'absence d'attentes déterminées qui caractérise les situations d'action et d'interaction. Leur statut réel est d'être rétrospectives, c'est-à-dire de n'être invocables qu'en cas d'anicroche

1. Comme beaucoup d'auteurs, Hunyadi définit la confiance comme un pari : « Le pari que les autres vont se comporter conformément à ce qui est attendu d'eux. [...] Elle traduit en acte ma croyance que certaines attentes seront remplies, la réussite de mon action dépendant d'elles » (*Au début est la confiance*, *op. cit.*, p. 155).

ou d'absence de fluidité dans le déroulement de l'activité. Ce n'est pas pour cela qu'elles sont tacites. Dire que quand je m'assois à mon bureau je m'attends à ce que mon fauteuil me supporte, ou que je compte sur lui pour le faire, revient à étayer mon action sur une médiation fictive. Ce n'est que s'il s'effondrait que je pourrais éventuellement m'attribuer une telle attente implicite préalable pour m'expliquer ma surprise. Mais, sur le plan « existentiel », il n'y avait rien de tel. En outre cette attribution serait totalement dépendante de ce qui s'est passé, de son effet de surprise, de son caractère de rupture d'habitudes, et de l'enquête induite par l'événement (« pourquoi s'est-il effondré ? »).

On pourrait considérer que c'est l'intellectualisme qui conduit à postuler ce genre de chose, c'est-à-dire « le fait d'introduire dans l'objet le rapport intellectuel à l'objet, de substituer au rapport pratique à la pratique le rapport à l'objet qui est celui de l'observateur »[1]. Pour éviter ce genre de distorsion, il peut être salutaire de se demander : « quand est-il sensé de *parler de soi* comme ayant une attente particulière ?[2] ». Avant de répondre à cette question, je voudrais évoquer, une nouvelle fois, non seulement l'explication sociologique de la confiance proposée par Harold Garfinkel, en termes de remplissement d'attentes d'arrière-plan, mais aussi, finalement, l'abandon de cette explication par son auteur.

1. P. Bourdieu, *Le Sens pratique*, Paris, Minuit, 1980, p. 58.
2. O. Lagerspetz, *Trust, Ethics and Human Reason*, *op. cit.*, p. 99.

Le privilège du « *taken for granted* »

Dans ses premiers textes, Garfinkel considérait que ce sont des engagements partagés, ni conscients ni intentionnels, mais moralement attendus et moralement sanctionnés, en faveur des « *background expectancies* » constitutives de l'« attitude de la vie quotidienne », qui rendent possibles la coordination des activités sociales, la « stabilité des actions concertées », la compréhension commune et, plus largement, la stabilisation de l'environnement « normal ». La confiance (*trust*) met en jeu de tels engagements. Elle est l'attitude de base dans l'action et l'interaction sociale, rendant la coopération possible. Garfinkel la définit par le geste de se conformer spontanément aux attentes normatives constitutives de « l'attitude de l'existence ordinaire comme affaire morale »[1]. Une de ces attentes concerne le fait que les gens considéreront comme allant de soi les règles constitutives des activités sociales, et qu'ils s'y conformeront, qu'ils s'appuieront sur leur « connaissance de sens commun du monde social », ou qu'ils appliqueront les mêmes méthodes, indépendamment de leurs motivations personnelles. Ne pas satisfaire « les attentes de l'attitude de la vie quotidienne » c'est traiter comme indéterminé, incertain, voire problématique, un monde que l'on est normativement requis d'appréhender selon la connaissance de sens commun, supposée partagée, et de prendre pour allant de soi.

C'est ce qu'il a tenté de mettre en évidence à l'aide de ses fameux « *breaching experiments* ». Il demandait ainsi à ses

1. H. Garfinkel, *Recherches en ethnométhodologie*, *op. cit.*, p. 116, note 1.

étudiants d'adopter le plus possible une attitude de suspicion dans leurs interactions. Adopter une telle attitude revenait à décevoir les attentes normatives en question. En effet, suspecter c'est non seulement ne plus prendre les choses comme allant de soi ; c'est aussi soupçonner une malveillance. Quand cette forme de suspicion était mise en œuvre dans les expériences, la poursuite de l'interaction devenait vite impossible, et des affects sociaux négatifs faisaient massivement irruption. Dans l'entourage des « étudiants-cobayes », il fallait aussi trouver une explication du comportement bizarre de celui qui enfreignait ainsi la « normalité » ou la « naturalité » des usages.

Ainsi, dans leurs interactions courantes, les gens attendraient-ils normativement les uns des autres qu'ils n'adoptent pas, comme attitude première, le doute systématique, le soupçon gratuit, voire la conviction d'une tromperie ou d'une machination, mais qu'ils se règlent sur ce qui est considéré comme l'attitude « normale », « naturelle » ou « allant de soi », une attitude qui est socialement approuvée, considérée comme légitime et dotée de valeur : « Un membre de la société rencontre et appréhende l'ordre moral sous les espèces de cours d'action perçus comme normaux – de scènes familières de la vie quotidienne, le monde de la vie ordinaire connu en commun avec les autres, et pris pour allant de soi avec eux[1]. » Chacun se fierait donc aux autres pour prendre comme base d'inférence et d'action les cadres institués et présumés reconnus de la vie sociale, ou encore ce que tout un chacun est supposé savoir, ou tenir pour croyances légitimes concernant la vie en société, « vue de l'intérieur » de la société. Concernant ces croyances, Garfinkel parle de « *committed beliefs* » : elles suscitent un

1. *Ibid.*, p. 97.

engagement motivé, notamment parce qu'elles sont tenues pour moralement bonnes et dignes d'être entretenues. Elles ont pour objet les « faits naturels de la vie en société », toujours dotés d'un caractère moral (sous ses deux aspects de l'obligation et de la désirabilité, du devoir et du bien, que Durkheim avait soulignés).

Cette explication de la confiance par Garfinkel était en grande partie inspirée de la phénoménologie sociale d'Alfred Schütz, très focalisée sur la spécification des conditions et des modalités d'une connaissance de sens commun des faits de la vie sociale, sur ce qui rend possibles l'action et la compréhension communes, sur ce qui est tenu pour allant de soi, et sur la différence, établie en termes de présuppositions interprétatives, et d'« idéalisations », entre l'« attitude de la vie courante », ou les « rationalités de sens commun », et l'attitude et la rationalité scientifiques[1]. Garfinkel a d'ailleurs initialement conçu l'ethnométhodologie comme une forme de sociologie cognitive, mais avec la particularité de concevoir la cognition comme étant d'emblée imprégnée de moralité. À ses yeux, l'attitude de la vie quotidienne est finalement un mélange de cognition (des hypothèses, des présuppositions, des croyances, des attentes, des savoirs, une connaissance de sens commun des structures sociales, un « savoir institutionnalisé du monde réel », etc.) et de moralité.

On peut estimer que l'influence de Schütz a introduit un biais « épistémocentrique » dans le projet initial du fondateur de l'ethnométhodologie, en ceci qu'il n'a pas vu que le rapport premier aux choses, aux événements et aux situations, qui sous-tend les pratiques, n'est pas de nature

1. Cf. D. Cefaï, *Phénoménologie et sciences sociales : Alfred Schütz*, Genève, Droz, 1998.

cognitive, ni d'ailleurs morale : il relève d'un engagement direct et irréfléchi, qui est de l'ordre de la réaction réflexe. L'« attitude de la vie quotidienne » n'est donc pas un ensemble de présuppositions interprétatives, ou d'« idéalisations » (notamment celle de la « congruence » de ce qui importe ou est pertinent), activées dans les comportements et les activités des « membres », ni même un ensemble d'attentes d'arrière-plan dotées d'une dimension morale (c'est, selon Garfinkel, la « soumission motivée » à ces attentes qui génère « les traits de la société réelle »). Elle est plutôt un ensemble de manières spontanées et non réfléchies de faire, étayées sur des impulsions et des habitudes, dans lesquelles le doute et le soupçon, l'hésitation et l'erreur n'ont pas de place (ce que restitue bien d'ailleurs la problématique des « ethnométhodes ») ; c'est le *taken for granted* qui règne en maître ; mais en faire quelque chose d'épistémique (une sorte de savoir tacite), comme tend à le faire Schütz[1], ou de moral-épistémique, comme le considère Garfinkel, c'est sans doute encore projeter dans la pratique le « rapport scolastique au monde » et céder à l'« épistémocentrisme scolastique » de l'intellectualisme[2].

D'ailleurs Garfinkel a convenu après-coup que les prétendues attentes d'arrière-plan rendues visibles par ses expérimentations n'étaient en définitive que des artefacts générés par les procédés d'intervention mis en œuvre[3]. Certes

1. Schütz tend à surcharger les opérations cognitives des acteurs. Ceux-ci sont présentés comme multipliant les suppositions, les idéalisations, les représentations, les typifications et les interprétations. Il en arrive en fin de compte à une description très intellectualiste de l'action et de la communication.

2. Cf. P. Bourdieu, *Méditations pascaliennes*, *op. cit.* ; sur l'usage souvent abusif du concept « tacite », voir S. Turner, *Understanding the Tacit*, Londres, Routledge, 2014.

3. Cf. R. Watson, « Constitutive practices and Garfinkel's notion of trust », art. cité. Les réserves de Garfinkel à l'égard de ses premières

on peut dire qu'en général nous attendons de nos amis qu'ils n'enregistrent pas nos conversations en cachette, ou qu'ils interpréteront correctement les propos que nous leur tiendrons[1]. Mais, d'un autre côté, il serait curieux de dire que nous avons ce genre d'attente chaque fois que nous entrons en conversation avec eux. C'est plutôt l'absence d'attentes déterminées qui caractérise une conversation normale. Si « les expérimentations de Garfinkel peuvent être décrites correctement comme des ruptures d'une confiance implicite », on peut cependant « se demander en quel sens une telle confiance était "présente" à l'esprit des sujets impliqués avant que les expérimentations ne soient réalisées[2] ». La question vaut aussi pour les attentes.

Sur la grammaire du concept d'attente

Quels sont finalement les problèmes posés par une explication de la confiance à l'aide d'une problématique d'attentes ? Parler d'« automatisme de la conscience », ou

recherches sur la confiance sont aussi dues à un tournant dans son inspiration phénoménologique : il a progressivement délaissé Schütz au profit de Heidegger et Merleau-Ponty, vraisemblablement sous l'influence d'Hubert Dreyfus (avec son idée de « *skilfull coping* » – cf. *infra*).

1. « Si chaque fois que nous allons au restaurant, notre amie se munissait d'une panoplie de chimiste pour s'assurer que la nourriture servie est bonne à consommer, ou si elle regardait chaque fois sous la table pour vérifier qu'il n'y a pas un appareil d'écoute de caché, nous ne la considérerions pas seulement, sauf si elle pouvait alléguer des raisons spécifiques, comme inhabituellement suspicieuse. Nous nous inquiéterions vite de sa santé mentale » (O. Lagerspetz et L. Herzberg, « Trust in Wittgenstein », art. cité).

2. O. Lagerspetz, *Trust, Ethics and Human Reason*, *op. cit.*, p. 99.

de « conscience agissant spontanément », comme le fait Hunyadi, ne suffit pas à faire de la notion d'attente de comportement le nœud de la confiance. Car ce qui caractérise les attentes invoquées est qu'elles ne sont précisément pas dans la conscience, ni même dans son automatisme, et qu'elles ne sont pas déterminées ; elles ne sont donc pas à proprement parler des attentes. En effet, une attente implique l'existence d'une quête et a normalement une orientation et un contenu ; elle peut aussi être satisfaite ou déçue :

> L'attente a un rapport avec la quête. La quête présuppose que je sais après quoi je cherche, sans que doive réellement exister ce que je cherche[1].
> Chercher quelque chose est assurément une expression de l'attente. Ce qui signifie : la *façon* dont on cherche exprime d'une manière ou d'une autre ce que l'on attend[2].

Bref, sans quête, qui porte sur quelque chose de déterminé, et peut revêtir différentes modalités, il n'y a pas d'attente. Bien qu'elle puisse prendre des formes très différentes – comme en témoignent des expressions telles que : « j'attends le passage du facteur » ; « je l'attends avec impatience » ; « je m'attends à ce qu'il pleuve cet après-midi » ; « je m'attends à ce que la voiture qui arrive au rond-point me cède la priorité » ; en période de sécheresse, les agriculteurs « attendent désespérément la pluie » –, une attente porte sur un événement déterminé qui la remplira, et qui se substituera à elle. Elle est, par-là, rattachée à la réalité. En effet, quand on attend quelque chose on anticipe un fait ou un événement à venir, et on se focalise sur son occurrence

1. L. Wittgenstein, *Remarques philosophiques*, Paris, Gallimard, 1975, III § 28.
2. *Ibid.*, § 33.

et son développement possible. Une des caractéristiques des expressions verbales de l'attente est qu'elles contiennent une description de ce qui peut la remplir ou la satisfaire :

> Je ne peux pas embrasser à la fois ce qui arrive et l'attente qui l'a précédé. L'événement qui se substitue à l'attente est la réponse à celle-ci. Mais pour cela il est nécessaire qu'*un* événement ait à se substituer à elle – et ceci veut dire que l'attente doit être dans le même espace que ce qui est attendu. Ce dont je parle ici comme d'une attente, c'est de quelque chose qui, en tout cas, doit nécessairement être satisfait ou déçu – ce n'est donc pas d'une vague attente dans les nuages[1].

> L'attente prépare pour ainsi dire une mesure-étalon à l'aide de laquelle est mesuré l'événement qui survient, et cela de telle sorte que celui-ci peut toujours lui être rapporté, absolument, qu'il coïncide ou non avec la graduation attendue[2].

> Notre attente anticipe l'événement. En ce sens elle fait un modèle de l'événement. Mais nous ne pouvons faire un modèle d'un fait que dans *le* monde dans lequel nous vivons. Autrement dit, il faut que le modèle ait dans sa nature la relation avec le monde dans lequel nous vivons – et il est indifférent de savoir s'il est vrai ou faux[3].

Cette anticipation de l'événement, sur la base du type de relation que nous avons au « monde dans lequel nous vivons » dans la « forme de vie » qui est la nôtre, ne prend pas nécessairement la modalité d'une pensée précise ou d'une visée, bien que ce soit « en signes que nous attendons ». Elle peut simplement s'incarner dans un mode de

1. *Ibid.*, § 28.
2. *Ibid.*, § 33.
3. *Ibid.*, § 34.

comportement ou dans un acte d'attention, l'un et l'autre imprégnés d'affects.

En effet, une attente se manifeste souvent dans un comportement expressif, qui a un certain profil, avec différentes nuances, par exemple dans la « tension extrême » provoquée par ce qui peut arriver dans une situation, ou par ce qui y arrivera vraisemblablement, une tension qui a une dimension de préparation (« je me prépare à l'occurrence d'un événement ») :

> Je regarde la mèche se consumer, je surveille avec une tension extrême la progression de la flamme et la façon dont elle se rapproche de l'explosif. Peut-être n'ai-je absolument aucune pensée, ou bien un ensemble de pensées décousues. C'est certainement une forme d'attente[1].

Nous attribuons même ce genre d'expression comportementale à un animal. Nous savons par exemple reconnaître quand un chien attend d'aller se promener, ou quand un chat attend qu'on le nourrisse. Ce qui rend un comportement expressif c'est, notamment, qu'il incarne une intention : « Quelle est l'expression naturelle d'une intention ? Observez un chat lorsqu'il se glisse près d'un oiseau ; ou un animal lorsqu'il veut fuir[2]. »

Selon Wittgenstein, le concept d'attente réfère, comme ceux d'opinion, de savoir ou d'espoir, à un « état » dans lequel quelqu'un se trouve, mais pas nécessairement à une pensée (bien qu'il nous arrive d'utiliser le verbe « attendre » sans faire référence à quelque état que ce soit) :

> Du point de vue grammatical, l'attente est un état, de même qu'avoir une opinion, espérer quelque chose, savoir quelque

1. L. Wittgenstein, *Recherches philosophiques*, *op. cit.*, § 576.
2. *Ibid.*, § 647.

> chose, pouvoir quelque chose. Mais pour comprendre la grammaire de ces états, il faut se demander : « Quel critère permet d'établir que quelqu'un se trouve dans cet état ? » [...].
> Avoir une opinion est un état. – Un état de quoi ? D'âme ? D'esprit ? Mais à quoi attribue-t-on une opinion ? À M. Un Tel, par exemple. Et c'est là la bonne réponse.[1].

Il s'agit, de plus, d'un état incorporé dans une situation comportant certaines possibilités : « L'attente est inscrite dans la situation dont elle naît. L'attente d'une explosion par exemple peut naître d'une situation dans laquelle il est possible de *s'attendre* à une explosion »[2]. Mais cette inscription n'est pas psychologique bien que nous sachions qu'il s'agit d'une attente et pas, par exemple, d'un souvenir.

On notera le lien entre attente et possibilités d'une situation. Ces possibilités sont de divers ordres, et diffèrent selon que l'on est ou non engagé dans une action. On l'a vu, le fait, par exemple, d'envisager certaines possibilités comme des risques est souvent une expression du doute, du soupçon ou de la méfiance, qui se traduisent par un comportement d'attention et de vigilance – et même par une « sensation immédiate » familière (Peirce). Mais il est habituellement lié à l'adoption d'un point de vue externe ou désengagé, à savoir celui d'un observateur, ou à celui de la troisième personne.

1. *Ibid.*, § 572-573-574.
2. *Ibid.*, § 581.

L'attente comme médiation superflue

Le monde dans lequel nous vivons comporte des régularités de comportement et nous tablons, sans y penser, sur la stabilité d'un grand nombre de phénomènes : « C'est en des systèmes d'attentes que se matérialisent la préconnaissance des faits généraux de la nature et les *Weltbilder*[1]. » On ne peut néanmoins pas en conclure qu'une telle « préconnaissance » se concrétise dans des attentes, indépendamment des anticipations de faits ou d'événements que peut générer une situation comportant certaines possibilités, anticipations qui ne sont pas nécessairement des pensées, mais relèvent d'une familiarité avec le comportement, voire le dynamisme, des choses elles-mêmes. Cette familiarité, en partie acquise par l'expérience, est une composante des habitudes en tant qu'arts de faire : « Lorsque je me suis assis sur cette chaise, naturellement je croyais qu'elle supporterait mon poids. Je ne pensais pas qu'elle pourrait s'effondrer »[2]. On peut parler à ce sujet d'un « sentiment de confiance » qui s'exprime dans un comportement spontané dont la caractéristique est d'être complètement dépourvu de crainte, d'inquiétude ou de tension. Cependant on ne peut pas dire de tout ce à quoi nous nous fions spontanément qu'il nous donne un « sentiment de confiance » (cf. *supra* l'analyse du « sentiment de familiarité »).

D'une certaine manière, l'invocation d'attentes tacites de comportement relève encore souvent d'une conception

1. F. Gil, « Attente et remplissement chez Wittgenstein », *in* J. Sebestik et A. Soulez (dir.), *Wittgenstein et la philosophie aujourd'hui*, Paris, Méridiens Klincksieck, 1992, p. 311.

2. L. Wittgenstein, *Recherches philosophiques*, *op. cit.*, § 575.

« médiationnelle » du rapport au monde. Selon cette conception, nos transactions avec les choses de l'environnement font intervenir des états internes de nature mentale (« états d'esprit », « états de conscience », etc.), notamment des idées ou des représentations, qui servent de médiations. L'invocation d'attentes d'arrière-plan relève du même genre d'explication. Hubert Dreyfus et Charles Taylor ont vigoureusement critiqué cette conception, qu'ils qualifient d'« erreur dans notre culture » (favorisée par l'intellectualisme), et lui ont opposé un modèle du « contact direct » :

> Nous sommes en contact direct avec les choses auxquelles nous avons affaire. Dans de tels cas, l'expérience que nous avons de leur prise en charge (*coping*) est celle d'un flux régulier d'activité habile, répondant au sens que nous avons de la situation. Fait partie de cette expérience un sens du déroulement sans anicroche de notre traitement de la situation.[1].

Ce contact direct, de nature pragmatique, qui confère leurs qualités et leurs valeurs aux choses, précède toute saisie neutre ou désengagée de celles-ci. Il n'est pas dans l'agent seul, mais dans l'interaction ; il est une « co-production » de l'organisme et de l'environnement : « Au niveau le plus primitif de notre saisie des choses, il y a un contact qui enjambe l'intervalle entre le "sujet" et l' "objet"[2]. » Les opérations de constitution des choses ne sont donc pas dans le seul sujet.

C'est aussi ce qu'a soutenu la psychologie écologique, inspirée de la *Gestaltpsychologie*, qui met l'accent non pas seulement sur l'agent et ses opérations, mais aussi sur celles

1. H. Dreyfus et C. Taylor, *Retrieving Realism*, Cambridge, Harvard University Press, 2015, p. 47. Pour une critique du « représentationnisme », cf. aussi V. Descombes, *La Denrée mentale*, Paris, Minuit, 1995.
2. *Ibid.*, p. 94.

des choses et des situations, notamment sur leurs sollicitations immédiates à agir et sur les opportunités et les aides qu'elles offrent pour le comportement. C'est ce que James Gibson a appelé des *affordances*.

Les *affordances* sont les invitations d'action, les aides et les supports qu'offrent l'environnement et les situations à un organisme en mouvement. Elles sont perçues directement par celui-ci, et cela en termes de valeurs. Les valeurs que nous percevons procèdent à la fois de notre affectivité et de notre motricité.

Les *affordances* dépendent des capacités et des habiletés, du pouvoir-faire et du savoir-faire de l'organisme, de ses habitudes et de ses préoccupations ou intérêts du moment, ainsi que de l'expérience acquise. Elles dépendent aussi de l'arrangement matériel de l'environnement immédiat, ainsi que des régularités dans le mode de comportement des choses, quand on interagit avec elles. Comme le dit Gibson, une *affordance* est « pareillement un fait de l'environnement et un fait du comportement[1] ». On peut la qualifier de « distribuée ». On peut cependant penser que la problématique des « *affordances* » ne fait que la moitié du chemin qu'il faudrait accomplir, l'autre moitié consistant à prendre en compte le dynamisme opératoire des choses (qui excède leurs offres et leurs sollicitations) dans la co-production du rapport au monde.

Cependant, c'est surtout dans la tradition pragmatiste que la conception « médiationnelle » du rapport au monde, et le « représentationnisme » qui la fonde, ont été d'emblée rejetés. Notre relation au monde est une relation directe, qualitative et pratique. Ce monde n'est pas constitué d'objets

1. J. J. Gibson, *The Ecological Approach to Visual Perception*, *op. cit.*, p. 129.

et de situations d'emblée bien déterminés, mais de qualités de nature sensible, que l'on ne peut pas mettre en mots, à partir desquelles nous identifions des objets et des situations, leur donnons leur sens et en produisons une connaissance. La représentation et le discours, l'enquête et la connaissance sont toujours seconds ; ils ne sont possibles que parce qu'ils sont précédés par la saisie des déterminations qualitatives des choses et des événements par la « sentience », qui est « anoétique ».

Ce rejet du « représentationnisme » va de pair avec une réhabilitation de l'impulsion et de l'habitude, et surtout avec une prise en compte du dynamisme opératoire des choses. C'est à partir de nos impulsions et de nos habitudes, et à travers elles, que nous nous rapportons directement aux choses, les appréhendons et les comprenons immédiatement, c'est-à-dire sans nous les représenter et sans nourrir à proprement parler d'attentes à leur égard. Les impulsions sont « l'étape initiale de toute expérience complète », et cela parce qu'elles sont le mouvement de l'organisme dans son entier (Dewey). Quant aux habitudes, Dewey considère, à la suite de James, que ce sont elles qui « constituent le soi », et qui lui donnent un monde. On peut ajouter que ce sont aussi les habitudes qui sont à la base du mode de comportement qu'est la *reliance*, ou la *confidence*, ainsi que des sensations immédiates qui la caractérisent. Pour ce qui est de la prise en compte du dynamisme opératoire des choses, c'est une problématique de la « transaction » qui permet de l'effectuer[1].

1. Cf. L. Quéré, « *Au commencement était l'acte* », *op. cit.*, chap. 2.

L'argument de la surprise

Le fait que le développement d'une situation, où « survient ce à quoi on ne s'attendait pas », nous fasse éprouver de la surprise, n'est-il pas la preuve de l'existence d'attentes implicites ? C'est l'argument que Hunyadi avance à l'appui de sa thèse sur le rôle des attentes tacites d'arrière-plan :

> L'effet de surprise [...] rompt la continuité de ce qui normalement est supposé, précisément, assurer sans problème la continuité de l'expérience. L'effet de surprise d'un tel événement révèle en toute clarté que l'action routinière, toute automatique qu'elle soit, a elle aussi une structure d'attente, puisque la surprise est précisément ce qui déjoue une attente tacite : il ne pourrait pas y avoir de surprise si je ne m'attendais, fût-ce sans conscience, à ce que les choses se déroulent d'une certaine manière[1].

On peut toutefois rendre compte de la surprise sans pour autant l'adosser à une déception d'attentes implicites[2]. Pour cela, on a le choix entre un point de vue phénoménologique et un point de vue pragmatiste. Si l'on adopte la première perspective, on prendra en considération le phénomène de l'orientation de la perception et de l'action, ou celui de la polarisation, à la fois celle de l'agent par des tâches et celle du monde par des projets[3]. Le sujet qui perçoit et agit est orienté par un « dynamisme vital »

1. M. Hunyadi, *Au début est la confiance*, *op. cit.*, p. 40.
2. Implicite veut dire « sans se traduire par un état d'esprit particulier ».
3. Sur la polarisation de l'agent et du monde, cf. M. Merleau-Ponty, *Phénoménologie de la perception*, Paris, Gallimard, 1945 ; ou encore *La Structure du comportement*, Paris, Puf, 1942.

(Simondon). L'orientation suppose l'organisation d'un tout selon une structure « *from... to* » (Polanyi). C'est cette orientation, en général non consciente, qui rend sensible à l'évolution de la situation, fait réagir aux changements qui s'y produisent et qui suscitent des tensions, voire des contrariétés, avec une dynamique que l'on peut caractériser d'interne[1]. La surprise est en effet souvent provoquée par un contraste entre une orientation en acte et le développement imprévu d'une situation[2]. Certes on peut dire que cette orientation est faite d'attentes, de préoccupations, de désirs, de motivations, d'espoirs, d'anticipations (notamment de conséquences), etc. Mais c'est le genre de choses qui n'apparaît qu'à l'analyse, d'un point de vue rétrospectif ou d'un point de vue d'observateur, ou alors lorsque surgit un obstacle dans l'accomplissement des activités. Sur le plan « existentiel » de l'expérience immédiate, on n'a affaire qu'à des variations qualitatives.

Maintenant, si l'on adopte plutôt le point de vue pragmatiste, on rapportera la surprise simplement à l'entrave d'une habitude. Ainsi, selon Peirce, la surprise est liée (comme le doute) à la rupture du « déroulement paisible » ou du « fonctionnement tranquille » d'une habitude, c'est-à-dire d'une disposition à agir d'une certaine manière dans des circonstances déterminées[3]. En un sens, les attentes ont le mode propre d'existence (notamment organique) et d'opération

1. Cf. P. Livet, « Émotions, volitions et dynamiques motivationnelles », *in* N. Depraz et M. Gyemant (dir.), *Phénoménologie des émotions*, Paris, Hermann, 2022, p. 81-87.

2. Cf. P. Livet, *Émotions et rationalité morale*, Paris, Puf, 2002. Livet parle de « filtrage » de la dynamique externe par la dynamique interne. En fait, il faudrait plutôt concevoir ce filtrage comme réciproque.

3. J. Dewey a généralisé cette idée dans sa théorie des émotions : c'est l'entrave apportée à une habitude par ce qui arrive qui génère une émotion (cf. L. Quéré, *La Fabrique des émotions*, Paris, Puf, 2021).

(automatique) des habitudes. Ce n'est qu'en cas d'occurrence d'un obstacle à leur « fonctionnement paisible » qu'une attente non remplie peut se présenter pour expliquer l'événement : « Chaque habitude crée une attente inconsciente, façonne une certaine perspective. [...] Quand une habitude, une routine, est entravée, elle engendre un malaise, suscite une protestation en faveur d'une restauration, un sentiment de besoin d'acte expiatoire »[1].

Les habitudes dispensent souvent de former des états d'esprit tels que les attentes ou les anticipations. Comme l'a expliqué Dewey après James, dans l'action comme dans la pensée, ce sont les habitudes concrètes qui « font tout le travail qui a lieu, de perception, de reconnaissance, d'imagination, de remémoration, de jugement, de conception et de raisonnement »[2]. Elles président aussi à l'orientation et à la polarisation des activités. Ces habitudes sont des *positive agencies*, des arts de faire ou des manières organisées d'agir et de penser qui intègrent constitutivement un ajustement non réfléchi aux régularités de comportement des personnes et au mode de fonctionnement des choses de l'environnement, ou encore aux possibilités d'une situation, car elles sont « des façons d'utiliser et d'incorporer l'environnement dans lesquelles celui-ci a son mot à dire aussi certainement que [l'organisme] »[3].

Est-ce à dire qu'il faut renoncer à expliquer les conduites en termes d'entretien, de satisfaction ou de déception, d'attentes d'arrière-plan ? Vraisemblablement oui. En effet,

1. J. Dewey, *Human Nature and Conduct*, *op. cit.*, p. 54.
2. *Ibid.*, p. 124.
3. *Ibid.*, p. 15. Sur la théorie de l'habitude de Dewey, voir L. Quéré, « Bourdieu et le pragmatisme américain sur la créativité de l'habitude », *in « Au commencement était l'acte »*, *op. cit.*, p. 125-154 ; R. Dreon, *Human Landscapes, op. cit.*

on ne peut pas dire que nous avons toujours des attentes déterminées lorsque nous entrons en interaction avec les autres ou avec les choses de l'environnement. Lorsque j'entre en interaction avec quelqu'un, souvent je n'ai pas d'attentes bien spécifiées, et je n'anticipe pas grand-chose. Même lorsque je me rends chez mon médecin, mes attentes sont relativement peu déterminées (je peux m'attendre à ce qu'il me prescrive un traitement, que, dans certains cas je peux vaguement anticiper). Pour prendre le cas des objets, lorsque je prends ma voiture je n'ai pas d'attente particulière ; je n'anticipe même pas vraiment qu'elle va démarrer. Je n'ai pas d'état d'esprit de cette sorte. Quand je m'installe à mon bureau je n'entretiens pas d'attente particulière à l'égard du fauteuil dans lequel je vais m'asseoir. Quand j'ouvre le robinet du lavabo, je ne m'attends pas à ce que l'eau coule, bien que je puisse m'exprimer ainsi. Il faut vraiment des situations spéciales pour que le genre d'attention et d'anticipation qu'est l'attente prenne place, même si je sais, par expérience, qu'il y a un certain nombre de choses auxquelles je peux, dans une posture désengagée, m'attendre concernant ma voiture, mon fauteuil ou le robinet d'un lavabo, parce que ce sont des possibilités réelles (que la voiture ne démarre pas, qu'un pneu soit crevé, que la climatisation ne marche pas, etc., ou que le fauteuil s'effondre sous mon poids, qu'il y ait une coupure d'eau). Parler d'attente tacite revient donc souvent à introduire une médiation superflue. Elle est superflue parce que nous avons un contact direct avec l'environnement, parce que nous répondons aux *affordances* qu'il offre et parce que, à travers nos attitudes et nos habitudes, nous disposons de manières d'interagir avec les choses, qui sont immédiates et ajustées à leur dynamisme opératoire. Outre qu'elle est superflue, l'invocation d'attentes relève de ce que

Gilbert Simondon appelle l'« objectivisme phénoméniste », qui consiste à mettre dans le sujet toutes les opérations de constitution des objets et à négliger leur dynamisme opératoire[1].

Si nous revenons, encore une fois, aux *breaching experiments* de Garfinkel, on peut dire qu'il faut qu'apparaisse un comportement qui tranche avec les modes de comportement habituels, qui vont de soi – tel celui d'un de ses étudiants qui avait pour mission de se comporter dans sa famille, lors des activités routinières de la vie quotidienne qui y ont lieu, comme s'il était un étranger (par exemple demander à sa mère, de façon très formelle, la permission d'aller se servir dans le frigidaire) – pour qu'un arrière-plan vague de comportements « normaux » attendus fonctionne comme fond sur lequel se détache une figure, parce qu'elle fait contraste et qu'il faut ce fond pour lui donner un sens. Il faut ce détachement d'une figure sur un fond, provoqué par un événement qui sort de l'habituel et défie l'interprétation routinière, pour que quelque chose comme des attentes d'arrière-plan tacites ressorte de ce tout vague qui est tenu pour allant de soi. Quel en est le processus ? Garfinkel l'explique par l'usage d'une méthode d'interprétation des actions et des événements, dans laquelle il y a une élaboration réciproque du fond et de la figure pour traiter la situation[2]. Mais une telle explication n'attribue l'interprétation qu'aux individus. Or il existe, du moins si l'on adopte la sémiotique de Peirce, des interprétants autres que les sujets. Les habitudes en font partie. Elles sont même les « interprétants ultimes », parce qu'elles sont vivantes. Bref,

1. Cf. P. Steiner, *La Fabrique des pensées*, Paris, Cerf, 2022, p. 219.

2. Garfinkel appelle cette méthode « méthode documentaire d'interprétation », dont il emprunte la définition à Karl Mannheim (cf. *Recherches en ethnométhodologie*, *op. cit.*, p. 152).

ce sont, *in fine*, les habitudes elles-mêmes qui interprètent, sous une forme « vivante », et sans la médiation d'attentes dans la conscience (qu'elle soit réflexive ou automatique), ce qui se présente[1].

1. Sur l'habitude comme « interprétant ultime », et sur son caractère « vivant », dans la sémiotique de Peirce, cf. C. Chauviré, *Peirce et la signification. Introduction à la logique du vague*, Paris, Puf, 1995 ; L. Quéré, *« Au commencement était l'acte »*, *op. cit.*, chap. 4.

CHAPITRE 6

La confiance comme « forme de la certitude »[1]

Niklas Luhmann définit la confiance comme une « forme de la certitude », qu'il conçoit comme « une assurance intérieure garantie »[2]. Cette manière de faire face à l'incomplétude inévitable de l'information et à l'incertitude irréductible du futur par une indifférence plus ou moins volontaire aux possibilités négatives du développement du cours des choses, qu'il s'agisse des comportements d'autrui, de l'intervention de forces naturelles étrangères ou de l'occurrence de circonstances imprévisibles, est intermédiaire entre la certitude procurée par le savoir, qui nourrit une conviction intellectuelle sans faille et inébranlable, et la forme de certitude inhérente à « l'évidence sans questionnement » du monde vécu (*Lebenswelt*). Luhmann, lecteur, comme Schütz et Garfinkel, de phénoménologie husserlienne, explicite cette dernière forme de certitude en termes de familiarité :

> La familiarité permet [...] de formuler des attentes relativement sûres et, en cela, d'absorber les risques résiduels ;

1. Je reprends dans ce chapitre des éléments de mon article « Trois formes de l'engagement », *in* A. Bidet et C. Gayet-Viaud, *L'Engagement comme expérience*, Paris, Éditions de l'EHESS, « Raisons pratiques », 31, 2023, p. 67-104.
2. N. Luhmann, *La Confiance*, *op. cit.*, p. 111.

en elle-même, toutefois, elle ne constitue ni une attente favorable ni une attente défavorable, mais la condition des deux possibilités. La familiarité est la condition de la confiance comme de la méfiance, c'est-à-dire de tout engagement en une certaine attitude par rapport à l'avenir[1].

Confiance comme méfiance sont en effet produites dans un monde familier, un monde que nous ne quittons jamais. La familiarité permet notamment d'intégrer le non-familier, de faire sens d'événements étrangers ou contingents :

> Nous pouvons vivre dans un monde familier parce que nous pouvons, en utilisant des symboles, réintroduire le non-familier dans le familier. Il reste notre monde vécu. Nous ne franchissons jamais la frontière. Il demeure un horizon qui se déplace avec nous. Mais nous connaissons le non-familier de façon familière. La familiarité nourrit la non-familiarité[2].

Comme Schütz, Luhmann définit « l'évidence sans questionnement » du monde vécu comme un « style de connaissance » (*Bekanntheitstil*) particulier[3]. Et il fait de l'« assurance intérieure garantie » une forme spécifique de certitude interne, qui n'est pas, somme toute, très différente des formes de foi évoquées par Simmel (cf. *supra*).

Mais est-il correct, d'une part, de concevoir la forme de certitude qui caractérise la familiarité comme un « style de connaissance », d'autre part, de considérer l'engagement inhérent à la confiance comme une affaire de résolution d'incertitudes objectives par un « élan vers l'indifférence »,

1. N. Luhmann, *La Confiance*, *op. cit.*, p. 21.

2. N. Luhmann, « Confiance et familiarité. Problèmes et alternatives », art. cité, p. 11. Sur les procédés par lesquels le non familier est introduit dans le familier, cf. Garfinkel, *Recherches ethnométhodologiques*, *op. cit.*

3. *Ibid.*, p. 20.

de nature subjective ? N'est-ce pas céder encore une fois à l'« épistémocentrisme scolastique », ou à la propension à hypostasier des sentiments ? Si on attribue un caractère épistémique à la familiarité n'est-ce pas parce qu'on est ensorcelé par le mot « savoir »[1] ? Et si on considère l'assurance inhérente à la confiance comme procédant d'une « subjectivisation » (Luhmann) n'est-ce pas parce qu'on a mal analysé la nature de l'attitude pratique qui préside à notre traitement immédiat des situations[2] ?

Comme on va le voir, Wittgenstein considère que « "savoir" et "certitude" appartiennent à deux *catégories* différentes[3] ». À vrai dire, cela ne vaut que pour un type particulier de certitude, la « certitude objective ». Pourquoi cette forme de la certitude n'est-elle pas de nature épistémique ? Quel rapport a-t-elle avec la confiance ? Et n'y a-t-il qu'une forme de la « certitude objective » ? Ce sont les trois questions que je voudrais explorer dans ce chapitre.

« Certitude subjective » et « certitude objective »

En première approche, peut être dite subjective la forme de certitude correspondant à une croyance ou à une conviction intellectuelle[4]. Elle se caractérise par une absence de

1. « On est souvent ensorcelé par un mot. Par exemple le mot "savoir" » (Wittgenstein, *De la certitude*, *op. cit.*, § 435).

2. Selon Luhmann, cette « subjectivisation » ne fait cependant pas de la confiance une réalité subjective. Elle n'est, dit-il, ni subjective ni objective.

3. L. Wittgenstein, *De la certitude*, *op. cit.*, § 308.

4. Je dis « en première approche » car on verra que cette forme de la certitude est aussi, en un sens, objective.

doute et de questionnement, et donc d'incitation à l'investigation, qui permet d'agir avec assurance. En revanche, la certitude objective correspond au cas où une erreur, un doute, une révision ou une investigation n'est pas possible. C'est pour cela qu'elle ne relève pas du savoir. Elle est sans fondement, mais elle fonde toutes nos manières d'agir et de penser (ce n'est donc pas la certitude subjective qui est à la base de nos pensées et de nos actions) :

> Par le mot « certain » nous exprimons la conviction totale, l'absence du moindre doute, et nous cherchons par là à convaincre autrui. C'est là la *certitude* subjective.
> Mais quand y a-t-il de l'objectivement certain ? – Quand une erreur n'est pas possible. Mais quel genre de possibilité est-ce là ? Ne faut-il pas que l'erreur soit logiquement exclue[1] ?

Si la certitude objective est imperméable au doute, au questionnement, à l'enquête et à l'erreur, ce n'est pas parce qu'elle est définitivement justifiée ou vérifiée, mais parce qu'elle est une condition non épistémique de l'action, de la pensée et du jugement[2]. Elle est logique ou grammaticale, ce qui veut dire qu'elle est nécessaire pour que nous puissions agir, juger, raisonner, enquêter, vérifier, et donner

1. L. Wittgenstein, *De la certitude*, *op. cit.*, § 194. La foi religieuse est un cas de certitude subjective : « Si je dois *réellement* être sauvé, alors c'est la certitude qu'il me faut, non la sagesse, les rêves, la spéculation – et cette certitude est la Foi. La Foi est foi en ce que demande mon *cœur*, mon *âme*, non mon entendement spéculatif » (*Remarques mêlées*, *op. cit.*, p. 93).

2. Claudine Tiercelin pense que cette opposition de la certitude au doute est vraisemblablement trop tranchée : « Nous dramatisons peut-être un peu vite. Après tout, de même qu'il semble possible *a priori* d'admettre des formes et des degrés variés de savoir, il y a peut-être aussi des formes et des degrés variés de doute, et, pour commencer, la frontière entre doute et savoir n'est peut-être pas toujours aussi tranchée » (C. Tiercelin, *Le Doute en question*, *op. cit.*, p. 13).

sens aux événements, aux situations et aux actions, comme nous le faisons :

> Imagine-toi guidant la main d'un aveugle et que, le guidant, le long de la tienne, tu dises « C'est ma main » ; s'il te demandait « En es-tu sûr ? », ou « Le sais-tu ? », cela n'aurait de sens que dans des circonstances très particulières.
> Mais d'un autre côté : D'où vient que je *sais* que c'est ma main ? [...] Quand je dis « D'où vient que je le sais ? », je n'entends pas par là que j'en doute le moins du monde. *Ce qu'il y a là, c'est ce qui fonde toute mon action.* Mais, à ce qu'il me semble, cette fondation est fautivement exprimée par le mot « je sais »[1].

La certitude objective se manifeste dans une manière d'agir plutôt que dans des croyances justifiées ou dans des assertions garanties – une manière d'agir sans hésitation et sans examen[2] :

> Pourquoi ne m'assuré-je pas que j'ai encore deux pieds lorsque je veux me lever de mon siège ? Il n'y a pas de pourquoi. Simplement, je ne le fais pas. C'est ainsi que j'agis[3].

La certitude objective n'appartient donc pas à la même catégorie que le savoir. On peut la qualifier de « certitude-gond ». Elle correspond à des choses solidement fixées pour nous, et « soustraites à la circulation » lors de nos investigations :

> J'aimerais dire : Moore ne *sait* pas ce qu'il affirme savoir [du genre : « j'ai deux mains » ; « le monde existe depuis plus de

1. L. Wittgenstein, *De la certitude*, *op. cit.*, § 413-414. Je souligne.
2. Cette manifestation n'est cependant pas une expression ; agir sans hésitation et sans examen n'est pas un comportement expressif comme peut l'être un comportement de joie ou de douleur.
3. *Ibid.*, § 148.

> cinq minutes » ; « il y a un arbre devant moi », etc.], mais c'est là pour lui quelque chose de solidement fixé, comme pour moi ; le considérer comme solidement fixé est inhérent à la méthode selon laquelle nous doutons et nous nous livrons à des investigations[1].
> Imagine le jeu de langage : « Quand je t'appelle, entre par la porte. » Dans tous les cas de la vie courante, douter s'il y a vraiment là une porte est impossible[2].

Ce qui est fixé l'est non pas parce qu'il est vérifié ou justifié, mais parce qu'il est « solidement maintenu par tout ce qu'il y a alentour » :

> L'enfant se forme peu à peu un système de ce qu'il croit – un système où nombre d'éléments se fixent comme inébranlables, mais où nombre d'éléments également sont plus ou moins mobiles. Ce qui est fixé l'est non pas pour sa qualité intrinsèque de clarté ou d'évidence, mais parce que solidement maintenu par tout ce qu'il y a alentour[3].

Les certitudes objectives ne sont pas tirées de l'expérience par un raisonnement inductif[4]. Elles ne proviennent pas non plus de jugements ou de l'observation de la régularité des choses. Elles sont établies par l'acquisition d'un savoir-faire : « L'enfant n'apprend pas qu'il y a des livres, qu'il y a des sièges, etc., mais il apprend à aller chercher des livres, à s'asseoir sur un siège, etc.[5]. » Bref, il apprend à faire.

1. L. Wittgenstein, *De la certitude*, *op. cit.*, § 151.
2. *Ibid.*, § 391.
3. *Ibid.*, § 144.
4. Ce n'est pas l'expérience, avec ses échecs et ses réussites, qui fournit son fondement à la certitude objective. Néanmoins elle y contribue « en tant que confirmation inarticulée, omniprésente, sans raisonnement, *vécue*, de notre certitude » (D. Moyal-Sharrock, *Understandig Wittgenstein's* On Certainty, *op. cit.*, p. 82).
5. *Ibid.*, § 476.

Ce qu'il acquiert ce sont des techniques ou des méthodes, bref des habitudes comme manières régulières de faire (on peut certes formuler une méthode sous forme d'instructions, mais c'est dans une activité qu'elle s'actualise). Ses gestes et son comportement sont fondés sur la certitude objective, jamais formulée, que les livres existent, que tel objet est un siège, que l'on peut s'asseoir dessus, etc.[1]. Cependant l'apprentissage n'est pas la seule source de ce genre de certitude ; l'autre source est l'action réflexe fondée sur l'instinct[2].

L'assurance constitutive d'une certitude objective dans l'action est donc différente du type d'assurance que procure une certitude subjective, au sens défini *supra*, ou au sens de

1. Wittgenstein pensait qu'un enfant n'apprend la suspicion qu'à un certain niveau de développement de ses relations avec les autres. Sa méfiance est alors le plus souvent le résultat de ses expériences malheureuses, notamment de celles où il a été trompé.

2. Invoquer l'instinct ne va pas de soi. Pourtant force est de convenir qu'« il y a des tendances qui sont tellement partie intégrante de la nature humaine que celle-ci ne serait plus nature humaine si celles-là changeaient » (Dewey). L'instinct est un mode d'interaction avec l'environnement comme le sont l'habitude et l'intelligence. La difficulté est de lui attribuer la bonne place. Dans *Human Nature and Conduct*, Dewey expliquait que ce sont les habitudes qui sont premières et pas les instincts. Bien que les habitudes soient des excroissances « d'activités non apprises qui font partie de l'équipement de l'homme à la naissance », et que leur acquisition soit conditionnée par la disposition d'instincts innés, « premiers, naturels et inévitables », elles ne sont pas pour autant secondes. Dans la conduite « c'est l'acquis qui est premier », tandis que les instincts sont seconds : « Bien qu'elles soient premières dans le temps, les impulsions ne sont en fait jamais initiales ; elles sont secondaires et dépendantes ». Pourquoi ? Parce qu'une activité purement instinctive serait mort-née si elle n'était pas convertie en quelque chose qui a un sens dans un « milieu social mature » constitué d'habitudes de comportement et de manières de faire instituées. Les enfants acquièrent des habitudes « sous l'influence de l'association avec d'autres qui ont déjà des habitudes » et qui les manifestent dans la manière dont ils convertissent un comportement instinctif en un comportement qui a un sens. Est donc décisive la manière dont les autres répondent dans leurs propres comportements.

Luhmann (l'« assurance intérieure garantie »)[1]. Wittgenstein propose de la comparer au geste de saisir un objet directement, qui manifeste un engagement inconditionnel :

> Si je dis : « Naturellement je sais que ceci est une serviette de toilette », je fais une déclaration (Äusserung). Je ne pense pas à une vérification. C'est pour moi une déclaration immédiate. Je ne pense pas au passé ou au futur. (Et bien sûr c'est la même chose pour Moore). C'est exactement comme prendre quelque chose en main de façon immédiate (ein unmittelbares Zugreifen) : comme prendre ma serviette de toilette sans éprouver de doute. Et cependant prendre ainsi en main de façon immédiate correspond à une assurance (Sicherheit), non à un savoir. Mais est-ce que je ne me saisis pas aussi du nom d'une chose de la même façon ?[2].

Pour prouver le caractère non épistémique de cette assurance dans l'action, Wittgenstein envisage le cas où quelque chose d'inouï se produirait :

> Et si quelque chose de réellement inouï arrivait ? Si, par exemple, je voyais des maisons se transformer peu à peu en

1. Dans les *Recherches philosophiques* (§ 579), Wittgenstein pose la question : « Le sentiment de l'assurance (*Das Gefühl der Zuversicht*). Comment s'exprime-t-il dans le comportement ? » – mais il n'y répond pas. C'est, plus tard, dans *De la certitude* qu'il apporte une réponse.

2. *Ibid.*, § 510-511 (traduction modifiée). Cet aphorisme vient immédiatement à la suite d'une considération sur le fondement des jeux de langage : « Sur quoi puis-je faire fond ? Je veux dire à proprement parler qu'un jeu de langage n'est possible que si on fait fond sur quelque chose. (Je n'ai pas dit "si on peut faire faire fond sur quelque chose" » (*ibid.*, § 508-509). À propos de cette précision ajoutée par Wittgenstein sur son assertion, Claudine Tiercelin fait la remarque suivante : « C'est donc le fait que je me fie à quelque chose et non la fiabilité inhérente à ce à quoi je me fie qui est à la base de mes jeux de langage, même si admettre cela est prodigieusement difficile : "La difficulté c'est de nous rendre compte du manque de fondement de nos croyances" (*De la certitude*, § 166) » (C. Tiercelin, *Le Doute en question*, *op. cit.*, p. 105).

> vapeur sans raison apparente ; si le bétail dans la prairie marchait sur la tête, riait et proférait des mots compréhensibles ; si graduellement des arbres se métamorphosaient en hommes et des hommes en arbres ? Avais-je raison, avant que ne se produisent tous ces phénomènes, de dire : « Je sais que ceci est une maison », etc. ou même de dire simplement : « C'est une maison », etc.[1] ?

La réponse à la question est évidemment « non ». D'ailleurs si j'entendais quelqu'un faire ce genre de déclaration (sauf si c'était un philosophe ![2]), je m'interrogerai vraisemblablement sur sa santé mentale. Wittgenstein imagine ainsi le cas d'un chef de travaux forestiers qui se rend dans la forêt avec ses bûcherons pour faire une coupe d'arbres, et leur dit : « Vous abattrez *cet* arbre, puis *celui-ci*, puis *celui-là* ». Et Wittgenstein d'ajouter : « Qu'en serait-il s'il faisait alors la remarque : "Je *sais* que ceci est un arbre" ? »[3]. C'est un peu comme si quelqu'un disait « bonjour » à son interlocuteur en plein milieu d'une conversation – celui-ci pourra s'interrogera sur la santé mentale du locuteur, car, compte tenu des usages, cela n'a aucun sens[4].

La certitude que « ceci est un arbre » sous-tend d'emblée l'activité des agents forestiers ; elle fonde toute leur action ; mais, normalement, elle ne fait pas l'objet de déclarations ; elle n'est pas une information que l'on peut donner à quelqu'un ; elle est silencieuse ou « logiquement

1. *Ibid.*, § 513.

2. « Je suis assis au jardin avec un philosophe ; il va me répétant : "Je sais que ceci est un arbre" en montrant un arbre près de nous. Une tierce personne arrive là-dessus, l'entend et je lui dis : "Cet homme n'est pas fou : nous ne faisons que philosopher" » (*De la certitude*, § 467).

3. *Ibid.*, § 353.

4. L. Wittgenstein, *De la certitude*, *op. cit.*, § 464.

ineffable », en ce sens que la formuler discursivement au cours d'un échange n'a pas de sens ; elle ne se manifeste que pratiquement dans les transactions normales constituant l'activité de ces agents ; la formuler en tant que savoir, sans raison particulière, ce n'est pas commettre une erreur ; c'est franchir les limites du sens et verser dans l'absurde ou la folie – en entendant leur chef de chantier s'exprimer ainsi, sans raison, les bûcherons seront enclins à s'interroger sur sa santé mentale, sauf s'ils prennent cette affirmation de certitude pour une plaisanterie, ou si un élément de la situation exige ce genre de formulation[1] :

> *Énoncer* une [certitude objective] dans un contexte ordinaire, c'est suggérer qu'elle *ne va pas sans dire*, qu'elle a besoin d'un support, d'une justification, d'un contexte [...]. Notre certitude de base n'opère qu'*en action*, pas en mots. [...] Les [certitudes objectives] ne se manifestent que dans ce que nous disons et faisons[2].

Wittgenstein qualifie en effet d'attitude ce type de certitude, qui est complet et dépourvu de degrés, c'est-à-dire une attitude qui consiste à faire spontanément fond, dans l'action et l'investigation, sur quelque chose de solidement fixé, ou à s'y fier comme allant de soi : « Je veux dire : ce n'est pas que l'homme, sur certains points, sache la vérité

1. Sur le type de contexte particulier dans lequel cela ferait sens d'affirmer « Je *sais* que ceci est un arbre », voir N. Malcom, « Defending common sense », *The Philosophical Review*, 58 (3), 1949, p. 201-220. Malcom note que ce qui rend ce genre d'énoncé excentrique est qu'il n'est relié à aucune investigation possible : c'est comme si « je m'escrimais à tourner la manivelle d'une voiture dont je sais qu'elle n'a pas de moteur. Si vous ôtez à cette phrase sa liaison avec des actions d'investigation, vous en faites un énoncé vide » (*ibid.*, p. 214-215).

2. D. Moyal-Sharrock, *Understandig Wittgenstein's* On Certainty, *op. cit.*, p. 95-97.

avec une certitude complète. Non, la certitude complète est seulement affaire d'attitude[1]. » Cette attitude fait partie de nos manières de faire et de notre savoir-faire.

La certitude objective est d'emblée partagée, et, à la différence d'une conviction, intellectuelle ou morale, ne peut pas être purement personnelle (bien qu'elle soit toujours aussi « la mienne » personnellement, car elle requiert le point de vue de quelqu'un) : « Les vérités dont Moore dit qu'il les sait sont telles que, soit dit en passant, nous tous les savons si lui le sait[2] » ; « C'est là quelque chose de général ; non seulement quelque chose de personnel[3] ». Cette généralité tient au fait que « ce genre de "savoir" est ancré dans des formes d'action et d'existence *communautaire* où la certitude individuelle se renforce et se soutient de la certitude que les autres aussi sont certains. Ce que je crois, les autres le croient, ou plutôt je crois qu'ils le croient[4] ».

L'assurance inhérente à la certitude objective n'est cependant pas de l'ordre d'un sentiment spécifique, bien que Wittgenstein parle d'un *Gefühl der Zuversicht*. Elle n'est pas plus un état psychologique que le sentiment de familiarité. À l'inverse, le doute a une répercussion psychologique que n'a pas le « sentiment d'assurance », à savoir celle d'une sensation de malaise ou d'une insatisfaction dont on cherche à se libérer. Peirce prenait cependant soin de noter que le doute est bien autre chose que ce sentiment.

Dans la certitude objective il s'agit en quelque sorte d'une attitude « par défaut », qui a quelque chose d'animal, c'est-à-dire d'instinctif ou d'automatique. Le contraire n'est pas l'incertitude ou l'ignorance, mais le non-sens ou

1. L. Wittgenstein, *De la certitude*, *op. cit.*, § 404.
2. L. Wittgenstein, *De la certitude*, *op. cit.*, § 100.
3. *Ibid.*, § 440.
4. C. Tiercelin, *Le Doute en question*, *op. cit.*, p. 143-144.

l'absurdité. Douter, questionner ou se méfier sans raison et hors contexte (le doute a besoin de raisons ; il est toujours inséré dans un contexte et il a un terme) ne manifesterait pas l'existence d'une indétermination, ou d'un état de confusion, ou de croyances fausses, mais du franchissement des limites du sens, du genre de celui qui se produit dans un dérangement mental.

Douter sans se plier aux règles du jeu de langage qu'est le doute rendrait tout questionnement et toute investigation impossibles. Wittgenstein imagine le cas d'un élève qui exprimerait systématiquement un doute face à tout ce que lui enseigne son maître, et qui, donc, ne tiendrait rien pour fixé :

> Imagine que l'élève ait demandé pour de bon : « Et la table, est-elle encore là lorsque je me détourne ; y est-elle lorsque personne n'est là pour la voir ? ». Attend-on du maître qu'il le tranquillise et qu'il lui dise : « Bien sûr elle y est encore » ? Peut-être le maître s'impatientera-t-il un peu, se disant toutefois que l'élève se déshabituera bientôt de telles questions. [...].
> Et ce serait la même chose si l'élève mettait en doute que la nature obéisse à des lois, donc contestait la légitimité des raisonnements inductifs. – Le maître aurait le sentiment que le seul effet de ce doute, c'est de les bloquer, lui et l'élève, et que, de la sorte, ce dernier ne pourrait que s'arrêter et non aller plus loin dans son apprentissage. – Et il aurait raison. Ce serait comme pour quelqu'un qui cherche un objet dans une pièce : il ouvre un tiroir et ne l'y voit pas ; alors il le referme, attend, puis l'ouvre de nouveau pour voir si peut-être cet objet n'y est pas maintenant – et il continue de la sorte. C'est qu'il n'a pas encore appris à chercher. L'élève lui non plus n'a pas encore appris à poser des questions. Il n'a pas appris *le* jeu que nous voulons lui enseigner[1].

1. *Ibid.*, § 314-317.

La certitude complète peut être considérée comme aveugle – aveugle non pas au sens d'un pari, d'un acte de foi sentimental ou d'un saut irréfléchi dans l'incertain, mais au sens d'une réaction réflexe immédiate : avant de m'asseoir sur une chaise, je peux certes vérifier sa solidité, mais, en général, je ne le fais pas, et si je le fais c'est parce qu'un aspect de la chaise (ou quelque chose dans le contexte) a suscité, au moment de m'asseoir, un doute ou une inquiétude de ma part[1]. L'engagement résultant d'une réflexion et d'une délibération est lui-même étayé sur un vaste ensemble de certitudes qui ne sont pas questionnées, sauf nécessité ; si elles l'étaient, sans que la situation n'y oblige, cela témoignerait d'un dérèglement de l'esprit (à moins qu'il s'agisse d'une plaisanterie ou d'un jeu de langage particulier, celui de la discussion philosophique, par exemple).

Ce qui n'empêche pas que dans certaines situations nous hésitions à nous engager, à adopter tel ou tel comportement, à faire telle ou telle action, etc., et qu'il nous faille traiter une appréhension, faire attention, enquêter, délibérer. Quand cela se produit c'est parce que la situation elle-même est éprouvée comme douteuse, c'est-à-dire comme incertaine, trouble, ambiguë, confuse, instable ; ses composantes ne tiennent pas ensemble et son issue est

1. On a aussi le même genre de réaction face à une personne, par exemple face à quelqu'un qui se plaint d'une rage de dent : « Le jeu ne consiste pas à commencer par douter de la réalité de ce mal de dent, parce que cela, pour ainsi dire, n'est pas adapté à la fonction biologique du jeu dans notre vie. Dans sa forme la plus primitive, il est une réaction aux plaintes et aux gestes, une réaction de sympathie ou quelque chose de ce genre. Nous le réconfortons, essayons de l'aider » (Wittgenstein, cité *in* L. Hertzberg, « On the attitude of trust », art. cité, p. 317). Wittgenstein imagine le cas d'une mère qui, face aux plaintes de son bébé, commencerait par adopter un comportement sceptique au lieu de le réconforter et de le cajoler. Un tel comportement nous « frapperait comme bizarre et insensé ».

indéterminée ou imprévisible ; le questionnement y est de mise tout comme la circonspection ; et l'engagement dans l'action y est maintenu en suspens[1]. Le traitement d'une telle situation exige une problématisation et une exploration. Son résultat, quand l'enquête aboutit, est un état d'assurance sur lequel on peut prendre appui, en pensée et en acte, pour agir. Le doute initial est un état de tension ou d'inquiétude, « de malaise et d'insatisfaction » (Peirce). Mais il n'est pas simplement subjectif, dès lors que c'est la situation elle-même qui est incertaine. De même, l'état d'assurance – ou de « calme et de satisfaction » (*ibid.*) – qui remplace la tension du doute au terme de l'exploration n'est pas simplement subjectif : c'est l'état de choses lui-même qui est objectivement assuré, car l'enquête a réduit l'indétermination de la situation. Son aboutissement est aussi une forme de certitude complète – il n'y a plus de place pour le doute – ; celle-ci peut être dite de second degré et relative, alors que la certitude objective, de type logique ou grammatical, est de premier degré et absolue. On peut aussi parler de « croyance » en considérant qu'une croyance est une habitude d'action, c'est-à-dire « une disposition à agir qui est porteuse d'effets et norme aussi notre conduite »[2]. Elle est relative parce que cette croyance est toujours susceptible d'être révisée ultérieurement.

On notera qu'en décrivant la certitude objective comme un geste spontané de préhension (« prendre en main », « se saisir de »), comme une manière instinctive d'agir, qui est un « fait de notre histoire naturelle », Wittgenstein donne une dimension anthropologique à son analyse

1. Je reprends là la description faite par J. Dewey, in *Logique. Théorie de l'enquête* (*op. cit.*), du lien entre doute et enquête, et entre enquête et certitude.

2. C. Tiercelin, *Le Doute en question*, *op. cit.*, p. 120.

logico-grammaticale[1]. Cependant son naturalisme se passe de toute considération biologique[2]. Bien qu'il considère les manières instinctives d'agir comme animales, il ne les rapporte pas à ce que G. H. Mead appelle l'« individu biologique ». Or, dès que l'on pense en termes biologiques, et pas seulement grammaticaux, les réactions instinctives à prendre en compte ne sont pas unilatérales. En effet, l'« individu biologique » est fait d'impulsions contradictoires s'inhibant les unes les autres. On peut de ce fait considérer qu'à la certitude objective, comme attitude spontanée ou geste instinctif, relevant d'une nécessité logique, se superpose une autre strate, tout aussi instinctive, une strate d'impulsions

1. Cf. à ce sujet C. Chauviré, *Le Moment anthropologique de Wittgenstein*, Paris, Kimé, 2004 ; P. Hacker, « Wittgenstein's anthropological and ethnological approach », *in* P. M. S. Hacker, *Wittgenstein : Comparisons and Context*, Oxford, Oxford University Press, 2013, p. 111-127.

2. Il n'est pas facile de savoir ce que Wittgenstein entendait exactement par « fait de notre histoire naturelle ». Il a en effet employé l'expression en des sens différents (cf. M. Mazzeo, « This is the way we live. Wittgenstein and natural history », *in* F. Sulpizio, M. De Iaco et G. Schimmenti (dir.), *Wittgenstein and Marx. Marx and Wittgenstein*, Berlin, Peter Lang, 2021). Elle va souvent de pair avec d'autres, telles que « C'est ainsi que nous vivons », « C'est ainsi que nous agissons », qui ne renvoient pas spécifiquement à l'histoire, ni à la nature. Dans les *Recherches philosophiques*, Wittgenstein définit ce qu'il fait en termes de « remarques sur l'histoire naturelle des hommes » (*op. cit.*, § 415). Ces remarques portent aussi bien sur les jeux de langage que sur les activités les plus basiques : « Donner des ordres, poser des questions, raconter, bavarder, tout cela fait partie de notre histoire naturelle, tout comme marcher, manger, boire, jouer » (*ibid.*, § 25) ; « Il s'agit de faits qui, en raison de leur généralité, ne retiennent le plus souvent pas notre attention » (*ibid.*, II, xii, p. 321). On a là « un historicisme sans histoire », en ce sens que Wittgenstein ne cherche pas à écrire l'histoire de toutes ces choses que nous faisons naturellement. Il ne cherche pas non plus à leur trouver un ancrage biologique. Il préfère adopter à leur égard la « manière ethnologique », c'est-à-dire imaginer un développement historique de ce que nous faisons différent de ce qui s'est réellement passé, afin de voir les choses de l'extérieur et « plus objectivement » (cf. P. Hacker, « Wittgenstein's anthropological and ethnological approach », art. cité).

contradictoires. C'est ce qu'on voit dans les situations où se présentent de l'inattendu et du discontinu, de l'imprévu et de l'inconnu, de l'indéterminé et de l'instable, de l'étrange et du bizarre ; ces émergences inquiètent et mettent sur le qui-vive, voire suscitent de l'aversion et activent des dispositions à s'écarter et à fuir. Ce genre de réaction actualise « les tendances auto-protectrices de la vie animale » (Dewey). Mais d'un autre côté, l'appréhension, la vigilance et l'aversion peuvent être contrebalancées par des impulsions contraires : la curiosité, l'attrait de l'étrange et du nouveau, l'émerveillement, l'agrément de la surprise, une envie d'exploration et de découverte, voire une inclination à relever un défi.

On peut d'ailleurs rapporter la certitude objective, en tant que comportement instinctif, à la caractérisation que les pragmatistes – Dewey, James et Mead notamment – ont proposée de l'immédiateté de l'expérience ordinaire[1]. L'immédiateté est en effet « le mode irréfléchi des interactions biologiquement et socialement organisées »[2]. L'aspect biologique renvoie à des coordinations affectives et

1. Évoquer les pragmatistes à propos de Wittgenstein n'a d'ailleurs rien d'incongru. On sait que celui-ci a lu très attentivement *Les Principes de psychologie* et *Les Variétés de l'expérience religieuse* de James. Dans *De la certitude* (§ 422), il s'est défini lui-même comme une sorte de pragmatiste : « Je cherche à dire quelque chose qui sonne comme du pragmatisme ». Une des raisons pour lesquelles il s'en tient néanmoins à distance est son rejet de la théorie de la vérité de James : « Mais n'êtes-vous donc pas un pragmatiste ? Non ! Car je ne dis pas que serait vraie la phrase qui est utile » (*Remarques sur la philosophie de la psychologie* (I), Mauvezin, TER, 1989, § 266). D. Moyal-Sharrock qualifie de « logique » le pragmatisme de Wittgenstein. Sur les similitudes et les différences entre Dewey et Wittgenstein, voir J. Volbers, « Wittgenstein, Dewey, and the Practical Foundation of Knowledge », *European Journal of Pragmatism and American Philosophy*, IV-2, 2012 ; entre Peirce et Wittgenstein, C. Tiercelin, *Le Doute en question*, *op. cit.*

2. S. Madelrieux, *La Philosophie comme attitude*, Paris, Puf, 2023, p. 315.

sensori-motrices innées et à des tendances instinctives à agir, l'aspect social à des habitudes communes acquises dans un milieu d'interactions médiatisées par le langage, et plus largement, par un bagage culturel (y compris matériel et technique) : « L'expérience irréfléchie est la somme des interactions réglées par les impulsions et les habitudes[1]. » Son domaine est celui de l'ensemble des conduites :

> Le monde irréfléchi est un monde de choses pratiques ; de fins et de moyens, de leurs adaptations effectives ; du contrôle et de la régulation de la conduite pour obtenir des résultats. Le monde de l'expérience non critique est aussi un monde de buts et de moyens sociaux, impliquant à chaque tournant les biens et les objets de l'affection et de l'attachement, de la compétition et de la coopération. Il a incorporé en lui la surprise des valeurs esthétiques – la joie soudaine de la lumière, l'émerveillement du ton et de la forme[2].

L'irréflexion est présente dans la réflexion elle-même, car l'expérience cognitive a aussi une dimension d'immédiateté – les impulsions, l'affectivité et les habitudes y opèrent comme ailleurs :

> Tout ce qui ne demande pas de réflexion particulière, tout ce sur quoi on s'appuie comme ce sur quoi on peut compter, y compris pendant les moments de réflexion les plus intenses et les plus critiques, est utilisé d'une telle manière « immédiate », aussi complexe soit-il dans sa structure (comme la grammaire de ma langue maternelle que j'utilise sans plus faire attention lorsque je parle)[3].

1. *Ibid.*, p. 304.
2. J. Dewey, *Studies in Logical Theory* (1903), in *The Middle Works*, vol. 2, p. 332.
3. S. Madelrieux, *La Philosophie comme attitude*, *op. cit.*, p. 307.

Confiances de premier et de second degrés

Danièle Moyal-Sharrock a proposé de considérer la certitude objective décrite par Wittgenstein comme une confiance première, une *Ur-trust*[1]. Cette forme de confiance est « le moteur principal » de la pensée et de l'action. Elle n'a rien à voir ni avec le savoir, ni avec la morale. Elle n'est pas épistémique parce qu'elle ne procède pas d'une enquête ou d'une vérification, d'un calcul ou d'un raisonnement, et parce qu'elle est imperméable au doute et à l'erreur (en tant que certitude, elle n'est pas susceptible d'être fausse). Elle n'est pas morale parce qu'elle est en deçà de toute décision, et que l'engagement qui la constitue ne comporte pas de contraction d'obligations morales. Le type d'assurance qui lui est inhérent n'est pas l'« assurance intérieure » évoquée par Luhmann, car il n'est pas à proprement parler un sentiment.

La confiance première est « une confiance sans crainte, non calculée et non consciente » :

> Comme la certitude objective, la confiance première n'est pas la conclusion d'une réflexion, mais une saisie directe. Elle n'est

1. C'est un saut que refuse de faire O. Lagerpetz, au motif que l'on ne peut parler de confiance que là où la méfiance et la trahison sont possibles (dans l'*Ur-trust* cette possibilité n'existe pas) : « Selon lui, on ne peut parler de confiance que s'il y a aussi la possibilité de ne pas faire confiance. Lagerspetz refuse de parler de "confiance" s'il n'y a pas la possibilité logique d'absence de cette confiance. Pour lui, "parler de confiance implique normalement une possibilité imaginable de déception" ou de "risque" : "Parler de confiance implique une perspective 'externe' à partir de laquelle on peut, par l'imagination, suggérer un risque de trahison" » (D. Moyal-Sharrock, *Understandig Wittgenstein's* On Certainty, *op. cit.*, p. 196). On verra que Lagerspetz ne s'en tient pas lui-même à ce point de vue strictement logico-linguistique.

> précédée d'aucune hésitation, d'aucune suspicion, d'aucun choix ou d'aucune décision, ni par conséquent d'aucune évaluation conduisant à faire confiance ou à se méfier[1].

Elle n'est d'ailleurs pas vécue comme une confiance. Elle se manifeste comme absence de doute ou d'inquiétude, de perplexité ou de crainte, du genre de l'absence d'hésitation qui sous-tend notre saisie directe des objets familiers. Il s'agit d'une attitude « par défaut », sur l'arrière-plan de laquelle le doute et la méfiance sont possibles. Elle ne devient une confiance que lorsqu'elle a disparu ou que l'on a pris conscience après coup qu'elle était là. Il s'agit alors d'une confiance rétrospective. En un sens, elle est posthume, comme l'est la conscience de tout engagement pratique, ou de toute action réflexe. Enfin, elle n'est pas organisée normativement, comme l'est ce que D. Moyal-Sharrock appelle la confiance « seconde ».

L'*Ur-trust* n'est en effet « primitive », au sens de « première », que relativement à une autre forme de la confiance, plus réfléchie, plus évaluative et plus délibérée. Ce qui ne veut pas dire qu'elle lui est antérieure, car elle n'est pas abolie dans la seconde : celle-ci émerge dans la première et est portée par elle. En effet les évaluations réflexives et les décisions conscientes ne sont jamais premières et elles ne sont pas produites dans un vide :

> Elles procèdent d'un *background* de façons largement prépersonnelles et habituelles [...] de réagir aux circonstances environnantes et à la conduite des autres personnes ; ces façons de réagir doivent être prises en compte en tant que sources des comportements plus réflexifs, des prises de décision

1. D. Moyal-Sharrock, *Understandig Wittgenstein's* On Certainty, *op. cit.*, p. 195.

intelligentes et volontaires, des évaluations et des jugements, ainsi qu'en tant que leur point d'arrivée ultime[1].

De la confiance de second degré on peut dire qu'elle est cognitive : elle est réfléchie ou raisonnée ; elle repose sur des évaluations et des jugements ; elle est « une conclusion inductive » (Simmel) ou une extrapolation à partir d'informations disponibles (Luhmann). Elle est aussi anticipatrice, en ce sens qu'elle va au-delà des raisons disponibles (Simmel). Si elle comporte un élément de foi, de pari ou de saut dans l'incertain, il est différent de celui qu'il y a dans l'*Ur-trust*, qui est une « foi en pratique »[2] (Moyal-Sharrock). Elle est aussi « bipolaire » : elle peut être honorée ou trompée. Elle a une structure ternaire : par exemple, on fait confiance à quelqu'un pour quelque chose de spécifique. Enfin elle est organisée normativement. Par ce dernier trait, je veux dire qu'une relation de confiance exige des manières d'agir appropriées au concept ordinaire de confiance, qui est normatif, aussi bien de la part du donataire que du bénéficiaire : côté donataire, suspendre la recherche d'informations et de garanties, laisser libre champ à celui à qui on a fait confiance, renoncer à le contrôler de près et le créditer d'une disposition à rendre des comptes, ne pas s'inquiéter plus qu'il ne faut, faire abstraction de certains risques, faire preuve de tolérance dans l'interprétation des événements se produisant dans le cadre de cette relation, etc. ; côté bénéficiaire, honorer la confiance faite en intégrant les intérêts du donataire dans ses propres intérêts et en se gardant de profiter de sa soumission. De ce point de vue, la confiance

1. R. Dreon, *Human Landscapes*, *op. cit.*, p. 119.

2. Ce qu'est aussi la foi religieuse, mais différemment : elle est « une manière de vivre, ou une manière d'évaluer la vie » (L. Wittgenstein, *Remarques mêlées*, *op. cit.*, p. 132).

de second degré se manifeste aussi dans des attitudes pratiques et dans des modes de comportement. Mais elle n'a pas le caractère instinctif et réflexe de la confiance de premier degré. Elle requiert souvent l'inhibition d'impulsions à l'engagement. Comme le dit Mead, « la raison apparaît là où la conduite impulsive s'arrête[1] ».

Les formes de confiance décrites par Simmel, et par nombre de philosophes et de sociologues après lui, existent incontestablement, mais elles sont secondes par rapport à l'*Ur-trust*. Dans celle-ci, il n'y a pas de place pour des décisions (décider de faire confiance) et pas de possibilité de doute et de questionnement, de suspicion ou de défiance. Ce n'est que dans la confiance de second degré qu'existe la possibilité de douter, d'enquêter, de vérifier, de décider, ou que l'on peut envisager des risques, notamment ceux de l'exploitation d'une dépendance et de la trahison.

La confiance première est aveugle, mais pas au sens où l'on parle habituellement de « confiance aveugle », qui est souvent présentée, à juste titre, comme quelque chose à éviter, mais au sens où elle n'est pas une expérience consciente :

> La certitude objective [...] est une *confiance aveugle* – précisément une confiance qui n'envisage pas, ne considère pas ou n'imagine pas la possibilité d'une méfiance. C'est une confiance qui n'est pas *expériencée comme une confiance*, mais qui se manifeste plutôt dans une absence de méfiance – c'est-à-dire dans notre *saisie* de quelque chose, directement, sans le moindre doute – à la façon dont nous nous emparons d'une serviette. La confiance ici est mieux décrite comme une absence totale de méfiance – « Je ne pensais pas que [la chaise sur laquelle je me suis assis] pourrait s'effondrer » (*Recherches philosophiques*, § 575) – plutôt que comme une expérience vécue de confiance.

1. G. H. Mead, *L'Esprit, le soi et la société*, *op. cit.*, p. 380.

> C'est un concept qui exclut (*excluder concept*). Plutôt qu'il n'affirme par lui-même, il exclut quelque chose : la défiance ou la méfiance. La confiance ici est une attitude par défaut, et son absence une exception. Elle est récessive – une certitude d'arrière-plan, par défaut et inconsciente. Le fait qu'elle soit par défaut ne la rend pas moins effective ou opérative ; cela fait qu'elle n'est pas une expérience consciente[1].

Maintenant, cet engagement non cognitif et non évaluatif en faveur des choses et des personnes est lui-même susceptible d'être évalué et corrigé dans un second temps. On peut lui appliquer (en tenant cependant compte d'une différence importante[2]) le schéma que Dewey a proposé pour les « valuations ». Celles-ci se distribuent entre deux pôles existant dans un même champ, celui de l'organisation de la « conduite ». Le premier est constitué par les valuations de fait (« *de facto occurrent valuings* »), qui sont des réactions « affectives-idéo-motrices », de l'ordre de la sélection et du rejet, de l'intégration et de l'élimination, de l'attrait et de la répulsion, du rapprochement et de l'éloignement, leur dimension affective se manifestant dans le fait qu'on aime ou qu'on n'aime pas, que c'est agréable ou désagréable, que l'on y prend plaisir ou goût, ou au contraire que l'on subit, déteste, répugne, etc. Le second pôle est celui des évaluations proprement dites, donc des jugements de valeur, qui comportent un aspect d'examen, de réflexion ou de comparaison. Entre ces deux pôles il y a une continuité, qui fait que les valuations de fait, qui reposent pour une grande

1. D. Moyal-Sharrock, *Understandig Wittgenstein's* On Certainty, *op. cit.*, p. 197.

2. En effet, Wittgenstein n'attribue pas de dimension affective à la sorte d'engagement irréfléchi qu'est l'*Ur-trust* (ce qu'il fait en revanche à la foi religieuse, qu'il définit comme un « engagement passionné »).

part sur les impulsions, sur les habitudes individuelles et collectives, sur les mœurs et les préjugés en vigueur, peuvent elles-mêmes être évaluées et critiquées, à travers l'examen de leurs conditions et de leurs conséquences.

La prise en compte de l'existence d'une confiance première m'oblige à préciser ce que j'ai avancé dans le chapitre 4 au sujet de la confiance dans les institutions de la vie sociale, à savoir qu'elles sont le genre de chose pour lequel dire qu'on leur fait confiance n'a pas de sens. Certes, ces institutions ne sont jamais l'objet d'une confiance délibérée. On peut cependant dire qu'elles bénéficient de la forme de confiance qu'est la certitude objective à la Wittgenstein. Il suffit de penser au cas du langage ou de nos manières établies d'agir et de penser. Le doute à leur égard est impossible, et nous ne pouvons pas nous mettre en face d'elles et les regarder de l'extérieur pour les inspecter, tout simplement parce que nous vivons en elles, et que les moyens à utiliser pour les inspecter « font eux-mêmes partie de l'institution »[1].

La confiance de base

Deux concepts assez proches de celui d'*Ur-trust*, mais qu'il convient d'en garder distinct, sont ceux de *basic trust* et d'*Ur-confidence*, qui ont été utilisés par de nombreux chercheurs, sociologues (Niklas Luhmann, Anthony Giddens, Thomas

1. C. Castoriadis, « Institution première de la société et institutions secondes », in *Figures du pensable. Les Carrefours du labyrinthe VI*, Paris, Seuil, 1999, p. 115. Castoriadis n'exclut cependant pas que les institutions, au sens anthropologique du terme (des habitudes d'action et de pensée imprégnées d'affects), puissent être mises en question et transformées.

Luckmann et d'autres) ou philosophes (Annette Baier, Jay Bernstein, Trudy Govier, Bernard Williams et d'autres)[1]. La « confiance de base » serait une attitude primordiale, voire une disposition innée, dans la relation à l'autre, ne requérant pas d'être précédée par un raisonnement ou un jugement – elle n'est pas cognitive ; elle est automatique et inconsciente d'elle-même, et elle est ineffable[2]. Elle consisterait notamment à considérer que les gens que nous ne connaissons pas ne chercheront pas délibérément à nous tromper, à nous agresser ou à nous nuire. Pour Giddens, par exemple, la « confiance de base » est une « confiance civile » ; elle est implicite dans la vie sociale et elle est à l'origine des sentiments de « sécurité ontologique » qui prévalent dans la plupart des relations et des activités humaines ; elle protège d'un afflux d'anxiété ou d'effroi[3]. S'il y a bien des circonstances dans lesquelles la confiance implique un acte explicite d'engagement, il y en a beaucoup d'autres où elle ne repose pas sur un tel acte :

> Dans les conditions de la modernité, les attitudes de confiance à l'égard de systèmes abstraits sont habituellement incorporées de manière routinière dans la continuité des activités au jour le jour et sont, pour une large part, imposées par les circonstances intrinsèques de la vie courante. Ainsi, la confiance est-elle moins de l'ordre d'un « saut dans l'engagement » que d'une acceptation tacite des circonstances dans lesquelles d'autres alternatives ne viennent même pas à l'esprit[4].

1. Cf. O. Lagerspetz, *Trust, Ethics and Human Reason*, *op. cit.*, chap. 7 ; M. Hartmann, « On the concept of basic trust », *Behemoth*, 8 (1), 2015, p. 5-23 ; D. Moyal-Sharrock, *Understanding Wittgenstein's* On Certainty, *op. cit.*, p. 191 *sq.*

2. A. Baier attribue ce genre de confiance, qu'elle appelle « *Ur-confidence* », principalement aux enfants.

3. A. Giddens, *The Consequences of Modernity*, *op. cit.*

4. *Ibid.*, p. 90.

Lorsque cette confiance de base disparaît on ne se sent plus en sécurité, on est angoissé, voire terrorisé. De même, aux yeux de Luhmann, si on manquait totalement de cette forme de confiance, on ne pourrait même pas se lever le matin ni sortir de chez soi.

Comme le souligne Martin Hartmann, le problème est que ce genre de considération tend à appliquer le concept de confiance à des choses très vagues, l'attitude à l'égard du « monde », par exemple. La « confiance de base » est envisagée comme un donné tenu pour allant de soi, de nature prérationnelle, ce qui conduit notamment à occulter sa matrice sociale. Or, à la différence de l'*Ur-trust*, qui, en tant qu'instinctive, est une modalité quasi animale de l'expérience immédiate dans sa diversité, cette forme de confiance, qui concerne principalement les interactions sociales et les engagements relationnels, est bien plus une production sociale[1] ; ses conditions sont générées socialement ; elle fait partie d'une forme de vie dans laquelle les relations humaines sont configurées par des us et coutumes, par des manières d'agir et de faire considérées comme « normales », légitimes et dignes d'être entretenues, et par des dispositifs de réduction de l'incertitude et de limitation des comportements opportunistes (lois, contrats, sanctions de toutes sortes, etc.) :

> L'habitude nous rend aveugles à la base de notre existence sociale. Il ne vient pas à l'idée de quelqu'un qui marche la nuit dans la rue en toute sécurité qu'il pourrait en être autrement, car cette habitude de sécurité est devenue une seconde nature, et nous ne nous arrêtons guère pour nous

1. L'*Ur-trust* a cependant aussi un ancrage social dès lors qu'elle repose sur des habitudes acquises dans un milieu social et culturel. Cf. *supra* l'exemple de l'enfant qui apprend à utiliser des livres.

rendre compte que c'est là seulement l'effet d'institutions particulières[1].

Hegel ne parle pas de confiance, bien qu'il emploie le terme plus haut dans le même paragraphe, mais d'une « disposition d'esprit », d'une absence d'inquiétude et de vigilance devenue habituelle, qui est rendue possible par un environnement institutionnel qu'elle incorpore en quelque sorte. Un effondrement des mœurs et des institutions, laissant libre cours au désordre, à la violence et à la terreur, ou encore une situation de guerre, favorable à la suspicion réciproque, à la délation et aux règlements de comptes, peut détruire les conditions objectives de cette confiance de base, empêcher les attitudes et les attentes qui la constituent de se développer et générer une autre forme de vie sociale et culturelle où la confiance cède systématiquement la place à la méfiance et à la suspicion généralisée.

Cependant, il existe aussi des comportements des acteurs sociaux et politiques, notamment de l'État et des acteurs institutionnels, qui sapent les conditions sociales de la confiance et génèrent un climat général de méfiance entre citoyens. Si la confiance est socialement produite, les conditions de sa crise, dont on parle tant aujourd'hui, le sont tout autant. On peut rapporter cette crise, d'une part, à la capacité des personnes de découvrir des possibilités et des risques jusque-là inimaginables dans les échanges, les relations et les comportements, d'autre part, à des transformations dans le fonctionnement et la gestion des institutions, ainsi qu'à la complexification des systèmes d'information (cf. *infra*).

1. G. W. Hegel, *Principes de la philosophie du droit*, Paris, Vrin, 1975, § 268.

La confiance de base est une forme de confiance irréfléchie, mais, étant une « assurance intérieure garantie », elle diffère de l'*Ur-trust*, qui, elle, n'est pas une certitude intérieure[1]. Le sentiment qui l'accompagne – une assurance complète, une absence totale d'inquiétude, d'insatisfaction et de malaise – ne la constitue pas ; il est à rapporter à l'impossibilité du doute et de l'erreur, du questionnement et de l'enquête. La confiance de premier degré est logique ou grammaticale. Mais elle est aussi un « fait de notre histoire naturelle », et, se traduit par une manière instinctive d'agir. Elle est donc aussi un phénomène à la fois biologique et anthropologique. En tant que telle, elle est vraisemblablement une émergence dans l'évolution de la nature[2]. Elle consiste en effet en des tendances instinctives à réagir d'une certaine façon à certaines sortes de *stimuli*. Ces tendances font partie de notre constitution organique. Mais elles ont aussi une origine sociale et culturelle. Et elles sont incorporées et organisées dans nos habitudes[3]. Celles-ci sont des

1. O. Lagerspetz admet que « l'idée de *basic trust* a une plausibilité émotionnelle principalement en tant que façon de décrire des cas où [cette forme de confiance] a été violée ou est absente », comme lors de crimes de masse, dont les survivants disent qu'ils ont perdu toute confiance dans le monde (*Trust, Ethics and Human Reason*, *op. cit.*, p. 132).

2. Ce que ne dit évidemment pas Wittgenstein : « Nous ne faisons pas de science naturelle, et pas davantage d'histoire naturelle » (*Recherches philosophiques*, *op. cit.*, p. 321).

3. Pourquoi « organisées » ? Parce que, à la différence des habitudes, les tendances instinctives, qui se manifestent par des impulsions contradictoires, manquent de direction, de coordination et de stabilité. Les impulsions doivent en effet être régulées, canalisées, coordonnées ou contrôlées par des habitudes, qui transforment leur énergie en manières régulières et ordonnées d'agir. Il ne faut cependant pas minorer leur rôle. Elles sont pressées – « Elles nous font bondir sur nos pieds. Elles ne laissent pas de temps pour l'examen, la mémoire et l'anticipation » (J. Dewey, *Human Nature and Conduct*, *op. cit.*, p. 137) –, mais elles sont des amorces naturelles d'actes ou de comportements ; elles sont la phase initiale de la conduite. Elles sont aussi

phénomènes biologiques transformés sous et par des conditions socioculturelles. Elles sont les énergies des impulsions organiques canalisées par des coutumes et des institutions (au sens anthropologique du terme). On a là une manière de naturaliser la confiance totalement différente de celle qu'expérimentent les neurosciences (cf. chap. 3).

Maintenant, il est possible que les expressions « *Ur-trust* », « confiance première », « certitude objective » ne décrivent pas vraiment le genre d'expérience qu'elles nomment. Il y a deux raisons à cela. La première, déjà évoquée, est que, du fait de sa nature qualitative, l'expérience immédiate ne peut jamais être complètement mise en mots. Les mots peuvent la pointer, mais pas la décrire, ou la définir[1]. Il en va de même pour l'*Ur-trust* : elle est « logiquement ineffable ». La seconde raison est que considérer l'*Ur-trust* comme une attitude pratique spontanément adoptée à l'égard des choses et des personnes, des événements et des situations, ouvre encore implicitement la porte à l'idée d'un *Self* faisant face à un environnement qui lui est extérieur, et auquel il doit s'adapter. Or, outre qu'elle risquerait de polluer l'usage du terme « confiance » (en faisant de la confiance première l'acte d'un *Self*), cette idée ne restituerait qu'une partie de l'expérience, en tant qu'activité ou conduite. En effet, on l'a vu, ce qui est premier ce sont l'intégration de l'organisme et de l'environnement, leur complémentarité et leur intériorité mutuelle. S'ils sont intérieurs l'un à l'autre, l'organisme

« les pivots autour desquels se fait la réorganisation des activités ; elles sont des agences de déviation ; elles donnent de nouvelles directions à de vieilles habitudes et changent leur qualité » (*ibid.*, p. 67).

1. La saisie de qualités n'a lieu que si on en a une expérience directe et non-réflexive : « Un aveugle peut comprendre la théorie de la couleur et la place, dans cette théorie, de ce qui est appelé rouge ; mais rouge en tant que qualité immédiate ne peut pas être présent dans son expérience » (J. Dewey, « Peirce's theory of quality », in *The Later Works*, vol. 11, p. 91).

ne se rapporte pas à l'environnement comme à quelque chose d'extérieur et d'indépendant de lui, dont il peut s'extraire pour le considérer de l'extérieur[1]. Leur intégration se concrétise dans des habitudes, et ce sont les habitudes qui « font tout le travail ». On évite ces risques en considérant l'attitude pratique comme une « forme positive d'action » (Dewey), ou comme un « commencement d'acte » (Mead)[2].

D'un autre côté, cependant, l'organisme subit les contraintes de son environnement, et de ce qui s'y passe ; il ne le maîtrise pas ; il dépend de lui ; il est non seulement affecté par les changements qui s'y produisent, il est aussi vulnérable parce qu'il leur est exposé[3]. Il doit faire face à de l'indétermination et lever des doutes, en explorant ses situations ; il doit aussi faire preuve de circonspection, et, éventuellement, prendre des précautions. Dans l'expérience immédiate, cela se fait sans réflexion proprement dite, car les animaux le font aussi, quoique sous une forme qui leur est propre. La modalité en est ce que Dewey appelle l'« appréhension ». Celle-ci est essentiellement une saisie affective-motrice de qualités diffuses permettant de distinguer les choses et les êtres vivants, les événements et les situations, en fonction de leur *relevance* pratique en situation, ainsi que de les traiter et de les utiliser spontanément. Elle est une manière « d'être, d'avoir et d'utiliser les choses », « d'en avoir un sens », qui

1. Cette intériorité mutuelle signifie notamment que l'organisme et l'environnement ne sont pas complètement déterminés indépendamment de leurs interactions.

2. D'un point de vue pragmatiste tel que celui de Dewey et Mead, l'expression « attitude pratique » a quelque chose d'un pléonasme. En effet, si l'attitude est une manière, générale et durable, de s'engager et de s'ajuster dans les interactions avec l'environnement, ou une prédisposition à agir et réagir, à faire et penser, d'une certaine façon dans ces interactions, la dimension pratique lui est inhérente.

3. « L'environnement nous tue autant qu'il nous soutient » (James).

n'est ni une réflexion, ni une connaissance, qu'elle soit de sens commun ou scientifique. Elle est similaire à la compréhension instantanée d'une signification dans une situation déterminée, à la reconnaissance immédiate d'une personne ou à la saisie directe d'un objet. Cette « appréhension » se caractérise « par sa connexion intime avec l'émotion et la capacité d'agir[1] ». Directe, elle n'est cependant pas dépourvue de médiations : elle est étayée sur des expériences antérieures (mais pas inférées d'elles) et sur « certains mécanismes organiques de mémoire et d'habitude[2] ».

Une perspective externe est-elle à proscrire ?

On peut penser que c'est céder inopinément au sophisme du philosophe ou du psychologue que de supposer qu'existent ces formes de la confiance que sont l'*Ur-trust,* la confiance basique et la confiance seconde. Ce sophisme consiste à considérer que la réalité est telle que la fait apparaître l'analyse conduite du point de vue d'un observateur externe. On peut en effet soutenir que ces formes de confiance n'apparaissent que parce qu'on adopte un regard extérieur sur les pratiques ordinaires dans les relations sociales, un regard motivé par un intérêt pour quelque chose qui nous frappe dans celles-ci :

> En se focalisant sur nos pratiques ordinaires *d'une manière générale* comme quelque chose qui implique « certitude », « confiance », « prendre les choses comme allant de soi »,

1. J. Dewey, *Logique. Théorie de l'enquête*, *op. cit.*, p. 223.
2. *Ibid.*, p. 214.

> ou « absence de doute », [on] adopte implicitement une perspective réflexive externe sur ces pratiques, une perspective à partir de laquelle ce qui est normal apparaît comme quelque chose de remarquable, méritant l'étonnement. Cette certitude *générale* est quelque chose de différent de la certitude spécifique qui peut caractériser les actions de quelqu'un. [...] En adoptant une perspective externe à la pratique immédiatement en question [...] nous obtenons une vue sur une de ses caractéristiques qui *devrait* peut-être nous frapper comme intrigante. Mais cette sorte de « devrait » dépend de l'intérêt que nous portons à la question ; rien ne prouve que cette sorte d'attitude réflexive soit universellement correcte[1].

Cette objection est pertinente, mais elle conduit à une sorte de philosophie négative, au sens où l'on parle de « théologie négative ». Celle-ci refuse d'enfermer Dieu dans les prédicats que peuvent lui attribuer nos représentations et nos énoncés humains. Pareillement, il restera un écart irréductible entre nos caractérisations intellectuelles de la confiance et le phénomène concret et vivant qu'elle constitue dans l'expérience. Incontestablement, quand on fait de la confiance un objet d'étude, on satisfait un intérêt de connaissance qui est contextuel, et on adopte un point de vue externe, réflexif, suscité par un étonnement, sur des pratiques et des relations humaines « normales », « allant de soi » et donc dépourvues de la forme de réflexivité qui est celle d'un observateur. On tend en outre à substituer un point de vue analytique au point de vue pratique de l'agent en situation, et ainsi à faire de la méfiance la réaction primaire. Bourdieu dirait que ce point de vue relève d'une « vision scolastique » liée à la *skholè*, qui permet « un regard

1. O. Lagerspetz, *Trust, Ethics and Human Reason*, *op. cit.*, p. 128-129.

indifférent au contexte et aux fins pratiques », un « rapport distant et distinctif aux mots et aux choses »[1].

Faut-il toutefois s'interdire de satisfaire un tel intérêt de connaissance ? William James faisait remarquer, à la suite d'Henri Bergson, que, la connaissance intellectuelle ne peut en effet pas « révéler la nature des choses », que la manipulation conceptuelle n'en est jamais un équivalent complet et que l'on « falsifie l'expérience en la traitant conceptuellement[2] ». Il restera donc un écart irréductible entre nos caractérisations réflexives-discursives de la confiance et le phénomène concret et vivant qu'elle constitue sur le plan ineffable de l'existence. Mais ce n'est pas une raison suffisante pour rejeter les premières car elles ont une fonction et un avantage pratiques : « Tracer des raccourcis à travers l'expérience », y mettre intellectuellement de l'ordre pour pouvoir l'améliorer pratiquement. C'est ce que permettent les concepts, dès lors qu'on les conçoit comme des instruments.

Lagerspetz lui-même ne s'en tient d'ailleurs pas à sa « philosophie négative » et à son parti pris logico-linguistique. Lorsqu'il suggère que la présence de la confiance peut être établie en « observant une configuration d'ensemble (*an overall pattern*) dans la manière de penser et d'agir d'une personne – une configuration dans le tapis de la vie [...]. La confiance de quelqu'un en quelqu'un d'autre se manifeste

1. P. Bourdieu, *Méditations pascaliennes*, *op. cit.* p. 25. Dans l'introduction à cet ouvrage, Bourdieu définit sa propre critique de la raison scolastique comme une « sorte de *philosophie négative* », qu'il présente comme difficile à justifier : « Je ne pouvais pas ne pas ressentir, pendant que j'écrivais sur la *skolè* et toutes ces autres choses, l'effet en retour de mes propos. Je n'avais jamais éprouvé avec une telle intensité l'étrangeté de mon projet, sorte de *philosophie négative* exposée à paraître autodestructrice » (*ibid.*, p. 15).

2. W. James, *Philosophie de l'expérience*, Paris, Les Empêcheurs de penser en rond, 2007, p. 170 et p. 192.

tant dans le fait qu'il est détendu en sa compagnie, que dans ce qu'il ne fait pas, par exemple prendre certaines précautions[1] », il propose une caractérisation positive, extra-logique, du phénomène, en termes de mode de comportement ou de manière d'agir. Il faut cependant être attentif à sa formulation, sans doute inspirée du rejet du béhaviorisme (qu'il soit psychologique ou logique) par Wittgenstein : plutôt qu'un comportement, qui est quelque chose de particulier, la confiance est exprimée, rendue manifeste, par un mode général de comportement, qui en est le critère[2]. Et, quand on considère un comportement particulier, il faut y inclure son occasion et tout ce qui l'entoure. Ainsi, pour décrire le comportement de douleur ou de chagrin de quelqu'un, il faut prendre en considération ses occasions externes, car « le comportement et la sorte d'occasion vont de pair[3] ».

1. O. Lagerspetz, *Trust, Ethics and Human Reason*, *op. cit.*, p. 95.
2. Sur la sorte de béhaviorisme de Wittgenstein, voir P. M. S. Hacker, *Wittgenstein. Meaning and Mind*, Oxford, Basil Blackwell, 1990, p. 224-253.
3. L. Wittgenstein, *Fiches*, *op. cit.*, § 314.

Troisième partie

Questionnements

Introduction

Dans cette troisième partie, je voudrais prendre position dans les débats actuels sur ce qu'on appelle la « crise de la confiance ». Le diagnostic d'une telle crise est le plus souvent étayé sur les résultats de sondages d'opinion, c'est-à-dire sur ce que les gens répondent quand on leur demande à qui ils font le plus et le moins confiance. Mais il est loin d'être évident que ce que les gens disent quand on les questionne sur la confiance soit un bon indicateur de celle-ci. Pour savoir ce qu'il en est en réalité, il vaut mieux s'intéresser à ce qu'ils font réellement, donc à leurs manières d'agir. Il faut aussi distinguer ce qui a trait aux manières d'agir dans les actions, interactions et relations de la vie quotidienne et ce qui concerne le domaine de la vie publique et celui des échanges économiques.

Cette recommandation de méthode étant formulée, je m'attacherai à l'examen d'une hypothèse interprétative. Celle-ci consiste à rapporter la « crise de la confiance » à une sorte de mutation culturelle qui affecte la déférence, et qui irait de pair avec le développement de l'« individualisme expressif » propre à ce que Charles Taylor nomme l'« âge de l'authenticité » : lorsque le primat est accordé à ce que l'on peut appeler la « *sui*-autorisation », c'est-à-dire au fait de s'autoriser de soi-même, on cesse de s'en remettre à des autorités extérieures, qui deviennent suspectes, et de s'appuyer sur « un ordre de références publiquement établi ». Cette récession de la déférence a des répercussions sur l'attachement aux valeurs de vérité et de véracité, car la « *sui*-autorisation » ne concerne pas seulement le domaine des normes et des valeurs ; elle opère aussi dans celui des faits, et ce sont la science et les médias qui en font les frais, à travers la distillation du doute sur leurs publications et l'invention de faits et de récits « alternatifs ». Cependant si la confiance première est une composante indispensable du comportement humain, la crise de la déférence ne peut qu'être limitée. Par ailleurs, l'existence d'une telle confiance oblige à réfléchir à nouveaux frais, et autrement que ne l'a fait Luhmann, sur la relation entre confiance et vérité.

Cependant, cette mutation culturelle n'explique pas tout, et notamment pas le développement de ce qu'Onora O'Neill appelle une « culture de la suspicion ». Pour rendre compte de celle-ci (à supposer qu'elle soit avérée), il faut considérer d'autres facteurs, notamment la dérégulation contemporaine de la sphère de la communication sociale et la transformation du mode de gestion des affaires publiques. L'avènement d'une telle culture n'est toutefois pas inéluctable. Il a bien des moyens de l'infléchir ou de l'éviter. Quels sont-ils ? Pour y répondre, je reformulerai la problématique des dispositifs de confiance introduite au chapitre 4. Mais auparavant, il me faut affiner l'appareillage conceptuel nécessaire pour établir un diagnostic raisonné sur la prétendue « crise de la confiance », et notamment caractériser plus précisément ce que sont la méfiance et la suspicion, ou encore la forme d'autorité impliquée dans la déférence.

Chapitre 7

La confiance est-elle possible sans la vérité ?[1]

L'appel à « restaurer la confiance » est devenu un lieu commun du discours public, où l'on déplore sans cesse son déclin. La confiance y est considérée comme quelque chose de désirable. En effet, si on déplore son déclin, c'est parce qu'on pense que la confiance est nécessaire à l'organisation de la vie sociale et au bon fonctionnement des institutions dans un État démocratique. Les explications ne manquent pas sur les raisons de cette nécessité. Elles ne manquent pas non plus sur celles du soi-disant déclin de la confiance. Parmi les dernières apparues figure l'idée que nombre d'évolutions récentes, en particulier dans la sphère de l'information et de la communication sociales, sapent les conditions de la confiance et favorisent une culture de la méfiance et de la suspicion. La confiance déclinerait notamment parce que, à l'ère de la « post-vérité », nous deviendrions indifférents aux valeurs de la vérité et de la véracité, et perdrions le « sens du fait ».

Perdre le « sens du fait », c'est oublier que les faits doivent être dûment établis, qu'ils ont alors une dimension d'obligation, et qu'ils sont les mêmes pour tout le monde. Quand

1. Ce chapitre et les deux suivants développent les réflexions présentées dans un exposé fait à l'université du Québec à Montréal en juin 2018.

on a perdu le « sens du fait », le fait n'a plus de pouvoir. Le propre d'une vérité de fait est en effet de faire autorité et de s'imposer à tous. Comme l'a expliqué Hannah Arendt, une telle vérité est contraignante ; elle « exige péremptoirement d'être reconnue et refuse la discussion »[1]. C'est pourquoi les faits sont « au-delà de l'accord, de la discussion, de l'opinion ou du consentement »[2]. Les historiens peuvent, par exemple, discuter des responsabilités respectives des pays européens dans le déclenchement de la Première Guerre mondiale. Mais, comme le faisait remarquer Clemenceau, « ce dont je suis sûr, c'est qu'ils ne diront pas que la Belgique a envahi l'Allemagne » dans la nuit du 4 août 1914.

On peut ajouter que la soumission à l'autorité d'un fait est une sorte d'engagement qui entraîne des conséquences :

> Appeler quelque chose un *fait* c'est lui conférer une prétention *légitime*, une autorité, à déterminer la croyance et à décider de la conclusion à atteindre dans un domaine d'objet donné. Être un fait c'est être un événement *remarqué*, un événement qui est *reconnu,* c'est-à-dire un événement dont les prétentions sont admises ou auxquelles on donne son assentiment. Une telle admission, ou acceptation, est un *engagement* dont quelque chose résulte. L'idée d'une admission dépourvue de conséquences est un non-sens[3].

Qu'il y ait un lien constitutif entre confiance et vérité n'est pas une révélation pour le sens commun ! Chacun sait que le mensonge et la tromperie sont les ennemis de la confiance. Un mensonge peut détruire irrémédiablement

1. H. Arendt, « Vérité et politique », in *La Crise de la culture*, Paris, Gallimard, 1989, p. 307.

2. *Ibid.*, p. 305.

3. J. Dewey, *Unmodern Philosophy and Modern Philosophy*, *op. cit.*, p. 138.

la confiance. On ne peut pas faire confiance au menteur parce qu'on ne peut pas prendre au sérieux ses allégations, ses motivations et ses engagements. Le menteur n'est pas quelqu'un qui se trompe, mais quelqu'un qui dit délibérément ce qu'il sait être faux, avec l'intention de tromper le destinataire, de manipuler ses croyances et d'exploiter sa crédulité et sa vulnérabilité.

N'est digne de confiance que celui sur qui on sait pouvoir compter pour agir d'une certaine façon, dès lors qu'il a dit qu'il le ferait ou qu'il vous a conduit à penser qu'il le ferait. N'est digne de confiance que celui dont on a toutes les raisons de penser non seulement qu'il tiendra ses engagements, mais aussi que son orientation personnelle « entretient un rapport à la vérité » (Luhmann), notamment qu'il adopte la véracité comme attitude. La véracité se traduit par une règle de conduite : chercher et dire ce qui est vrai.

Convenons cependant qu'en deçà des tromperies délibérées du menteur, prolifèrent, les petits mensonges, les esquives, les échanges d'approximations, les secrets, les consensus feints, les faux-semblants et les faux-fuyants, sans qu'ils affectent en profondeur un climat de confiance et de bonne foi. On sait aussi que « toute vérité n'est pas bonne à dire », qu'il est parfois préférable de la taire, par exemple quand elle peut blesser l'interlocuteur ou le perturber d'une manière ou d'une autre, ou quand le moment pour la dire n'est pas approprié.

Dans ce qui suit, je me propose d'analyser plus précisément le lien entre confiance et vérité. En réalité, ce lien ne vaut pas pour toutes les formes de la confiance. La vérité ne fonde en effet pas le genre de confiance première dont il a été question dans le chapitre précédent, car il n'a rien d'épistémique. L'*Ur-trust* est indifférente à la vérité. Il est de ce fait possible que la récession de la valeur de vérité, à supposer qu'elle soit avérée, n'impacte pas la « confiance dans la confiance », du moins dans la vie ordinaire. Il en va sans doute différemment en ce qui concerne la confiance dans le domaine de la vie publique ou dans celui des échanges économiques.

La vérité comme point d'appui de la confiance

Le lien entre vérité et confiance paraît évident dès lors que l'on considère que la confiance a un soubassement moral. On l'a dit dès le départ, la confiance est une notion du vocabulaire moral que nous appliquons aux relations humaines : « Soulever la question de la confiance revient à activer une perspective morale »[1]. Son arrière-plan est un ensemble d'activités, d'interdépendances, d'engagements mutuels, à caractère normatif, constitutifs de la vie en commun, qui, normalement, ne sont pas problématiques. Comme on l'a vu, Simmel a été particulièrement sensible à cette dimension normative et il l'a formulée en termes de « solidarité morale ». La tromperie, la manipulation et la malveillance sont antinomiques de cette forme de solidarité qui est au cœur de la confiance.

Quand on se tourne vers la fiabilité (*trustworthiness*) plutôt que vers la confiance proprement dite, on rencontre moins des obligations morales et des demandes éthiques que des valeurs. On est digne de confiance quand on fait allégeance à la valeur de la véracité. La véracité est une attitude générale ; elle implique de ne pas se fier à ses premières

1. O. Lagerspetz, *Trust, Ethics and Human Reason*, *op. cit.*, p. 106.

impressions, de ne pas croire ce qu'on veut croire, de ne pas discuter certaines vérités de fait, de vouloir acquérir des informations correctes (au-delà des opinions préférées ou des croyances spontanées), de faire preuve d'exactitude dans ses affirmations, et de ne dire que ce dont on est certain. Cette attitude est dotée de plus ou moins de valeur selon les cultures. Le fait que la véracité soit une valeur sociale dans notre culture est attesté par le jugement favorable ou positif qui est porté en général sur ceux qui ont la véracité comme disposition ou comme orientation.

La fiabilité a cependant d'autres composantes que la véracité : une disposition à honorer ses engagements, une disposition à respecter l'autre, une disposition à « encapsuler » les intérêts de l'autre dans ses propres intérêts. On peut y ajouter la droiture morale, la loyauté, la compétence, la sûreté de jugement, etc. Comme la véracité, la fiabilité est socialement dotée de valeur : on considère que c'est bien d'agir en personne digne de confiance. Mais elle n'est pas dotée de valeur de façon isolée ; elle l'est en relation avec un environnement éthique, social et psychologique, notamment en relation avec d'autres valeurs, et avec un certain type de sentiment et d'émotion – par exemple le sens de l'honneur, le souci de la réputation, le respect de la parole donnée, la crainte de la honte ou du discrédit, etc.

C'est par un processus social-historique que la vérité et la véracité sont devenues des valeurs sociales. Elles ont une histoire comme valeurs :

> De nos jours, on trouve tout naturel de penser que tromper les gens (ou du moins certaines personnes dans certaines circonstances) est une manière de s'en servir ou de les manipuler, et que c'est cela qui est un tort. Mais on a pu avoir sur le sujet d'autres façons de voir. La sincérité a une histoire et

> ce sont les sédiments de cette histoire que nous rencontrons lorsque nous réfléchissons aux vertus de la vérité dans notre propre vie[1].

On peut penser que l'émergence du sens de la dignité de la personne, l'invention et le développement des méthodes de l'enquête scientifique, ainsi que le rejet du dogmatisme des religions, ont joué un rôle important dans cette histoire.

Cette façon habituelle d'expliciter les liens entre confiance et vérité présente cependant deux défauts. Le premier est, s'agissant d'analyser la confiance, de parler de fiabilité plutôt que de confiance. Je l'ai dit, beaucoup de travaux récents sur la confiance sont plus des travaux sur la *trusworthiness* que sur la confiance proprement dite. Or la fiabilité ce n'est pas encore la confiance ! Le second défaut est de privilégier, comme le font beaucoup d'approches contemporaines, les dimensions épistémiques de la confiance, voire de réduire celle-ci à une croyance étayée sur un savoir ou sur la disposition d'informations pertinentes sur son bénéficiaire (cf. *supra*).

L'approche de Luhmann ne présente pas ces défauts. Elle comporte aussi une explication originale du lien entre vérité et confiance, élaborée dans le cadre d'une théorie des « médias de communication symbolique généralisés », inspirée de Talcott Parsons. Au lieu de concevoir la vérité comme la propriété d'une proposition, Luhmann suggère de l'envisager comme un code pour transmettre des sélections :

> La vérité est un médium pour véhiculer des sélections expériencées, dont la sélectivité est attribuée au monde. Elle repose sur (1) une différenciation entre structure et processus (code

1. B. Williams, *Vérité et véracité*, Paris, Gallimard, 2006, p. 117.

et communication) et (2) sur la combinaison de perspectives sélectives diversement situées (*alter* et *ego*) dans le processus de la communication[1].

Dans son livre *Vertrauen*, antérieur au développement de cette théorie des médias généralisés, Luhmann considérait la vérité comme un point d'appui de la confiance, au motif qu'elle est contraignante :

> La confiance n'est possible en général que là où la vérité est possible, que là où les hommes peuvent s'entendre sur une même chose avec un caractère contraignant pour les tiers. La vérité facilite cette entente et, partant, la réduction de la complexité[2].

Le « médium de communication généralisée » qu'est la vérité ne peut contribuer à réduire la complexité que si chacun peut supposer que « l'orientation de l'autre entretient un rapport à la vérité »[3]. Si la vérité contribue à réduire la complexité (c'est-à-dire l'incertitude sur le comportement futur d'autrui) c'est parce qu'elle assure « la possibilité [...] d'en arriver à un consensus convaincant sur certains thèmes »[4]. La communication et la coopération ne sont en effet possibles que si nous pouvons supposer que nous partageons un ensemble commun de vérités qui nous obligent, qu'il s'agisse de vérités de raison (« deux fois deux font quatre » ; « la somme des angles d'un triangle est égale à deux droits ») ou de vérités factuelles (« c'est l'Allemagne qui a envahi la Belgique dans la nuit du 4 août 1914, et non le contraire »).

1. N. Luhmann, *The Differentiation of Society*, New York, Columbia University Press, 1982, p. 361.
2. N. Luhmann, *La Confiance*, *op. cit.*, p. 60.
3. *Ibid.*
4. *Ibid.*, p. 66.

Si la vérité est nécessaire à la confiance, la confiance est aussi nécessaire à la vérité. Elle l'est parce que la vérité est aussi quelque chose qui se communique, et une autorité a besoin de la confiance « pour pouvoir communiquer la vérité »[1]. En effet chacun ne peut pas tout vérifier par lui-même ; il est obligé de s'en remettre à d'autres pour les informations qu'il reçoit et pour les certitudes qu'il incorpore à ses croyances. Ainsi, si on ne fait pas confiance aux journaux, à la science ou à la médecine, si on ne leur reconnaît pas une autorité ou une compétence, et si on ne leur fait pas crédit d'honorer la valeur de véracité, ils ne peuvent pas « communiquer la vérité ». Là où il n'y a plus de reconnaissance d'une autorité ou d'une compétence des détenteurs du savoir, et plus de crédit de véracité, « le pouvoir règne seul »[2] comme source de l'autorité, et toutes les croyances, y compris les plus extravagantes, ont le champ libre pour se développer.

Une fois de plus je souligne que, dans la confiance dite « seconde », sont présentes une reconnaissance et une délégation d'autorité : je me soumets à l'autre et fais de lui le juge de ma situation et l'agent de son traitement, ou le porteur de mes intérêts ; m'en remettant à son « pouvoir discrétionnaire », et lui accordant une marge d'autodétermination, je dépends de son bon vouloir. Je renonce à le contrôler de près ou à interférer avec ses jugements et décisions. En échange de ma soumission et de ma vulnérabilité je compte sur son appui et sa protection. Comme l'expliquait Hegel (bien avant Hardin), lorsque je fais confiance à quelqu'un, je m'attends à ce que « mon intérêt substantiel et particulier soit conservé et contenu dans l'intérêt et dans

1. *Ibid.*, p. 62.
2. B. Williams, *Vérité et véracité*, *op. cit.*, p. 21.

les buts d'un autre ». C'est pourquoi il est si important que « l'orientation de l'autre » entretienne un rapport à la vérité, à la sincérité et à la véracité. Mais la confiance n'exempte pas le bénéficiaire d'*accountability*. Dans la confiance, on fait crédit à la disposition et la capacité du bénéficiaire de rendre des comptes dans le champ ouvert par la délégation faite. C'est ce qui oppose la confiance au contrôle.

Il demeure cependant toujours une incertitude sur les orientations d'autrui, qui ne peut être traitée que par le genre d'engagement inhérent à la confiance. Il reste aussi toujours une incertitude sur ce que chacun considère comme étant hors de discussion. Là aussi la confiance évite la paralysie : chacun se fie à ses partenaires pour prendre comme base d'inférence et d'action ce par quoi tout un chacun « comme nous » est supposé se sentir obligé, qu'il s'agisse de règles, de normes, de critères, de valeurs ou de vérités[1]. Mais il est possible que sa supposition soit invalidée par la réalité, et qu'il lui faille réviser ses supputations. La coordination et l'intercompréhension seront cependant difficiles avec ceux qui ne reconnaissent pas certaines vérités (rationnelles ou de fait) ou qui leur substituent de simples opinions ou des vérités « alternatives ».

Là où l'exigence de vérité et de véracité cède le pas à une tolérance à la fausseté et au mensonge, ou bien là où les vérités sont dégradées en simples opinions, la crédulité remplace le « consentement informé » (O'Neill). Comme l'a expliqué Gérald Bronner, le « crédule » prétend savoir, tout en se méfiant radicalement des institutions dotées d'autorité culturelle (les médias et la science notamment) ; il assoit sa prétention à savoir sur la suspicion à leur égard et n'a que

1. Cf. H. Garfinkel, *Recherches en ethnométhodologie*, *op. cit.*

faire de la complexité de la recherche de la vérité[1]. Mais la crédulité ne tombe pas du ciel ; elle est favorisée par une atmosphère générale, créée par des pratiques, des attitudes et des habitudes, ainsi que par des fonctionnements institutionnels ou technologiques.

Si Luhmann évoque le lien entre confiance et vérité c'est principalement pour expliquer ce qu'il entend par « confiance systémique ». Je rappelle que, pour lui, la confiance est un mode particulier de traitement de l'incertitude : comme il est impossible de réduire complètement celle-ci, ne fût-ce qu'à cause de l'indétermination irréductible du futur et de la liberté d'action d'autrui, on évite la paralysie en faisant un pas (précautionneux) au-delà de ce qui est assuré, garanti, et notamment au-delà de la base d'informations et de connaissances dont on dispose. La confiance est précisément ce « pas » qui absorbe l'incertitude et la contingence, remplace « l'information manquante par une assurance intérieure garantie », ou extrapole une attitude pratique à partir des connaissances et des convictions disponibles. C'est en ce sens que Luhmann dit que la confiance réduit la complexité de l'environnement : elle nous « détourne volontairement de l'information manquante » et génère une indifférence à l'égard des possibilités négatives dans le développement futur des situations. Elle manifeste sa fécondité par le fait qu'elle rend possibles des formes de coopération et des genres d'action qui n'existeraient pas sans elle. Celui qui fait confiance suspend sa quête d'informations, délègue en partie sa compétence de jugement et renonce à interférer avec le bénéficiaire de sa confiance. Il ne renonce pas cependant à lui demander des comptes. Mais cela se fait selon des modalités propres au processus de la

1. Cf. G. Bronner, *La Démocratie des crédules*, Paris, Puf, 2013.

confiance, une fois qu'il est lancé. Celui qui ne peut pas se résoudre à l'incomplétude de l'information, ou à faire un pas au-delà des garanties et certitudes disponibles, se laisse prendre dans la spirale paralysante (et souvent pathologique) de la suspicion et de la méfiance.

Dans la « confiance systémique », il ne s'agit pas de faire confiance à des personnes, mais aux capacités d'un système de garantir la fiabilité des engagements de ses agents par des dispositifs de contrôle internes. Sur quoi repose, par exemple, la confiance dans les experts en matière scientifique et technique ? Moins sur la supposition qu'ils possèdent un savoir factuel fiable – car une supposition manque, par définition, de certitude – que sur l'existence dans le système scientifique de dispositifs et de pratiques de contrôle qui garantissent la fiabilité des résultats de la recherche : « Dans son rapport à un tel savoir, chacun s'en remet au fait qu'au sein du système un nombre suffisant de contrôles de fiabilité sont institués et que ces contrôles fonctionnent indépendamment des structures personnelles de motivation propres aux personnes impliquées[1]. »

Un aspect essentiel de la confiance systémique est donc que, les capacités de contrôle du fonctionnement du système par celui qui fait confiance étant très limitées, il est obligé de s'en remettre, pour ce contrôle, à ces dispositifs internes au système, et de leur faire confiance :

> Les contrôles doivent donc être intégrés au sein des systèmes qui réclament la confiance et y être rendus explicites, voire organisés. La confiance dans la capacité fonctionnelle des systèmes inclut celle accordée à la capacité fonctionnelle de leurs contrôles immanents. La tendance à prendre des risques doit être contrôlée à l'intérieur de ces systèmes eux-mêmes[2].

1. N. Luhmann, *La Confiance*, *op. cit.*, p. 63.
2. *Ibid.*, p. 69.

Le problème avec ce genre d'explication est cependant qu'il ne dit pas comment éviter la régression infinie des contrôles, et donc de la confiance, compte tenu de l'incertitude affectant le fonctionnement et l'efficacité de ces dispositifs internes de garantie (dysfonctionnements, fraudes et scandales y sont choses courantes).

Des valeurs en perdition ?

Devenons-nous vraiment indifférents à la vérité comme valeur et comme norme ? Le « sens du fait » est-il en régression ? Ne nous sentons-nous plus obligés en commun par un ensemble de vérités, rationnelles ou factuelles ? La véracité comme valeur sociale est-elle en perdition ? À supposer qu'elle le soit, quel effet cela peut-il avoir sur les conditions de la confiance ? Les lanceurs d'alerte ne manquent pas en ce domaine. Je vais en évoquer quelques-uns.

Faits et opinions

Les fausses informations, la désinformation délibérée et la propagande ont existé de tout temps. Elles correspondent à des processus de fabrication de diverses sortes, et pas seulement à des erreurs ou à des défauts d'exactitude : tel est le statut des mensonges publics, des contre-vérités, des « faits alternatifs », des canulars, etc. Ces « fabrications » (Goffman) visent à travestir la réalité, à susciter des compréhensions biaisées de ce qui se passe, voire à provoquer des « passions tristes » (peur, colère, ressentiment, haine, etc.).

Mais ces « fabrications » ne prospèrent pas dans un vide socioculturel. Il faut donc essayer de comprendre le « bouillon de culture » (Marc Bloch) qui favorise leur fleurissement et le déclin de la vigilance à leur égard.

Qu'est-ce qui est nouveau aujourd'hui ? Les réponses varient. « Ce qui est nouveau et significatif est qu'aujourd'hui il n'y a plus de différence entre la réception des rumeurs et des mensonges et celle des faits en béton. Souvent les premiers suscitent plus l'attention parce qu'ils sont plus extravagants que la réalité et plus excitants à partager[1]. » Une autre différenciation qui semble régresser est celle entre faits et opinions. Non seulement les convictions, les opinions et les émotions personnelles compteraient désormais plus que les faits et le souci de l'exactitude, mais aussi la séparation entre faits et opinions tendrait à disparaître :

> Aujourd'hui les gens se méfient beaucoup de ce qui est présenté comme faits – notamment si les faits en question sont inconfortables, ou ne concordent pas avec leurs propres vues [...]. Mensonges et faits sont aujourd'hui diffusés de la même manière, à travers ce que les chercheurs appellent une « cascade d'informations ». Comme l'explique Danielle Citron, « les gens font suivre [sur leur messagerie] ce que d'autres pensent, même si l'information est fausse, trompeuse ou incomplète, parce qu'ils pensent qu'ils ont appris quelque chose de grande valeur »[2].

La prolifération incontrôlée de l'information est ainsi en cause dans cette relation biaisée à la vérité. Cette prolifération accroît en effet la difficulté d'évaluer quelle information

1. K. Viner, « How technology disrupted the truth », *The Guardian*, 12 juillet 2016.
2. *Ibid.*

est crédible, ce qui est fait réel et ce qui est opinion ou conviction, ce qui est établi et ce qui est « fabrication », rumeur ou ragot. Elle rend de plus en plus difficile de distinguer les faits qui sont vrais, ou exacts, des pseudo-faits. Par conséquent, elle accroît l'incertitude – la complexité, dirait Luhmann –, et cela d'autant plus que l'on se fie de moins en moins (parfois pour de bonnes raisons) aux institutions et aux individus traditionnellement chargés de traiter, de sélectionner et de hiérarchiser l'information : les médias et les journalistes.

Je doute cependant que l'effacement de la différence entre réception des faits et réception des rumeurs ou des fausses nouvelles soit vraiment nouveau, car il a toujours fait partie de la « conversation sociale ». Les historiens ont noté que la propagation de fausses nouvelles tendait à s'accroître lors de périodes de crise sociale. En 1921, Marc Bloch rapportait ainsi les rumeurs à de « profonds frémissements sociaux » : « L'erreur ne se propage, ne s'amplifie, ne vit enfin qu'à une condition : trouver dans la société où elle se répand un bouillon de culture favorable. En elles [les rumeurs], inconsciemment, les hommes expriment leurs préjugés, leurs haines, leurs craintes, toutes leurs émotions fortes »[1].

Gabriel Tarde, quant à lui, remarquait, avec une très grande pertinence, qu'« il suffit d'une plume pour mettre en mouvement des millions de langues[2] ». On peut dire la même chose de la rumeur : elle fait parler ! Les « conversations sociales », où se mélangent informations, ragots et fausses nouvelles, sont le moyen privilégié par lequel « les interlocuteurs agissent les uns sur les autres » et s'« interpénètrent »

1. M. Bloch, *Réflexions d'un historien sur les fausses nouvelles de la guerre*, Paris, Éditions Allia, 1999 [1921], p. 16-17.
2. G. Tarde, *L'Opinion et la Foule*, Paris, Puf, 1989 [1901], p. 82.

mutuellement pour former l'opinion publique[1]. Selon Tarde, c'est en elles que s'effectue le « travail de fusion » des opinions personnelles en opinions collectives. Leur motivation principale est le besoin et le désir de chacun de savoir ce que les autres pensent pour savoir quoi penser soi-même, bref « le besoin de s'accorder avec le public dont on fait partie, de penser et d'agir dans le sens de l'opinion[2] ».

Les biais cognitifs, souvent évoqués par les psychologues, ont aussi libre cours dans la « conversation sociale » : tendance à faire confiance à ses premières impressions, tendance à voir ce que l'on veut voir et à croire ce que l'on veut croire, tendance à surestimer les faibles probabilités, tendance à appliquer le principe *post hoc, ergo propter hoc* (« après cela, donc à cause de cela » : puisqu'une chose se produit après l'autre, elle se produit à cause d'elle), tendance à s'entourer de gens qui confortent ses propres croyances, etc. Celui qui s'efforce avant tout de rester fidèle à ses présupposés et à ses croyances initiales refuse de reconnaître la réalité. Il préfère nier les faits pour ne pas avoir à se remettre en question. Et il est porté à adopter une attitude particulière à l'égard des institutions d'autorité culturelle ou intellectuelle (médias et journalisme, syndicats et partis politiques, science, Justice, etc.) : non seulement le doute mais aussi la suspicion. Ce qui est sans doute nouveau c'est l'accroissement de la méfiance à l'égard des instances qui établissent et communiquent les vérités de fait, et accréditent socialement l'information. Leur perte d'autorité va de pair avec un « crédit plus important accordé aux canaux informels » d'information[3].

1. *Ibid.*, p. 88.
2. *Ibid.*, p. 137.
3. P. Aldrin, « Rumeurs : Il n'y a pas que la vérité qui compte... », *Sciences Humaines*, 164, octobre 2005.

Ce qui est nouveau aussi c'est l'élargissement de cette « conversation sociale » et sa libération des contraintes de la coprésence dans un même espace ainsi que son émancipation des formes de régulation que l'interconnaissance rendait possibles. Selon Bernard Williams, qui ne connaissait pas encore les réseaux sociaux, Internet a créé le village planétaire imaginé par Marshall McLuhan :

> Internet paraît devoir créer pour la première fois ce que Marshall McLuhan prophétisait comme conséquence de la télévision, un village planétaire [...]. Sans doute offre-t-il quelques sources d'information fiables à ceux qui en ont besoin et qui savent ce qu'ils cherchent, mais en même temps il nourrit ce qui fait l'occupation principale des villages : le cancan. Il construit une prolifération de forums consacrés à un échange libre et déstructuré de messages pleins de propos, de fantaisies et de supputations qui sont amusants, superstitieux, scandaleux ou mal intentionnés. Les chances que beaucoup de ces messages soient vrais sont faibles et la probabilité que le système aide quelqu'un à repérer ceux qui seraient vrais est encore plus faible. [...] Le caractère mondial de ces conversations fait que la situation est pire que dans un village où au moins on pouvait rencontrer, et peut-être se trouver obligé d'écouter, des personnes qui avaient des croyances et des obsessions différentes. [...] Internet donne une plus grande faculté à des bataillons d'extrémistes auparavant isolés de se trouver et de se parler uniquement entre eux[1].

1. B. Williams, *Vérité et véracité, op. cit.*, p. 256-57.

La vérité à l'« âge de l'authenticité »

Certains n'hésitent pas à parler d'une « défaite » actuelle de la Raison, ou de menaces exercées sur la liberté d'expression par de nouvelles formes de censure (cf. la fameuse « *cancel culture* »). À « l'âge de l'authenticité », la recherche de l'authenticité, celle d'une vie épanouie, pleine de sens et gratifiante (souvent sur un mode égocentrique, l'accent étant mis sur l'individu et sur son expérience subjective), la quête d'autonomie personnelle dans tous les domaines, une préoccupation pour le destin personnel privé, suscitent la révolte contre tout système dogmatico-disciplinaire, et, plus largement, contre les conventions et les modèles imposés de l'extérieur, et font prévaloir la sincérité sur la vérité, la créativité sans règles sur les normes de la pensée, les émotions et la quête d'intégrité sur l'objectivité[1]. Taylor voit dans le développement d'une culture marquée par cet idéal, l'émergence d'un nouvel imaginaire social, à savoir celui de « l'individualisme expressif ». Dans cette culture, le sentiment du collectif s'érode fortement, ce qui se traduit par de la « fragmentation », c'est-à-dire « l'inaptitude de plus en plus grande des gens à former un projet commun et à le mettre à exécution[2] » :

> Une société de gens préoccupés exclusivement de se réaliser, dont les affiliations semblent de plus en plus révocables, ne peut corroborer la forte identification à la communauté politique qu'appelle la liberté publique [...]. La primauté de l'accomplissement de soi [...] engendre l'idée qu'on ne peut s'identifier qu'à ces associations volontaires qui encouragent

1. Cf. C. Taylor, *L'Âge séculier*, Paris, Seuil, 2011, chap. 13.
2. C. Taylor, *Le Malaise de la modernité*, *op. cit.*, p. 118.

l'accomplissement de soi, comme des « enclaves de styles de vie » dans lesquelles s'assemblent des gens qui partagent les mêmes intérêts ou les mêmes situations[1].

Ce souci de l'individualisation et de la réalisation de soi ne se traduit cependant pas nécessairement par un accroissement de l'égoïsme.

Dans une telle culture on peut même en venir à considérer que c'est la sincérité qui doit créer la vérité[2] : « De plus en plus ce qui compte comme fait est simplement un point de vue que quelqu'un ressent comme vrai – et la technologie a facilité la circulation de ces "faits" avec une vitesse et une portée inimaginables à l'ère de Gutenberg (ou même il y a une dizaine d'années)[3]. » Mais quand un fait commence à ressembler à ce que vous sentez être vrai, quand la sensation prévaut sur la réflexion, la sincérité sur la véracité, la conviction sur l'authentification, « il devient difficile pour tout un chacun de faire la différence entre des faits qui sont vrais et des "faits" qui ne le sont pas[4] ». Par ailleurs, sur le plan politique, « les faits ça ne marche plus » ; ce qui compte c'est d'émouvoir les gens : « Quand "les faits ça ne marche plus" [...], chacun croit dans sa propre "vérité" – et les résultats, on l'a vu, peuvent être dévastateurs[5]. » Les plus pessimistes craignent qu'une culture marquée par l'idéal de l'authenticité ne conduise à un « désastre éthique et social[6] », notamment parce que la vérité et la véracité se

1. C. Taylor, *Les Sources du moi. La formation de l'identité moderne*, Paris, Seuil, 1998, p. 633-34.
2. Cf. B. Williams, *Vérité et véracité*, *op. cit.*, p. 243.
3. K. Viner, « How technology disrupted the truth », art. cité.
4. *Ibid.*
5. *Ibid.*
6. B. Williams, *Vérité et véracité*, *op. cit.*, p. 243.

trouvent dévaluées comme valeurs, et que l'on cesse de se sentir obligé en commun par un ensemble de faits.

Peter Sloterdijk évoque, quant à lui, une « frivolisation progressive de la sphère publique », liée à la prévalence du divertissement. Par conséquent, on n'arrive plus à se représenter des faits complexes, et ce qui occupe la scène ce sont la mobilisation et la manipulation des affects. C'est d'ailleurs la définition même de la *post-vérité*, si l'on en juge d'après la définition récemment proposée par le dictionnaire de l'université d'Oxford : dans un régime de *post-vérité*, « les faits objectifs ont moins d'influence pour modeler l'opinion publique que les appels à l'émotion et aux opinions personnelles[1] ». Une des victimes de la capacité à se représenter la complexité des situations est précisément la confiance :

> L'atmosphère de nos démocraties ressemble à celle d'un pavillon de cancérologie dans un grand hôpital où les patients ne font plus confiance au médecin. [...] La foule rêve désormais d'une autre élite qui se distinguerait non plus par ses compétences, mais par les qualités qu'on attribuait jadis aux guérisseurs miraculeux[2].

D'une façon générale, les producteurs de vérités factuelles, les experts et les médiateurs paraissent de plus en plus déconsidérés, voire discrédités, car vus comme arrogants, biaisés, partisans, préoccupés avant tout par leurs intérêts personnels et leur image médiatique. La « démocratie des crédules » risque alors de prendre le pas sur un public de citoyens bien informés. Elle trouve un appui inédit dans les nouvelles technologies de communication, où chacun

1. B. Hopquin, « La post-vérité, si je mens », *Le Monde*, 22 novembre 2016.

2. P. Sloterdijk, « On ne peut plus se fier au principe de majorité intelligente », *Le Point*, 17 novembre 2016.

peut produire et diffuser des informations à sa guise sans aucune vérification des faits ; l'établissement et la diffusion de l'information y échappent aux règles éthiques et déontologiques du monde journalistique. Il ne faut cependant pas être dupe sur les sources de cette déconsidération de la recherche de la vérité et de la valeur de la véracité : elle est aussi socialement organisée, notamment par des dispositifs et des stratégies de distillation du doute et de production de l'ignorance (cf. *infra*).

Il y a sans doute une part de vrai dans ces évaluations critiques des évolutions contemporaines. Mais il faut aller au-delà de l'explication de ce qui provoque le déclin des valeurs de vérité et de véracité et chercher les causes sociales de tout ce qui aujourd'hui peut favoriser une « culture de la suspicion » (O'Neill). Car la confiance est fondamentalement une production sociale.

Par conséquent, si une « culture de la suspicion » se développe dans nos sociétés, c'est que les institutions qui sont à la base de notre existence sociale n'assurent plus ce qui permet à la confiance de fonctionner comme une habitude[1]. Mais est-ce bien le cas ? Peut-on réellement se passer de la confiance ? Pour le savoir il convient de prêter l'attention moins à ce que nous disons qu'à ce que nous faisons couramment. J'y reviendrai dans le prochain chapitre. Pour clore le présent, je voudrais brièvement expliciter une affirmation du début du présent chapitre : à savoir qu'il existe une forme de confiance indifférente à la vérité.

1. Il ne s'agit pas seulement des institutions au sens habituel du terme, mais aussi des institutions de la vie sociale. Les unes et les autres façonnent les habitudes dominantes à partir d'impulsions natives.

La confiance au fondement de la vérité

Il ne s'agit évidemment pas de l'indifférence au vrai comme valeur et comme norme, vigoureusement dénoncée en France, il y a peu, par Pascal Engel[1], mais d'une antériorité ou d'une extériorité d'une forme de la confiance par rapport à l'enquête qui aboutit à des jugements vrais et à des croyances justifiées. J'ai présenté *supra* les principales caractéristiques de cette confiance première fondatrice. Je voudrais compléter cette présentation en montrant que, comme la confiance de second degré, elle comporte la déférence comme composante, mais selon un régime différent. Cela me permettra d'expliquer, autrement que ne le fait Luhmann, la dépendance de la vérité par rapport à la confiance. Je rappelle que, selon le sociologue allemand, la confiance conditionne la vérité parce qu'elle est requise pour sa communication.

La vérité est la propriété d'une proposition qui exprime un jugement garanti par une enquête, ou bien étayé sur la logique ou sur des règles effectivement suivies. Ainsi une vérité de fait est-elle une assertion sur un événement ayant fait l'objet d'une observation et d'un jugement, qui l'ont extrait d'un magma d'occurrences, ordonné, organisé, inséré dans un contexte et mis en relation avec d'autres événements. Cependant l'enquête est menée, et le jugement formé, dans le monde de l'expérience immédiate, qui est irréfléchie, bien qu'ils utilisent des symboles. Une de leurs caractéristiques est que, pour distinguer le vrai

1. Cf. P. Engel, *Les Vices du savoir. Essai d'éthique intellectuelle*, Marseille, Agone, 2019.

du faux, enquête et jugement exigent que soit reconnu quelque chose qui fait autorité. En effet on ne peut pas enquêter ni juger si on doute de tout, ou si on doute n'importe comment[1] ; on ne peut le faire que si certaines choses sont soustraites au doute et prises comme allant de soi, c'est-à-dire tenues pour fixées et certaines, dans un geste de confiance immédiate :

> Comment un homme juge-t-il quelle est sa main droite et quelle est sa main gauche ? Comment sais-je que mon jugement coïncidera avec celui d'autrui ? Comment sais-je que cette couleur est du bleu ? Si dans ces cas je ne *me* fais pas confiance, pourquoi irais-je faire confiance au jugement d'autrui ? Y a-t-il un pourquoi ? Ne dois-je pas commencer quelque part à faire confiance ? C'est-à-dire : il faut que quelque part je commence par ne pas douter ; et ce n'est pas là, pour ainsi dire, une procédure trop précipitée mais excusable ; non, cela, est inhérent à l'acte de juger[2].

« Commencer par ne pas douter » (*mit dem Nichtzweifeln anfangen*) implique de « reconnaître certaines autorités » : « Est-ce donc qu'il me faut reconnaître certaines autorités pour avoir la possibilité de juger ? »[3]. La réponse de Wittgenstein est évidemment « oui ». On ne peut juger correctement que si l'on prend appui sur « un accord préalable à la question de la vérité et qui ne repose sur aucune espèce de “vérité” », donc que si l'on accepte implicitement certaines formes d'autorité, auxquelles on se fie sans réfléchir[4] :

1. Cf. *supra*, la citation de Wittgenstein sur l'enfant qui n'a pas appris à douter comme il convient.
2. L. Wittgenstein, *De la certitude*, *op. cit.*, § 150 (traduction modifiée).
3. *Ibid.*, § 493.
4. J. Bouveresse, *Herméneutique et linguistique*, Combas, L'Éclat, 1991, p. 28.

> Cela ne signifie cependant pas que [...] l'autorité peut et doit être considérée elle-même directement comme une source de vérité, mais simplement que l'acceptation implicite de certaines formes d'autorité conditionne toute possibilité d'introduire une distinction entre la vérité et la fausseté. En d'autres termes, les hommes ne peuvent être d'accord ou en désaccord sur ce qui peut être considéré comme vrai ou faux qu'à la condition d'avoir déjà réalisé un accord sur quelque chose qui n'est pas de l'ordre du vrai et du faux[1].

Pour Wittgenstein, comme pour Dewey d'ailleurs, cet accord est un accord dans le langage employé et une « unanimité dans l'activité », c'est-à-dire une identité des manières de faire, de réagir ou de procéder suivies unanimement, et une manière commune « d'en assumer les conséquences »[2]. Il n'y a pas lieu de remonter en deçà de ces pratiques effectives pour trouver des raisons : « C'est ainsi précisément que nous *faisons*. Chez nous c'est l'usage, ou bien un fait de notre histoire naturelle[3]. »

Cet accord est aussi un accord sur une « image du monde ». Je ne peux distinguer ce qui est vrai et ce qui est faux que sur un arrière-plan que j'ai fait mien (non intentionnellement), constitué par une vision du monde dont j'ai hérité :

> Mais cette image du monde, je ne l'ai pas parce que je me suis convaincu de sa rectitude ; ni non plus parce que je suis convaincu de sa rectitude. Non, elle est l'arrière-plan dont j'ai hérité sur le fond duquel je distingue entre vrai et faux. Les propositions qui décrivent cette image du monde pourraient appartenir à une sorte de mythologie. Et leur rôle est

1. *Ibid.*
2. J. Dewey, *Logique. Théorie de l'enquête*, *op. cit.*, p. 106.
3. L. Wittgenstein, *Remarques sur les fondements des mathématiques*, Paris, Gallimard, 1983, p. 67.

semblable à celui des règles d'un jeu ; et ce jeu, on peut aussi l'apprendre de façon purement pratique, sans règles explicites[1].

Si j'accorde foi à cette image du monde, ce n'est pas en raison de sa vérité, ou de preuves en sa faveur. Elle est conditionnée par la réalité, mais pas fondée en elle ni justifiée par elle : « Elle n'est pas *basée sur* des preuves mais *agit comme* preuve[2]. »

Même dans l'enquête scientifique on prend appui sur une telle image. La reconnaissance de certaines autorités y est aussi indispensable. Mais il ne faut lui donner qu'un sens instrumental. Certes la méthode de fixation des croyances par l'enquête s'oppose à la « méthode de l'autorité », qui exclut précisément l'enquête[3]. Mais, d'un autre côté, celle-ci ne peut pas se passer d'utiliser des précédents et de s'appuyer sur des acquis crédités d'autorité (des théories admises, des résultats non questionnés, des points à considérer et des hypothèses à tester). Mais en sciences, cette autorité n'est jamais définitive ni absolue. Les résultats de la recherche et les théories impliquées sont

1. L. Wittgenstein, *De la certitude*, *op. cit.*, § 94-95.

2. D. Moyal-Sharrock, *Understandig Wittgenstein's* On Certainty, *op. cit.*, p. 152. Il en va de même pour « tout notre système de vérification » que nous admettons « par observation et apprentissage » (*De la certitude*, § 279).

3. La « méthode de l'autorité » est une des quatre méthodes de fixation des croyances distinguées par Peirce. C'est celle qu'ont privilégiée les religions. Les trois autres méthodes sont celles de la ténacité, celle *a priori* et celle de l'enquête (telle que pratiquée en science). Tandis que la « méthode de ténacité » consiste à s'en tenir à ce que l'on croit déjà, dans la « méthode *a priori* » chacun laisse agir ses préférences personnelles. Sur les déclinaisons de la méthode de l'autorité, cf. J. Dewey et J. H. Tufts, *Éthique*, Paris, Gallimard, 2021, p. 384.

toujours susceptibles de révision (même s'ils bénéficient d'une inertie due aux habitudes) :

> Adopter la méthode expérimentale ne signifie pas que l'on ne fasse aucune place à l'autorité et aux enseignements du passé. Bien au contraire. [...] L'autorité des savants a elle aussi sa place. Même dans le cadre de l'enquête scientifique libre, les chercheurs contemporains s'appuient sur les découvertes de ceux qui les ont précédés. Ils utilisent des théories et des principes auxquels le souvenir des anciens est associé. Cependant, le recours à la science des aînés dure *tant que son réexamen n'est pas rendu nécessaire par de nouvelles découvertes et de nouvelles théories*. Ils ne pensent jamais être parvenus à une vérité définitive, à l'abri de toute critique ou remise en cause. Il est vrai que l'esprit de chapelle, l'amour de la certitude, la fidélité à une routine favorisent l'emprise que certains points de vue exercent durablement sur les esprits au point d'inhiber l'observation et la réflexion. Mais ce défaut est imputable à la nature humaine : il n'a rien à voir avec l'usage positif du principe d'autorité que nous venons d'évoquer[1].

Pour conclure

La déférence à certaines formes d'autorité qui est au fondement de la possibilité de distinguer le vrai du faux fait ainsi partie d'une manière spontanée de procéder, dans la pensée et le jugement comme dans l'action – une manière de procéder qui est de l'ordre de la pratique et du savoir-faire. C'est ce qui fait sa différence avec la déférence constitutive de la confiance de second degré. Il s'agit donc bien d'une

1. J. Dewey et J. H. Tufts, *Éthique*, *op. cit.*, p. 384-385.

forme de confiance qui est indifférente à la vérité et à la fausseté, parce qu'elle n'a pas de fondement épistémique, éthique ou moral. C'est tout simplement notre manière « naturelle », et commune, d'agir, de juger et de penser. L'enfreindre c'est franchir les limites du sens.

S'il est vrai que la confiance première correspond à la façon dont nous agissons à la fois pour des raisons logiques et du fait de notre « histoire naturelle », ou de notre participation à une « forme de vie » déterminée, et qu'elle est en deçà du domaine du savoir, de la morale et de l'opinion (« L'unanimité des hommes [...] n'est pas une unanimité d'*opinions* »[1]), alors il importe, s'agissant de faire un diagnostic sur la crise actuelle de la confiance, de bien faire la part de ce qui relève de ce que l'on peut penser et dire au sujet de la confiance (domaine de l'opinion) et de ce qui relève de sa pratique effective. Cette crise affecte-t-elle aussi l'accord dans la pratique dont relève l'*Ur-trust* ? Si elle le faisait, cela témoignerait d'une mutation anthropologique majeure.

1. L. Wittgenstein, *Remarques sur les fondements des mathématiques*, *op. cit.*, p. 286.

Chapitre 8

Vers une culture de la suspicion ?

> « Nous n'avons peut-être pas de preuves de l'existence d'une crise de la confiance, mais nous en avons d'innombrables de celle d'une culture de la suspicion. »
>
> Onora O'Neill

O'Neill doute que la « crise de la confiance » diagnostiquée par les médias, les politologues et les sociologues, soit une réalité. Ce à quoi l'on assiste plutôt, à ses yeux, c'est au développement d'une « culture de la suspicion », provoqué, pour une grande part, par les transformations actuelles, dans les sociétés démocratiques, de la sphère de la communication et du mode de gestion des affaires publiques, et notamment par une « révolution dans l'*accountability* » des pouvoirs et des institutions. Son diagnostic ne porte toutefois que sur la confiance dans la vie publique. Serait-il justifié de l'étendre au-delà de cette sphère ? Avant de présenter le point de vue de la philosophe britannique, et d'apporter une réponse à cette dernière question, je voudrais préciser ce que l'on peut mettre sous la notion, finalement peu définie par elle, de « culture de la suspicion ».

La folie de la suspicion

La langue française introduit une nuance non négligeable entre « défiance » et « méfiance ». L'une et l'autre coexistent avec la confiance comme attitudes fondamentales dans la vie sociale. Toutefois, à l'inverse de la méfiance, la défiance n'exclut pas la confiance ; elle peut même la fonder (cf. *infra*). Elle est notamment nécessaire pour éviter d'être dupé ou abusé. Selon le proverbe, la défiance est « mère de sûreté ». Elle protège des effets néfastes de la naïveté, de la crédulité et des engagements précipités. Mais elle n'est pas une absence de confiance, contrairement à la méfiance ; elle est une confiance circonspecte : « La défiance fait qu'on ne se fie qu'avec précaution », tandis que « la méfiance fait qu'on ne se fie pas du tout » ; « Le défiant craint d'être trompé ; le méfiant croit qu'il sera trompé[1] ». La défiance est suscitée par le doute, la méfiance par la conviction d'une manigance. Le doute a un terme ; sa réduction permet de faire le saut de la confiance, tandis que la conviction d'une « fabrication » a tendance à s'auto-entretenir. On peut ajouter que la méfiance est antinomique de la reconnaissance et de la déférence.

Une telle conviction de « fabrication » est en effet au cœur de la suspicion : le suspicieux est persuadé d'être victime d'un « ensemble de menées secrètes, plus ou moins déloyales, pour accomplir quelque mauvais dessein » (Dictionnaire Le Robert). C'est ce qui différencie la suspicion de la défiance provoquée par le doute, voire par le soupçon (en tant que simple pressentiment ou conjecture) :

1. Dictionnaire *Le Littré*, tome 2, 1874. *Le Littré* note aussi que « dans l'ancien français, *defiance* veut dire défi, sens qui est resté dans l'anglais ».

Vers une culture de la suspicion ?

On parle de suspicion lorsqu'on commence à penser, à tort ou à raison, que l'activité dans laquelle on s'est engagé est en réalité une machination globale faite pour qu'on ne comprenne rien à ce qui se passe. Il faut distinguer la suspicion du doute, lequel naît non pas du sentiment d'être la victime d'une machination mais de la difficulté éprouvée, dans certaines activités complexes, à déterminer le cadre ou le mode en vigueur[1].

Le doute naît de l'indétermination de la situation, donc de ce qu'elle comporte comme incertitudes ou comme obscurité, ce qui se traduit par la difficulté de la « cadrer », c'est-à-dire de l'identifier et de lui donner un sens à l'aide d'un « schème interprétatif » disponible ; il suscite la circonspection, la vigilance et l'enquête, tandis que la suspicion est animée par une conviction de tromperie, de manœuvre et de manipulation cachées[2]. Le complotisme et le conspirationnisme illustrent bien ce genre de méfiance suspicieuse, qui confine à la folie. Si « le défiant craint d'être trompé », cela implique que sa défiance incorpore une modalité atténuée du soupçon (celle liée au doute). Mais ce soupçon reste bien en deçà de la « folie de la méfiance ». En effet il y a une « folie de la méfiance » comme il peut y avoir une « folie du doute »[3]. Cette folie prend des formes différentes,

1. E. Goffman, *Les Cadres de l'expérience*, Paris, Minuit, 1991, p. 130. Pour Goffman, les impostures, les manipulations et les tromperies font partie des « vulnérabilités de l'expérience » (titre du chapitre 12).

2. Sur la notion de « fabrication », cf. *ibid.*, chap. 4.

3. Il y a une « folie du doute » quand le doute est poussé à l'extrême, quand il n'a pas de terme ou quand il n'est pas provoqué par une situation réellement « incertaine, instable, troublée » (J. Dewey, *Logique. Théorie de l'enquête*, *op. cit.*, p. 170). La « folie du doute » rend l'enquête impossible. Wittgenstein considérait la méfiance systématique comme une forme de chute dans la folie (cf. L. Hertzberg, « On the attitude of trust », art. cité).

selon qu'elle repose sur la conviction d'une machination, sur l'attente systématique d'une action malfaisante, sur une exacerbation du doute ou sur un besoin de certitude complète.

Défiance et méfiance sont toutes les deux des attitudes actives. Mais alors que celui qui se méfie selon la modalité de la suspicion cherche surtout à étayer sa *conviction* (dont il ne démordra pas) qu'il y a « fabrication » sur des preuves, ou sur des attributions infondées de malveillance, d'hostilité ou de stratégies occultes, celui qui se défie éloigne sa *crainte* en recherchant, par une exploration, un état d'assurance à la fois subjectif et objectif (donc une confiance) lui permettant de s'engager résolument.

La méfiance suspicieuse est pernicieuse alors que la défiance ne l'est pas *a priori*. Celui qui se méfie de tout en permanence, parce qu'il croit qu'il est toujours trompé, ou qu'il y a partout des machinations, est pris dans une spirale qui le paralyse. Luhmann a bien décrit la dynamique de cette forme de méfiance. Mais il l'a surtout rapportée au besoin de certitude complète[1]. Celui qui ne peut pas se résoudre à l'incomplétude de l'information, ou à faire un pas au-delà des garanties disponibles à l'appui de ses engagements, en « remplaçant l'information manquante par une assurance intérieure garantie », c'est-à-dire par la confiance, est condamné à se méfier en permanence. Cette forme de la méfiance a ainsi partie liée avec une quête sans fin d'informations complètes et de garanties inatteignables. Elle traduit une incapacité de traiter l'incertitude par des engagements non entièrement assurés sur le plan cognitif,

---

Ce jugement paraît toutefois excessif, car on peut comprendre que certaines expériences traumatisantes (guerres, crimes de masse, génocides, révolutions, etc.) détruisent irrémédiablement la « confiance de base » des membres d'une société sans qu'elles les fassent basculer dans la folie.

1. Voir N. Luhmann, *La Confiance*, *op. cit.*, chap. 10.

ou de prendre appui sur la forme de certitude que procure l'enquête. Or, pour agir, la confiance est requise, tout simplement parce que, dans l'activité pratique, il ne peut pas y avoir de garanties complètes :

> Le caractère spécifique de l'activité pratique, qui lui appartient au point de ne pouvoir lui être retiré, est l'incertitude qui l'accompagne. Cette propriété intrinsèque nous fait dire : agis, mais à tes risques et périls. Le jugement que l'on porte sur les actions à engager et les croyances que l'on nourrit à leur propos ne peuvent jamais prétendre qu'à une probabilité précaire. On a cru toutefois que, par la pensée, les hommes pourraient échapper aux périls de l'incertitude.
> L'activité pratique renvoie à des situations individualisées et uniques qui ne sont jamais exactement reproductibles et qui, dès lors, ne peuvent faire l'objet d'une garantie totale. Toute activité implique en outre le changement. [...] Dès qu'il y a activité pratique, nous, êtres humains, nous trouvons embarqués. [...] Nous agissons et, pour le reste, nous devons nous en remettre au sort, à la fortune ou à la providence[1].

La méfiance génère en effet un surcroît de complexité, qui empêche d'agir. On l'a vu, « celui qui se méfie a besoin d'un plus grand nombre d'informations et il diminue en même temps la quantité d'informations sur laquelle il peut s'appuyer. Il devient plus fortement dépendant d'un plus petit nombre d'informations. Et ainsi la possibilité d'être déçu gagne à nouveau en importance[2] ». Celui qui se méfie rechigne aussi à dépendre d'un autre, à faire de lui son agent, à lui déléguer une autorité, voire un « pouvoir discrétionnaire », parce qu'il doute systématiquement de sa fiabilité

1. J. Dewey, *La Quête de certitude*, Paris, Gallimard, 2014, p. 26-27.
2. N. Luhmann, *La Confiance*, *op. cit.*, p. 84.

et de sa véracité, ou parce qu'il le soupçonne *a priori* de duplicité ou de mauvaise foi. En général, la méfiance est difficile à dissimuler.

Enfin, la méfiance a toujours besoin de s'autojustifier. Elle a aussi une « tendance inhérente à se confirmer et à se renforcer dans les relations sociales[1] », en partie parce qu'elle se développe en spirale ; il y a en elle un processus d'entraînement et de clôture, qui peut d'ailleurs, à l'occasion, être une source de plaisir. Ajoutons qu'il y a une dynamique de généralisation inhérente à la méfiance : par exemple, si vous êtes convaincu que « le gouvernement est corrompu sur certaines questions, vous pouvez supposer qu'il l'est sur tout[2] ».

Au regard de ce cercle vicieux de la méfiance, la confiance apparaît comme une « forme d'intelligence sociale[3] ». Le manque de perspicacité, de rationalité et de maturité n'est pas le fait de ceux qui font confiance mais de ceux qui se méfient systématiquement. Ce sont ces derniers qui sont dépourvus d'intelligence sociale. On ne fait pas preuve d'intelligence en apaisant la crainte des conséquences de l'incertitude par une systématisation de la méfiance. On le fait plutôt en acceptant de faire face à cette incertitude, qui est inévitable, voire en tablant sur son potentiel positif de stimulation, de découverte et d'apprentissage. On le fait aussi en cultivant la forme de dextérité propre à l'exercice du « sens pratique » dans les interactions sociales. Savoir juger la fiabilité des partenaires d'interaction, savoir détecter les signes d'un manque de probité, savoir anticiper une

1. *Ibid.*, p. 87.
2. K. Cook *et alii*, *Cooperation without Trust ?*, *op. cit.*, p. 79.
3. Cf. T. Yamagishi, « Trust as a form of social intelligence », *in* K. S. Cook (dir.), *Trust in Society*, *op. cit.*, p. 121-147.

tromperie possible dans une interaction sociale ou une transaction, font partie de cette dextérité. Celui qui dispose d'un tel savoir-faire ne s'abandonnera pas au cercle vicieux de la suspicion systématique. Il développera un certain type de disposition, à partir de ses impulsions naturelles, pour contrecarrer la peur que peuvent susciter l'incertitude et ses conséquences : non seulement la circonspection, mais aussi la curiosité, l'audace, la stimulation de la découverte ou des défis à relever, etc. En effet, pour contenir une disposition indésirable on a besoin d'une autre disposition, contraire et plus forte : « Celui qui voudra cultiver intelligemment son intelligence élargira, plutôt que rétrécira, sa vie d'impulsions fortes tout en visant à les faire coïncider en opération[1]. »

Le manque d'intelligence sociale inhérent à la méfiance suspicieuse ne rétrécit pas seulement le champ d'action de ceux qui en pâtissent. Il a aussi des répercussions importantes sur les cadres institutionnels du « vivre ensemble ». On l'a vu, le refus de la déférence est un refus, au nom soit d'une conviction systématique de « fabrication », soit de la *sui*-autorisation, de l'autorité des faits et des valeurs dûment établis, de celle des savoirs et des savoir-faire institués ainsi que de celle des pratiques, des agents et des institutions qui les établissent, les maintiennent et les transmettent. Ceux qui cultivent un tel refus sont disposés à n'adopter que ce qui leur paraît le plus agréable, le plus authentique ou le plus simple, le plus en accord avec leurs impressions et leurs préférences, ou le plus congruent avec ce qu'ils croient et affectionnent déjà. Cette dérive peut être extrêmement délétère pour les conditions de la vie collective. La destruction de la confiance est une tragédie pour l'intelligence sociale et pour la démocratie comme mode de vie.

1. J. Dewey, *Human Nature and Conduct*, *op. cit.*, p. 136-137.

La crise de la confiance : « un cliché de notre temps » ?

Aux yeux d'O'Neill, c'est à tort que l'on parle aujourd'hui de « crise de la confiance ». Ce que l'on a plutôt c'est le développement d'une « culture de la suspicion », favorisé à la fois par une croissance du manque de fiabilité (*a growing untrustworthiness*) des personnes et des pouvoirs, des organisations et des institutions, par le brouillage des mécanismes permettant aux citoyens d'accorder raisonnablement leur confiance et par différents changements dans le mode de gestion de la « chose publique ». La « crise de la confiance » est, selon elle, une tarte à la crème des journalistes, des politologues et des sociologues, nourrie par les sondages : selon eux,

> la méfiance et la suspicion se sont répandues dans tous les domaines de la vie, et, ils le supposent, avec de bonnes raisons. Les citoyens, disent-ils, ne font plus confiance aux gouvernements, aux politiciens, aux ministres, à la police, aux tribunaux ou à la prison. Les consommateurs ne font plus confiance aux entreprises, notamment aux grandes entreprises, ou à leurs produits – pas plus qu'aux pourvoyeurs de pensions. Les patients ne font plus confiance aux médecins [...] pas plus qu'aux hôpitaux et à ceux qui exercent. Aucun d'entre nous, dit-on, ne fait confiance aux banques, ou aux assurances – ou aux pourvoyeurs de pensions. La « perte de confiance » est devenue un cliché de notre temps[1].

Ce que révèlent les sondages, c'est tout au plus un « climat de suspicion » (*a mood of suspicion*) ou une « attitude de

1. O. O'Neill, *A Question of Trust*, *op. cit.*, p. 8-9.

soupçon ». Si nous prenons en considération non pas les opinions sur la confiance, donc ce que les gens disent aux sondeurs, mais leurs manières concrètes d'agir, rien n'indique qu'il y ait réellement une crise de la confiance, ou qu'ils aient cessé de faire confiance sous prétexte que s'est accru le nombre de personnes ou d'institutions non fiables ou non crédibles, ou que les sociétés modernes sont de plus en plus des « sociétés du risque ». S'ils étaient aussi méfiants que le prétendent les sondages, et ceux qui les commentent, ils ne se comporteraient pas comme ils le font. En réalité ils font constamment confiance à des personnes, des organisations, des institutions ou des professions tout en disant qu'ils ne le font pas :

> Nous ne cessons pas de faire confiance aux autres, aux professionnels et aux institutions. Nous buvons presque tous de l'eau fournie par des entreprises de distribution des eaux, et mangeons de la nourriture vendue dans les supermarchés et produite par les pratiques agricoles ordinaires. Nous utilisons presque tous les routes (et, même plus rationnellement, le train !). Nous écoutons presque tous les informations et achetons les journaux. Même si nous avons quelques déboires, nous continuons à faire confiance aux médicaments produits par l'industrie pharmaceutique, aux opérations pratiquées dans les hôpitaux, à la distribution des lettres par La Poste, et aux routes empruntées par des conducteurs qui sont loin d'être parfaits. Bref, nous ne cessons pas de faire confiance à beaucoup d'autres[1].

Si nous ne cessons pas de faire confiance « à beaucoup d'autres » c'est en partie parce que nous n'avons pas le choix. En effet, on l'a vu, une méfiance systématique bloque radicalement l'activité pratique en la surchargeant de

1. *Ibid.*, p. 11-12.

complexité. Le manque de confiance se manifeste principalement dans le comportement, à la condition toutefois que l'on ait le choix[1]. Ceux qui, par exemple, refusent de se fier aux médicaments élaborés par l'industrie pharmaceutique se tournent vers les médecines parallèles, tout comme ceux qui se méfient réellement des produits de l'agriculture conventionnelle se tournent vers ceux de l'agriculture biologique. Pour savoir s'ils se méfient réellement, et de quoi, il suffit de regarder où ils mettent leur argent ! :

> Il me semble que là où les gens n'ont pas le choix, leur action prouve très peu qu'ils font confiance – ou qu'ils se méfient. Quand nous n'avons pas le choix, la seule preuve de la méfiance est ce que les gens disent. Mais nous savons sur la base des cas où ils ont le choix que cette preuve peut être peu fiable. [...] Les expressions de la méfiance qui sont séparées de l'action ne coûtent pas cher : nous pouvons affirmer et annuler, exhiber ou changer, défendre et abandonner, des attitudes et des expressions de la méfiance sans changer notre façon de vivre. Cela peut manifester quelque chose à propos d'attitudes de suspicion mais peu, ou même rien, sur là où nous mettons notre confiance[2].

LA *SUI*-AUTORISATION COMME REFUS DE LA DÉFÉRENCE

La notion de « suspicion » d'O'Neill n'est pas exactement celle de Goffman (qui, je le rappelle, comporte l'idée d'une

1. D'une façon générale, ce sont nos actions plutôt que nos discours qui révèlent ce que nous croyons ou ce dont nous doutons réellement (cf. C. Tiercelin, *Le Doute en question*, *op. cit.*).
2. *Ibid.*, p. 14.

conviction de « fabrication », telle que l'exemplifient le complotisme et le conspirationnisme). O'Neill conçoit plutôt la suspicion comme une exacerbation du doute. C'est une attitude qui consiste à se montrer systématiquement sceptique sur la fiabilité des autres, à les considérer d'emblée comme peu dignes de confiance, et donc à prendre le maximum de précautions dans les relations avec eux. Cette attitude est estimée supérieure à la confiance : les gens se sentent plus adultes s'ils font preuve de méfiance plutôt que de confiance. La confiance est alors vue comme une attitude infantile, alors que se montrer suspicieux apparaît comme un signe de maturité.

Avant d'évoquer l'explication par O'Neill de l'émergence d'une telle « culture de la suspicion », qui concerne surtout la confiance dans le domaine de la vie publique, je voudrais revenir à l'hypothèse présentée *supra* : l'érosion de la « confiance dans la confiance » et la valorisation de la suspicion ne doivent-elles pas quelque chose à l'« individualisme expressif » et à l'idéal d'autonomisation personnelle qui se sont développés dans l'Occident moderne à « l'âge de l'authenticité » ? La déférence inhérente à la confiance ne serait-elle pas la première victime de ce développement ?

Selon Taylor, à qui l'on doit cette expression, « l'âge de l'authenticité » se caractérise par le développement d'un idéal d'autonomisation et d'épanouissement de soi. Taylor parle aussi de « culture de l'authenticité », par quoi il entend

> la conception de la vie qui a émergé avec l'expressivisme romantique de la fin du XVIIIe siècle, selon lequel chacun de nous a sa manière propre de réaliser son humanité ; il est important de trouver sa voie et de vivre en accord avec elle, au lieu de se soumettre au conformisme avec un modèle imposé

> de l'extérieur, par la société, par la génération précédente, par l'autorité religieuse ou politique[1].

Ce genre d'idéal se serait infiltré partout depuis la Seconde Guerre mondiale, et aurait été très largement promu par les révoltes des jeunes dans les années 1960 et 1970 (dont Mai 1968 en France).

Au-delà de l'extension de cet idéal, c'est l'« imaginaire social moderne » lui-même qui, selon Taylor, a évolué, prenant une forme de plus en plus « horizontale ». Dans la société imaginée horizontalement, la verticalité tend à être honnie ; désormais aucun privilège n'y est reconnu à des personnes ou à des agences placées en « un point supérieur » :

> [Dans la société horizontale moderne] chacun d'entre nous se situe à égale distance du centre ; nous entretenons un rapport immédiat à l'ensemble. C'est ce que nous pourrions appeler une société d'"accès direct". Nous sommes passés d'un ordre hiérarchique de liens personnels à un ordre égalitaire impersonnel, d'un monde vertical d'accès médiatisé à des sociétés d'accès direct[2].

Vraisemblablement le développement récent des réseaux sociaux a accentué ce refus de la verticalité. À cela s'ajoute le fait que les gens coexistent de plus en plus dans un espace de « mise en scène mutuelle », ce qui prévaut surtout dans les villes modernes, « où un grand nombre de gens se côtoient, inconnus les uns des autres, sans entrer en rapport, et pourtant s'affectant les uns les autres, formant le contexte inévitable de leurs vies »[3]. Taylor appelle ce mode de coexistence une

1. C. Taylor, *L'Âge séculier*, *op. cit.*, p. 812.
2. *Ibid.*, p. 377.
3. *Ibid.*, p. 21-22.

« sociabilité d'étrangers ». Il est possible qu'une telle sociabilité favorise la méfiance plutôt que la confiance, notamment parce qu'on ne sait rien d'un inconnu – or, comme on l'a vu, « celui qui ne sait rien ne peut raisonnablement même pas faire confiance[1] ». Cependant, l'anonymat prévalant dans une « sociabilité d'étrangers » ne génère pas nécessairement une méfiance réciproque (cf. *infra*).

Cette transformation de l'imaginaire social a des répercussions non seulement sur la façon dont les gens imaginent leur appartenance, mais aussi sur leur recours aux médiations (notamment à celles qui sont impliquées dans la déférence) ; celles-ci se trouvent de plus en plus reléguées au second plan, au profit de liens immédiats, et « bien des gens ne comprennent pas la nécessité de se conformer[2] ». Ils considèrent qu'ils doivent « élaborer leurs normes et leurs valeurs pour leur propre compte en s'autorisant d'eux-mêmes (*on their own authority*)[3] » et en prenant appui sur leurs impulsions morales naturelles. S'autoriser de soi-même (ce que j'ai appelé « *sui*-autorisation ») est précisément antinomique de déférer à l'autre, qu'il s'agisse de personne, de profession ou d'institution[4].

Enfin, « l'ordre moral moderne de l'avantage mutuel » a pris de nouvelles formes de nos jours : il s'agit désormais de « laisser chacun faire ce qu'il veut, ne pas critiquer les "valeurs" des autres. [...] On ne doit pas critiquer les

1. G. Simmel, *Sociologie*, *op. cit.*, p. 356.
2. C. Taylor, *L'Âge séculier*, *op. cit.*, p. 835.
3. *Ibid.*, p. 987.
4. En un sens la « sui-autorisation » n'est qu'une des implications de la conception moderne de la subjectivité et de la liberté comme « auto-dépendance » (*i. e.* le fait de ne subir aucune contrainte, de ne dépendre que de soi-même). Sur la vacuité d'une subjectivité et d'une liberté aussi désincarnées et aussi désocialisées, voir C. Taylor, *Hegel et la société moderne*, Paris, Cerf, 1998.

valeurs des autres parce qu'ils ont le droit de vivre leur vie tout comme vous. Le péché qui n'est pas toléré c'est l'intolérance[1] ». Le principe moral exigé par cet « individualisme expressif » est celui de la « non-nuisance » : « Personne n'a le droit d'intervenir dans les affaires d'un autre pour assurer son propre bien, mais seulement pour prévenir le tort causé aux autres[2] ».

Aussi bien l'idéal de la « *sui*-autorisation » (non seulement en matière de normes et de valeurs, mais aussi d'établissement des faits) que le principe moral de la « non-nuisance » sont évidemment peu propices à l'adoption de la déférence comme attitude pratique – celle-ci serait presque un anachronisme et un obstacle au plein épanouissement de la personne. Mais ils signifient aussi un refus du « facteur social », refus qui va au-delà du rejet du conformisme et des disciplines des périodes antérieures. On l'a vu, la déférence a une dimension sociale et publique. Elle ne consiste pas seulement à s'en remettre à la compétence, à la sagesse ou à la perspicacité morale d'une personne. Ce que sait cette personne, ce qu'elle sait faire, les règles et normes qu'elle suit, les valeurs qu'elle honore, etc., sont des choses socialement établies, fondées sur des dispositifs sociaux et des pratiques régulées socialement ; elles ont une dimension impersonnelle et publique. L'équation personnelle de cette personne, notamment son expérience et sa subjectivité, entre bien sûr en jeu. Mais elle n'est pas la source de son autorité ; cette source la transcende, car elle est de l'ordre d'une institution ou d'une fondation sociale[3]. Le facteur social est

1. *Ibid.*, p. 826.
2. *Ibid.*, p. 827.
3. Comme l'a expliqué H. Arendt, quelque chose qui a été fondé (un fait, un usage, etc.) crée des obligations pour tous. H. Arendt, « Qu'est-ce que l'autorité ? », in *La Crise de la culture*, *op. cit.*

donc décisif. Je rappelle à ce sujet une observation de Peirce concernant la méthode de la science moderne : « Ce qu'un savant reconnaît comme un fait scientifique doit être quelque chose d'ouvert pour quiconque l'observe, pourvu qu'il remplisse les conditions nécessaires, externes et internes. Aussi longtemps qu'un seul homme est capable de voir une tache sur la planète Vénus, ce n'est pas un fait établi[1]. » Il faut que son observation soit reproductible, et corroborée par d'autres, pour qu'elle devienne un fait. C'est tout le contraire de la « *sui*-autorisation ».

En un sens, l'« individualisme expressif » ne fait que développer l'anthropologie métaphysique du libéralisme, « qui fait de l'individu un atome isolé, doté d'une sphère interne et le conçoit comme support inné et *a priori* de droits, de capacités et de désirs, sans rapport avec un contexte social donné : le corrélat de cette conception demande aux institutions de tout faire pour ne pas entraver le libre jeu de ces droits, capacités et préférences[2] ».

1. Peirce, cité *in* J. Dewey, *Logique. Théorie de l'enquête*, *op. cit.*, p. 592, note 3. Dans le même esprit, on peut rapporter ce qu'écrivait le mathématicien Georg Cantor à un de ses collègues et amis : « Ce que je vous ai communiqué tout récemment est pour moi-même si inattendu, si nouveau, que je ne pourrai pour ainsi dire pas arriver à une certaine tranquillité d'esprit avant que je n'aie reçu, très honoré ami, votre jugement sur son exactitude. Tant que vous ne m'aurez pas approuvé, je ne puis que dire : Je le vois, mais je ne le crois pas » (cité *in* M. de Certeau, « L'institution du croire », art. cité, p. 64-65).

2. G. Garreta, « Présentation », *in* J. Dewey, *Après le libéralisme ? Ses impasses, son avenir*, Paris, Climats, 2014, p. 30. Le libéralisme n'a cependant pas été d'un seul bloc, et nombre de libéraux ont considéré qu'il « incombe à l'État de créer des institutions susceptibles de permettre aux individus de réaliser les potentialités qui sont les leurs » ; ils ont défendu « le principe qu'une société organisée doit faire ce qui est en son pouvoir pour établir les conditions dans lesquelles la masse des individus peut jouir d'une liberté réelle, et non seulement d'une liberté seulement inscrite dans la loi » (J. Dewey, *Après le libéralisme ?*, *op. cit.*, p. 93-94).

La société est alors conçue comme étant au service des individus et de leurs intérêts.

Cette anthropologie oublie qu'il y a des conditions sociales de production et d'épanouissement de l'individualité. En effet, l'individualité « exige l'association pour se développer et se maintenir[1] ». Sa pleine réalisation passe par la participation à une vie commune dans laquelle les individus peuvent exercer leur liberté, réaliser leurs propres capacités dans leur interdépendance, et prendre part à la fixation des croyances et à la formation des valeurs. Autrement dit, elle requiert que soit prise en charge collectivement l'organisation sociale, par des pratiques et des institutions, de la vie en commun, qui, sans cela, reste informe et sans pouvoir. C'est cette organisation « qui créera pour chaque individu la possibilité d'une liberté effective et d'une croissance personnelle de l'esprit et de l'âme[2] ». C'est donc la configuration de l'organisation sociale de l'interdépendance et de l'association humaines, pour permettre l'épanouissement de l'individualité et la transformation de la société en une communauté, qui est décisive, Dewey plaidant pour que lui soient appliquées les méthodes, plurielles et expérimentales, de l'intelligence organisée, c'est-à-dire de la science et de la démocratie. L'idéal de la « *sui*-autorisation » individuelle fait évidemment l'impasse sur une telle nécessité d'une organisation sociale de la vie en commun[3].

Il ne s'agit donc pas de remettre en cause l'idéal moderne d'autonomisation et d'épanouissement de soi, qui est un acquis culturel et politique des plus précieux, mais de

1. J. Dewey, *Freedom and Culture*, in *The Later Works*, vol. 13, 1988, p. 181.

2. J. Dewey, *Après le libéralisme ?*, *op. cit.*, p. 130.

3. Voir aussi J. Dewey, « The crisis in human history », in *The Later Works*, vol. 15, 1989, p. 210-223.

rappeler ses conditions sociales et politiques de possibilité – ce que ne fait qu'en partie Taylor. D'un côté, il évalue positivement l'évolution sociale et culturelle contemporaine, qui témoigne, selon lui, d'innovations importantes dans la culture moderne, concernant notamment la place de l'individu dans la société. Mais, d'un autre côté, ces changements culturels ont, à ses yeux, favorisé un humanisme « exclusif » ou « autosuffisant », c'est-à-dire un humanisme dans lequel « devient concevable l'éclipse de toutes les fins autres que celles relatives à l'épanouissement humain »[1]. Cette éclipse va, selon lui, à l'encontre du « sentiment qu'il existe un bien plus élevé que l'épanouissement humain » et indépendant de lui, et du besoin de l'homme d'être connecté à quelque transcendance externe, qui, aux yeux de Taylor, n'est instaurée que par la religion. Cette critique, motivée par le désir d'écrire une histoire non réductrice de la sécularisation et d'expliquer la situation de la religion aujourd'hui, propose finalement une solution surnaturaliste au problème posé par le « subjectivisme total et parfaitement conséquent » dont témoigne la « *sui*-autorisation »[2]. Ce problème est que le plein développement de l'individualité, par le seul accroissement de l'autonomie personnelle et la « *sui*-autorisation » individuelle, ne peut pas aboutir, tellement il est désincarné et désocialisé. Prétendre le résoudre par le surnaturalisme est cependant une illusion[3]. Si une

1. C. Taylor, *L'Âge séculier*, *op. cit.*, p. 44.

2. Je laisse de côté une critique plus élaborée du point de vue de Taylor, qui adopte une conception morale de l'identité, et juge l'« individualisme expressif » à l'aune d'une problématique des « biens supérieurs » extérieurs au sujet, mais trouvant un écho en lui. Il cherche ces biens supérieurs dans la religion. Voir L. Quéré, « L'herméneutique critique de Charles Taylor », *Sociologie et sociétés*, LIII (1-2), p. 87-111.

3. « L'attribution d'une supériorité, d'une autorité et d'un prestige [...] à "l'individu" n'aurait pas pu se produire si ce dernier n'avait pas intégré la

individualité accomplie est portée par un ensemble de pratiques et d'institutions sociales, c'est une reconfiguration de l'organisation sociale de l'interdépendance et de l'association humaines qu'il faut plutôt viser dans le cadre d'un « humanisme naturaliste ».

Les soupçons d'O'Neill

O'Neill ne rapporte pas l'émergence d'une « culture de la suspicion » à l'essor de cet « individualisme expressif » ni à une transformation contemporaine de l'imaginaire social qui exacerbe l'horizontalité aux dépens de la verticalité, la « *sui*-autorisation » aux dépens de la fondation sociale, mais à ce qui, dans la vie publique des sociétés actuelles, fait obstacle à l'exercice d'une confiance intelligente et bien placée. Parmi les facteurs qui contribuent au développement d'une « culture de la suspicion », trois retiennent spécialement son attention : les transformations de l'écosystème de l'information et de la communication ; l'idéologie de la transparence ; et les nouvelles conceptions managériales de l'*accountability* des professions et des institutions.

substance de l'individualisme moral inhérent à la tradition religieuse acceptée. » Selon celle-ci, « les hommes, en tant qu'âmes par essence singulières ou individuelles, n'ont un lien intrinsèque qu'avec un être surnaturel, tandis qu'ils n'ont de lien entre eux qu'à travers le medium extérieur de cette relation surnaturelle » (J. Dewey, « The crisis in the human history », art. cité, p. 214).

L'impossible traçage des informations

Serait d'abord en cause l'écosystème informationnel dans lequel nous vivons désormais. En effet, la circulation de l'information dans des réseaux sans contrôle autorise toutes sortes de modifications et de transformations, voire de falsifications et de manipulations : « Dans un monde où [...] ce qu'on appelle les "produits" d'information peut être transmis, reformaté et ajusté, enjolivé et élaboré, façonné et manipulé, répété et re-manipulé, il peut être très difficile d'évaluer leur vérité ou leur fausseté »[1]. Or, pour pouvoir se fier raisonnablement à une information, il faut être en mesure de juger sa véracité et son exactitude, notamment de savoir d'où elle vient et de se faire une idée de la crédibilité de sa source. La dissémination horizontale de l'information rend l'évaluation et la critique difficiles, parce que l'on ne peut plus faire les vérifications qui s'imposent. Là où l'on ne peut plus s'enquérir des sources de l'information, les identifier et évaluer leur fiabilité, on suspend l'adhésion et fait prévaloir le soupçon et la méfiance, sauf à être crédule.

En effet, selon O'Neill, la prolifération de l'information rend une confiance précautionneuse difficile. Une telle confiance requiert en effet un « consentement informé » : « Le consentement informé peut fournir une base pour la confiance à condition que ceux dont on sollicite l'adhésion ne se voient pas offrir un flot d'informations incontrôlables, mais plutôt une information dont ils peuvent vérifier l'exactitude et qu'ils peuvent évaluer par eux-mêmes »[2]. Un « consentement informé » procède d'un examen visant à

1. O. O'Neill, *A Question of Trust*, *op. cit.*, p. 74.
2. *Ibid.*, p. 79.

détecter la tromperie, le mensonge, la manipulation, la propagande, la coercition ou ce qui relève de la pure « comm' ». La prolifération des « *fake news* » complique encore plus cette tâche. Cependant, comme l'a bien expliqué Luhmann, la possibilité de réaliser seul un tel examen est limitée. Une confiance raisonnée ne peut être atteinte que sur la base d'une confiance dans les dispositifs de contrôle internes à un système.

On peut ajouter que le développement de la cybercriminalité et la multiplication des escroqueries sur Internet, ainsi que les appels répétés des autorités à la prudence dans l'usage des outils numériques, ou encore les conseils réitérés pour « éviter les arnaques en ligne », sont aussi des facteurs vraisemblables de la diffusion d'une « culture de la suspicion ». Le sont aussi sans doute les politiques mises en œuvre, et les discours qui les justifient, par exemple pour lutter contre le terrorisme, l'islamisme radical, l'immigration clandestine, le phénomène des sectes, etc.

L'idéal dévoyé de la transparence

La transparence est devenue un nouvel idéal : il s'agit de remplacer le secret et la déférence par de la transparence. On peut identifier comme suit le contexte de l'enthousiasme actuel pour la transparence :

a) La lutte contre la corruption, qu'il s'agisse de détournement de l'argent public par des agents publics, de détournement de subventions ou de prêts d'aide au développement, de cession à la pression des *lobbies* dans les décisions publiques, ou de contrôle du financement des campagnes électorales, etc. L'exigence de transparence vise à combattre le secret, les fraudes et les pressions occultes, et à renforcer la probité en politique et dans le fonctionnement des administrations. La création en 1993 de l'ONG « *Transparency International* » (ou d'*Anticor* en France) témoigne de la montée en puissance de cette exigence (tout à fait légitime, au demeurant).

b) Le *New Public Management* : celui-ci tente de soumettre les institutions publiques aux pratiques et standards managériaux des entreprises privées, et leur impose des « guides des bonnes pratiques » pour garantir une « bonne gouvernance » : assurer le bon usage des fonds publics, réduire les dysfonctionnements, susciter plus de responsabilité et en finir avec la culture du secret dans les administration publiques (cf. *infra*).

c) Le développement de lois sur la liberté de l'information et de politiques publiques visant à garantir une information complète aux usagers des services publics ou aux consommateurs. Au nom du droit à l'information, du droit de tout savoir, les administrés peuvent exiger des institutions publiques qu'elles leur communiquent des informations sur tout et n'importe quoi (y compris, dans certains pays, sur la feuille d'imposition de leur voisin !).

d) La dénonciation publique de multiples fraudes et scandales de tous ordres, y compris dans le domaine industriel[1].

e) Ce que l'on peut appeler « l'idéologie Internet ». Je vais m'arrêter sur ce dernier facteur[2].

1. Un exemple récent : l'affaire dite du « *Dieselgate* » chez Volkswagen, révélant que le constructeur allemand avait utilisé, entre 2009 à 2015, différentes techniques pour réduire frauduleusement les émissions polluantes de certains de ses moteurs diesel et essence lors des essais d'homologation.

2. La nécessité de la transparence est aussi un article important de la *doxa* de la théorie économique néoclassique : pour que l'équilibre général soit atteint, il faut que les agents économiques soient le mieux informés possible. D'où la prolifération d'indicateurs de performances divers et variés censés assurer la transparence du marché.

David Weinberger, un universitaire américain spécialiste d'Internet, a pu prétendre que « la transparence est la nouvelle objectivité ». La « nouvelle objectivité » s'oppose à une ancienne, celle de l'ère Gutenberg. L'ancienne objectivité « est un mécanisme de confiance sur lequel vous prenez appui quand votre médium ne peut pas faire de liens » ; elle va de pair avec la soumission à un certain type d'autorité, par exemple celle du journaliste qui a contrôlé son information et a veillé à faire preuve d'impartialité et d'objectivité dans le compte rendu des faits. L'ère du papier, à laquelle était liée cette forme d'objectivité, est révolue, et, avec elle, celle des médiations ; nous sommes dans l'ère des liens immédiats (sans médiation), c'est-à-dire de la transparence :

> Au lieu de croire ce que quelqu'un écrit parce que nous le considérons comme objectif, nous le croyons désormais parce que nous pouvons voir à travers ce qu'il écrit les sources et les positions (et les discussions) qui l'ont conduit à cette position. [Désormais] aux marges de la connaissance [...] nous voulons la transparence, nous en avons besoin, nous pouvons l'avoir et nous l'attendons. La transparence place à l'intérieur du compte rendu lui-même une manière pour nous de voir quelles présuppositions et quelles valeurs peuvent l'avoir informé.
> L'objectivité sans la transparence apparaîtra de plus en plus comme de l'arrogance. Et donc comme une bêtise. Pourquoi nous fierions-nous à ce qu'une personne [...] présente comme vrai, alors qu'au lieu de cela nous pouvons disposer [grâce aux TIC] d'un réseau (*web*) de preuves, d'idées et d'arguments[1].

Bref, les bases de la crédibilité des informations seraient en train de changer. On sortirait d'une ère où des institutions

1. D. Weinberger, « Transparency : the new objectivity », *Trend-Setting Products*, 18 (8), 2009.

opaques (les médias traditionnels) rassemblent secrètement des informations sur d'autres institutions opaques et leurs secrets pas très propres (le gouvernement, les administrations, les services publics, les grandes entreprises, etc.). C'est un écosystème organisationnel régi par la transparence, donc sans verticalité, sans médiation et sans « tiers symbolisant », qui émergerait[1].

Le problème est que confiance et transparence ne font pas bon ménage. On l'a vu, la quête de transparence est une composante de la méfiance plutôt que de la confiance : si on veut la transparence c'est parce qu'on ne se résout pas à agir dans l'incertitude ou parce qu'on recherche le contrôle maximum. On ne restaure donc pas la confiance en instaurant plus de transparence. De toute façon, là où la transparence règne, la confiance est superflue. Si assurer la publicité des institutions revenait à assurer leur transparence complète, cette publicité rendrait la confiance inutile. En effet, comme l'avait noté Simmel, là où l'information est complète, le savoir assuré, les garanties totales, l'incertitude inexistante sur les intentions et les comportements d'autrui, il n'y a pas besoin de cette chose particulière qu'est la confiance. Elle est aussi superflue là où peuvent être réalisés une surveillance et un contrôle extensifs, ou encore une normalisation complète des pratiques et des conduites. Mais à l'inverse, l'ignorance est aussi antinomique de la confiance. La confiance est en effet « un état intermédiaire entre le savoir et le non-savoir » (comme l'indique Simmel). Mais est-ce par un surcroît de transparence que l'on peut réduire cette ignorance ?

Dans la plupart des domaines de la vie sociale, nous renonçons de fait à la transparence. C'est le cas par exemple

1. Sur ce qu'est un « tiers symbolisant », voir L. Quéré, *Des miroirs équivoques*, Paris, Aubier, 1982.

dans les relations en public, où prévaut une « sociabilité d'étrangers », ou ce que Goffman appelle l'« inattention civile[1] ». Nous nous accommodons d'une forme de lisibilité des conduites fondée sur la typification ; en particulier, nous nous contentons des apparences perceptibles présentées par les autres en public pour savoir comment les traiter ou entrer en relation avec eux. Renoncer à la transparence c'est aussi s'en tenir à la présomption que les inconnus que l'on croise dans la rue sont des « *bona fide members* », qu'ils se réfèrent à l'ordre social auquel tout un chacun est supposé souscrire, et qu'ils poursuivent des buts typiques qui les amènent à agir comme ils le font[2]. C'est donc aussi renoncer à savoir exactement dans quelles activités ou quelles relations ils sont engagés, au-delà des inférences typifiantes que permettent les apparences qu'ils présentent, et renoncer à lever l'anonymat réciproque. Ce qui n'empêche pas d'être sur ses gardes, par exemple dans un contexte où les actes de malveillance (le vol par pickpockets, par exemple) sont possibles, ou des menaces d'attentat avérées.

Dans le domaine politique, l'exigence de publicité de l'exercice du pouvoir n'est pas non plus une exigence de transparence, mais une exigence d'ouverture au droit de regard et d'enquête du public, et de reconnaissance de la légitimité de ce droit. C'est pourquoi il importe de distinguer transparence et « publicité », au sens kantien du terme. Le principe de « publicité » défini par Kant

1. Cf. L. Quéré et D. Brezger, « L'étrangeté mutuelle des passants. Le mode de coexistence du public urbain », *Les Annales de la recherche urbaine*, 57-58, 1993, p. 88-99. L'« inattention civile » n'est pas de l'indifférence. Elle est la manifestation subtile (notamment par la modalité du regard) d'une distanciation polie.

2. L'expression « *bona fide members* » est de Garfinkel, *in* H. Garfinkel, *Recherches en ethnométhodologie*, *op. cit.*

– l'*Öffentlichkeit* – vise à garantir le caractère juste de la décision et de l'action publiques ; celles-ci doivent pouvoir être divulguées, pour rendre possible une contestation ou une opposition. Voici comment Kant, dans son *Projet d'une paix perpétuelle*, définissait le « principe transcendantal de la publicité du droit public » :

> Une maxime que je ne peux pas *divulguer* sans faire échouer par-là mon propre dessein, une maxime qu'il faut absolument garder *secrète*, pour qu'elle réussisse, et que je ne peux pas *avouer publiquement* sans susciter par-là, immanquablement, la résistance de tous à mon propre projet, ne peut devoir cette opposition de tous contre moi, opposition nécessaire, universelle et par conséquent qu'on doit considérer comme *a priori*, qu'au tort dont elle menace chacun[1].

Pour Kant, la publicité comme « concept transcendantal du droit public » est essentiellement destinée à garantir « la concordance de la politique et de la morale », en somme à moraliser la politique. Sans la publicité, comme *forme*, il n'y a pas de garantie de justice : toute action ayant trait au droit des autres, qui n'est pas susceptible d'être rendue publique, « avouée publiquement » dit Kant, *a priori* « n'est pas de droit ».

Le but de cet aveu public est de rendre possible une opposition de tous à un projet qui peut comporter des menaces pour les droits des uns ou des autres, ou des menaces d'injustice. Le contraire de la publicité est donc la soustraction d'un projet, dans le domaine normatif ou politique, au regard, au jugement et à la discussion du public des citoyens, pour assurer sa réussite. Le contraire de la publicité est la dissimulation manipulatrice et stratégique de

1. E. Kant, *Vers la paix perpétuelle*, *op. cit.*, p. 125.

la part d'un pouvoir. Une telle dissimulation, qui empêche l'opposition à un projet, témoigne *a priori* du caractère vraisemblablement injuste de celui-ci et « du tort dont il menace chacun ». Le principe de publicité, ajoute Kant, est « simplement *négatif* » : « Il ne sert que de moyen pour reconnaître ce qui n'est *pas de droit* vis-à-vis des autres »[1]. Plus loin, Kant indique que la publicité « écarte toute méfiance à l'égard des maximes » de la politique, en ce qu'elle garantit qu'elles sont en harmonie avec les droits ou les intérêts du public. Bref, elle rend la confiance possible dans le domaine politique ou institutionnel.

La confiance publique, qui comporte une délégation, une soumission et un renoncement au contrôle total, n'est ainsi possible que si les pouvoirs et les institutions se prêtent à l'enquête et à l'évaluation critique, par le public, de leur conformité aux valeurs et aux idées normatives dont elles se réclament, donc que si elles rendent leur organisation, leur fonctionnement, leurs décisions, les conduites et pratiques de leurs agents accessibles au regard du public. Il est évident que cette publicité demande à être produite et maintenue par des dispositifs et des pratiques appropriés, car les gouvernements, les administrations et les institutions ne s'y prêtent pas spontanément ; ils ont plutôt tendance à abuser du secret. La simple production d'informations ne suffit pas à la garantir, car elle peut être manipulatrice ou embrouillante, comme tend à l'être la fameuse « communication » du pouvoir politique et des dirigeants d'administrations, d'entreprises, etc. (« ce n'est que de la comm' ! » ou du *marketing*) : les informations doivent aussi provenir d'enquêtes et de sources externes.

La disposition d'informations est importante pour la confiance, mais celle-ci requiert autre chose, s'il est vrai

1. *Ibid.*

qu'elle implique un saut au-delà du savoir et des garanties disponibles. Comme le rappelle O'Neill, une des conditions de la confiance est la possibilité de s'assurer de la véracité des engagements de ceux qui réclament notre soumission. Là où nous ne pouvons pas nous assurer du bien-fondé des prétentions de ceux qui nous demandent de nous en remettre à eux, de leur bonne foi et de leur probité, nous retenons notre confiance. Il n'est malheureusement pas en notre pouvoir en tant qu'individus d'exercer un contrôle au-delà de la sphère immédiate de nos interactions. Nous devons donc nous en remettre à d'autres pour ce faire. Nous leur déléguons la tâche de garantir la fiabilité des informations et de nous assurer de la crédibilité des engagements des institutions, ou de la probité de ceux qui exercent les pouvoirs, et donc de nous protéger de leurs manipulations, mensonges, fraudes et tripatouillages. Qui peut exercer ce rôle aujourd'hui ?

LA NOUVELLE *ACCOUNTABILITY* PUBLIQUE

> Il est possible que la culture de l'*accountability* que nous élaborons sans relâche pour nous-mêmes abîme la confiance plus qu'elle ne la conforte. Les plantes ne s'épanouissent pas quand nous les arrachons trop souvent pour vérifier le développement de leurs racines. Pareillement, la vie politique, institutionnelle et professionnelle ne peut pas s'épanouir si nous la déracinons constamment pour démontrer que tout est transparent et digne de confiance[1].

1. O. O'Neill, *A Question of Trust*, *op. cit.*, p. 19.

La nouvelle *accountability* publique réfère aux procédures de gouvernance promues par le néolibéralisme et désormais appliquées un peu partout, notamment dans la Communauté européenne :

> [Elle] exige de se conformer à des procédures et des protocoles, à des enregistrements détaillés et à la fourniture d'informations dans des formats spécifiés ; elle exige aussi le succès dans l'atteinte de ces cibles. Des instructions détaillées régulent et prescrivent le travail et la performance des services de santé et des écoles, des universités et des institutions de recherche, de la police et des travailleurs sociaux [...].
> La nouvelle *accountability* [managériale] a les dents bien aiguisées. La performance est contrôlée et soumise à un contrôle et à des garanties de qualité. L'idée d'audit a été exportée depuis son contexte financier d'origine vers des processus et des systèmes non financiers. Les indicateurs de performance sont utilisés pour mesurer avec une soi-disant précision les performances adéquates et les performances non adéquates. Cette explosion de l'audit a déplacé ou marginalisé les systèmes d'*accountability* plus anciens[1].

En fait, la nouvelle *accountability* n'est pas tant pour le public que pour les gestionnaires :

> En théorie, la nouvelle culture de l'*accountability* et de l'audit rend les professions et les institutions plus comptables *vis-à-vis du public*. [...] Mais les exigences réelles produisent une *accountability* pour les régulateurs, les départements gouvernementaux, les financeurs, les standards légaux. Les nouvelles formes d'*accountability* imposent des formes de contrôle centralisé.
> [...] En théorie, la nouvelle culture de l'*accountability* et de l'audit rend les professions et les institutions plus comptables

1. *Ibid.*, p. 46-48.

> en termes de bonne performance [...]. Mais derrière cette rhétorique admirable l'accent réel est mis sur des indicateurs de performance choisis parce qu'ils sont faciles à mesurer et à contrôler, et non pas parce qu'ils mesurent précisément la qualité des performances[1].

Cette nouvelle *accountability*, animée par le fantasme d'une transparence complète et d'un contrôle total, produit un nombre considérable d'effets pervers, qui alimentent la spirale de la méfiance. Lorsque les agents et les professions publics doivent répondre aux exigences qui leur sont imposées par les gestionnaires, notamment à leur définition des « bonnes pratiques », à leurs standards managériaux et à leurs modèles de compte rendu (chiffré), naît le risque qu'ils ne puissent plus honorer les exigences et les standards d'excellence internes à leur métier (être un bon enseignant, un bon médecin, une bonne infirmière ou un bon chercheur, selon des critères d'excellence internes, dont l'application requiert une réelle marge de manœuvre et l'exercice d'une capacité d'autodétermination), et donc qu'ils suscitent de la déception, du ressentiment et de la méfiance. En effet, les standards de performance imposés par les gestionnaires entravent la qualité et la fluidité des performances réelles, ce qui nourrit les récriminations du public à l'égard des professions et des institutions publiques, et cela d'autant plus facilement que de nouvelles procédures de plainte sont aussi créées.

Par ailleurs, cette nouvelle *accountability* favorise les « fabrications » de la part de ceux qui sont soumis à ses standards, par exemple, sous la forme d'apprêtements à la soumission à un contrôle possible à venir, ou encore de stratégies d'immunisation contre l'*accountability*, du genre

1. *Ibid.*, p. 52-54.

des techniques de « *plausible deniability* » décrites par Mike Lynch et David Bogen dans l'affaire Iran-Contra[1] :

> [Il s'agit] d'un ensemble de techniques mises en œuvre par les parties prenantes à un événement qui anticipent sa signification historique possible. [...] Des enregistrements et des pratiques d'enregistrement « *plausibly deniable* » sont conçus pour faciliter les dénégations et pour fournir des justifications alternatives à des activités et des événements qui pourraient être ultérieurement soumis à un examen hostile[2].

C'est ainsi que les témoins clés de ce scandale politico-militaire avaient fabriqué, en collaboration avec la direction de la CIA, de fausses chronologies des événements et détruit les documents qui auraient pu les contredire et impliquer le président des USA dans des activités potentiellement illégales : « Au cours des auditions il devint progressivement clair que ces fabrications et ces destructions avaient été faites par anticipation de la sorte précise d'investigation officielle susceptible d'être menée par le Congrès[3]. »

1. L'affaire Iran-Contra est un scandale survenu aux États-Unis dans les années 1980 pendant le second mandat de Donald Reagan. Plusieurs hauts responsables du gouvernement fédéral américain avaient soutenu un trafic d'armes vers l'Iran malgré l'embargo touchant ce pays. Ils espéraient pouvoir utiliser les produits de ce trafic pour financer les *Contras* au Nicaragua, malgré l'interdiction explicite du Congrès américain de financer ce groupe armé en lutte contre le pouvoir nicaraguayen. La vente d'armes est révélée en novembre 1986. Les enquêtes menées ont été entravées par la destruction ou la dissimulation de nombreux documents.

2. Cf. M. Lynch et D. Bogen, *The Spectacle of History*, Londres, Duke University Press, 1996, p. 61-62.

3. *Ibid.*

La production culturelle de l'ignorance

Il y a sans doute de nombreux autres facteurs susceptibles d'expliquer le développement d'une « culture de la suspicion ». Une des victimes de ce développement est la science elle-même. Il arrive de plus en plus souvent que celle-ci soit soumise à des stratégies visant à contrer ses efforts et à récuser les résultats de ses enquêtes. Une de ces stratégies est la « production culturelle de l'ignorance », pour reprendre une expression de l'historien des sciences américain Robert Proctor, à qui l'on doit la création de l'expression « agnotologie »[1]. Il y a certes quelque paradoxe à affirmer que l'ignorance peut être produite. En un sens les fausses informations produisent de l'ignorance. Mais c'est d'un autre phénomène qu'il s'agit : de la mobilisation d'une pseudoscience pour désinformer l'opinion, et produire méthodiquement de l'ignorance[2]. L'entreprise consiste à semer le doute sur les résultats des enquêtes scientifiques, et à les contrer par des récits alternatifs qui simulent les méthodes mêmes de la science. C'est ce qu'ont régulièrement fait différents groupes industriels : les industriels du tabac pour contrer ce que la recherche disait sur les effets nocifs du tabac, l'industrie pétrolière pour alimenter le climatoscepticisme, l'industrie chimique, appuyée par une partie du syndicalisme agricole, pour convaincre de l'innocuité des pesticides.

La stratégie consiste à instiller le doute sur l'explication scientifique reconnue d'un phénomène. Comme l'expliquait

1. Cf. R. Proctor et L. Schiebinger (dir.), *Agnotology : The Making and Unmaking of Ignorance*, Stanford, Stanford University Press, 2008.

2. Je laisse de côté la production de l'ignorance par la propagande politique (cf. Viner, « How technology disrupted the truth », art. cité).

un porte-parole d'un cigarettier, « notre produit c'est le doute, car c'est le meilleur moyen de rivaliser avec la somme de faits et d'informations qui occupent l'esprit du public[1] ». Il ne s'agit pas de nier les résultats des travaux scientifiques, mais de « les noyer sous un flot d'autres recherches. Ainsi, l'industrie du tabac finance de très sérieuses études sur les origines génétiques des cancers, ce qui permet de minimiser le rôle du tabac. Une autre piste consiste à multiplier les recherches sur le cancer et le tabac, pour remettre en permanence en cause les résultats préexistants[2] ».

J'ai observé le même phénomène concernant le problème des marées vertes en Bretagne : l'industrie agroalimentaire bretonne et les syndicats agricoles majoritaires (FRSEA et CRJA) ont financé les travaux d'un pseudo-chercheur pour prouver que ce n'était pas les surplus d'azote d'origine agricole véhiculés par le ruissellement des eaux de pluie qui étaient la cause du phénomène, mais les rejets de phosphate provenant des lessives des particuliers et d'un mauvais traitement des eaux usées par les collectivités locales. Parallèlement, tout a aussi été fait pour discréditer les scientifiques eux-mêmes, en les présentant comme de simples militants écologistes[3].

Semer le doute, à l'aide d'une science « contraire », sur la validité des résultats des enquêtes scientifiques, et discréditer les chercheurs, tels sont deux des moyens les plus sûrs de produire méthodiquement de l'ignorance sur un problème public. C'est aussi un moyen pour saper une des principales autorités culturelles dans notre société, à savoir la science, de susciter

1. Cité par M. Girel, « La difficile étude de l'ignorance », *Le Monde*, 7 octobre 2017.

2. *Ibid.*

3. L. Quéré, « Le travail des émotions dans l'expérience publique. Marées vertes en Bretagne », *in* D. Cefaï et C. Terzi (dir.), *L'Expérience publique*, Paris, Éditions de l'EHESS, « Raisons pratiques », 22, 2012, p. 135-162.

de la suspicion à son égard, et aussi de précipiter la dévaluation des vérités factuelles au profit de « faits alternatifs ». Aujourd'hui les réseaux sociaux favorisent la prolifération d'experts autoproclamés qui utilisent cette méthode pour saper la confiance accordée aux scientifiques, par exemple en matière de santé publique (cf. les antivax au moment de la crise de la Covid-19), ou sur la question du réchauffement climatique.

Lever le doute ?

J'adhère, pour l'essentiel, au diagnostic d'O'Neill, aussi bien à son scepticisme sur les résultats de sondages qu'à sa critique de l'idéal de la transparence et des nouvelles formes d'*accountability* imposées aux services publics. Pour ce qui est de la confiance comme attitude spontanément adoptée dans le cadre des activités pratiques, il faudrait sans doute une mutation anthropologique (bio-culturelle) majeure au niveau de nos manières d'agir, de penser et d'entrer en relation avec le monde et les autres, pour qu'il y ait une véritable « crise de la confiance ». Cependant, force est de convenir que les idéaux qui prévalent à l'« âge de l'authenticité » (ceux de l'auto-dépendance et de la « *sui*-autorisation », en particulier) ne favorisent pas la « confiance dans la confiance » (Luhmann).

Pour ce qui est de la confiance dans le domaine des affaires publiques, je trouve aussi convaincante l'analyse que propose la philosophe britannique des facteurs qui nourrissent un climat général de méfiance. Cependant la solution, d'inspiration kantienne, qu'elle propose pour contrer le développement d'une « culture de la suspicion », à savoir la moralisation de la politique, et plus largement, de la vie publique, est peu crédible : les appels à une telle moralisation, ou encore les lois adoptées pour l'assurer, sont rarement suivis d'effets[1]. Il faut donc imaginer une solution alternative. Je la chercherai dans la philosophie politique de Dewey, notamment dans sa théorie du « public ».

1. Dewey dirait que cette solution demeure « sous l'influence de la superstition morale », qui consiste à imaginer « que nous pouvons nous débarrasser des maux moraux en les condamnant vigoureusement et en prêchant à quel point ils sont mauvais » (J. Dewey, « Préjugé racial et friction raciale », art. cité, p. 167).

CHAPITRE 9

Faut-il vouloir à tout prix la confiance ?

Faut-il vouloir à tout prix la confiance ? On sait que la confiance se donne, et qu'on ne peut l'exiger de quiconque. Mais ce n'est pas cette impossibilité qui est visée par la question posée. Cette question ne concerne évidemment pas non plus l'*Ur-trust*, voire le *basic trust*, trop instinctifs et trop immédiats pour faire l'objet d'un engagement volontaire procédant d'un savoir, d'une investigation et d'une délibération. Elle ne se pose que relativement à ce que j'ai appelé, à la suite de Danièle Moyal-Sharrock, la « confiance de second degré ». C'est de cette variété de la confiance que parlent ceux qui, aujourd'hui, s'inquiètent d'un déclin de la confiance et en appellent à sa restauration.

Cette inquiétude et cet appel sont-ils justifiés ? Il est vrai que l'on assiste vraisemblablement au développement d'une méfiance de plus en plus grande à l'égard des autorités et des institutions, ou encore à une exacerbation de la prudence et de la défiance dans un contexte où les possibilités de mensonge et de tromperie, de machination et d'escroquerie sont démultipliées par les usages stratégiques de la communication, par les techniques de *marketing*, par les pratiques de démarchage abusif, et par les innovations technologiques dans le domaine de l'information, comme dans celui de l'automatisation, grâce au numérique, des médiations des interactions et des activités humaines. Mais il est possible que cette lamentation sur le déclin de la confiance ne soit pas réellement justifiée, et que l'expansion de la méfiance, si elle était avérée, ne soit pas aussi dévastatrice que supposé.

Il est possible aussi que l'opposition habituelle de la confiance et de la méfiance témoigne d'une mauvaise compréhension des conditions de la confiance. On peut en effet considérer que dans une société qui se complexifie et qui transforme les formes de son organisation, ainsi que celles des activités diverses et variées qui y ont cours, la confiance ne peut être accrue que grâce à une augmentation parallèle de la méfiance. Cela vaut sans doute davantage pour la confiance dans les institutions que pour la confiance interpersonnelle. C'est peut-être au paradoxe de cet accroissement mutuel de la confiance et de la méfiance que nous devons les inquiétudes actuelles concernant le recul supposé de la confiance. Mais comment une telle interdépendance est-elle possible ? Et quelles formes donner à la méfiance pour qu'elle soit un facteur de la confiance ? Dans ce qui suit je vais examiner différentes manières de répondre à ces deux questions, en m'appuyant sur la distinction introduite *supra* entre méfiance et défiance.

Peut-on se passer de la confiance ?

Dans un ouvrage collectif intitulé *Cooperation without Trust ?*, Russell Hardin et ses collègues, Karen S. Cook et Margaret Levi, soutiennent qu'aujourd'hui on surestime largement le rôle de la confiance, aux dépens de celui d'institutions efficaces et fiables. Ils considèrent même que la méfiance est souvent plus justifiée et qu'il vaut mieux s'intéresser à elle plutôt qu'à la confiance (ils ne distinguent cependant pas, comme je l'ai fait, la méfiance de la défiance) :

> La méfiance et le manque de confiance ne sont pas en général dévastateurs pour nos vies. Ils sont habituellement l'appréciation correcte des compétences et des motivations des autres, et ils nous aident donc à négocier notre chemin dans nos efforts pour coopérer avec eux, et nous fier à eux, quand agir ainsi sert notre intérêt[1].

Hardin et ses collègues ne partagent donc pas du tout le point de vue de Georg Simmel (et de bien d'autres théoriciens de la confiance), selon lequel une société dans laquelle la méfiance prendrait le dessus sur la confiance ne pourrait que se disloquer. Cela vaut tout autant dans le domaine des relations interpersonnelles que dans celui des institutions. Je rappelle l'assertion de Simmel :

> Sans la confiance des hommes les uns envers les autres, la société tout entière se disloquerait – rares [sont] en effet les relations uniquement fondées sur ce que chacun sait de façon démontrable de l'autre, et rares celles qui dureraient un tant soit peu, si la foi n'était pas aussi forte, et souvent même plus forte, que les preuves rationnelles ou même l'évidence[2].

Lorsque le sociologue allemand parle de foi, c'est d'abord pour expliquer l'inscription figurant sur la devise maltaise : « *non aes sed fides* » – « non pas le métal, mais la foi », c'est-à-dire la confiance. On l'a vu, la confiance est en effet indispensable à l'institution monétaire. L'usage de la monnaie comme médium des échanges économiques serait

1. K. S. Cook *et alii*, *Cooperation without Trust ?*, *op. cit.*, p. 81.
2. G. Simmel, *Philosophie de l'argent*, *op. cit.*, p. 197.

impossible, selon Simmel, sans « une double confiance » du public : celle dans le gouvernement émetteur ; et celle dans l'« aptitude de la sphère économique » à garantir que « l'argent que l'on reçoit maintenant pourra être re-dépensé à la même valeur »[1]. C'est un autre type de « foi » qui prévaut dans la confiance interpersonnelle. Il y a dans cette « foi » un saut au-delà du savoir et des garanties rationnelles disponibles. C'est ce que j'ai proposé d'appeler une confiance-*fides*, en référence à la description sémantique de *fides* par Benveniste.

La méfiance institutionnalisée

Pour Hardin et ses collègues, la confiance n'est donc pas le « pilier central » que l'on croit de l'ordre social. Elle jouerait même un rôle de plus en plus secondaire dans nos sociétés complexes. C'est donc à tort que l'on se lamente sur le déclin supposé de la confiance. Il n'est pas du tout sûr que l'on se porterait mieux si l'on se faisait davantage confiance. Ce n'est pas la confiance qui facilite la coopération, mais différents dispositifs institutionnels que la société a conçus pour assurer la fiabilité de ceux à qui nous devons nous fier, notamment ceux du contrat et du droit.

On l'a vu, le diagnostic de Hardin et ses collègues repose sur une conception de la confiance inspirée de la théorie du choix rationnel. D'après eux, la confiance est essentiellement une croyance, qui requiert un « savoir considérable ». La croyance est celle dans la fiabilité d'autrui, le savoir une

1. *Ibid.*, p. 196.

connaissance de ses motivations, mais pas de n'importe quelles motivations : il s'agit de ses motivations soit à agir dans son seul intérêt, soit à « encapsuler » votre intérêt dans les siens (ce qui requiert de bien connaître ses intérêts, et, plus largement sa réputation). Comme ce savoir fait défaut la plupart du temps, la possibilité de faire confiance est drastiquement limitée :

> La confiance requiert un savoir considérable. Selon notre définition, il est nous est impossible de nous fier à des étrangers et même à beaucoup de nos connaissances, comme il est virtuellement impossible de faire confiance à des institutions, des gouvernements ou d'autres grandes collectivités[1].

La méfiance est souvent induite par l'existence d'asymétries d'information ou de pouvoir, ou par la circulation des réputations. Mais, aux yeux de ces politologues américains, elle est surtout fondée sur l'absence de savoir dans une société où prédomine l'anonymat et sur l'omniprésence des conflits d'intérêts. Vous vous méfierez certainement d'un partenaire dont vous savez que les intérêts sont opposés aux vôtres, car vous ne pourrez pas attendre de lui qu'il « encapsule » vos intérêts dans les siens.

La méfiance peut rendre la coopération sociale plus difficile, mais elle peut aussi être « constructive ». En tout cas, elle n'a pas le caractère pernicieux qu'on lui attribue souvent. Elle est le plus souvent justifiée par nos réserves sur la bienveillance, les compétences et les motivations des autres. Elle est partout répandue et nous nous en débrouillons parfaitement.

On l'a vu, cette approche, que ses auteurs qualifient de « relationnelle », fait partie de celles qui substituent la

1. K. S. Cook *et alii*, *Cooperation without Trust ?*, *op. cit.*, p. 4-5.

trustworthiness à la confiance comme objet d'étude. Elle est finalement indifférente à la dynamique interne de la confiance, telle que décrite par Simmel, puis par Luhmann. Focalisée sur les intérêts individuels et les difficultés de leur composition, ainsi que sur les calculs qui président à cette composition, elle fait sienne l'anthropologie hobbésienne selon laquelle le monde social, où chacun est surtout préoccupé de satisfaire ses intérêts personnels, est un univers de risques et de confrontations d'intérêts – la peur d'être dupé est alors le principal moteur du comportement humain.

Hardin et ses collègues font grand cas de la méfiance institutionnalisée dans les sociétés libérales pour contenir non seulement l'arbitraire et la tyrannie du pouvoir politique, mais aussi le détournement de l'exercice du pouvoir au profit d'intérêts individuels. La nécessité de cette méfiance a été théorisée par de nombreux philosophes incluant John Locke et David Hume, et plus tard John Stuart Mill. Les auteurs libéraux de la Constitution américaine de 1787, notamment James Madison, s'en sont inspirés. Ils considéraient que l'on ne peut pas faire confiance à un gouvernement (qui peut être tenu par des voyous ou des fous), que, par conséquent, il faut concevoir des institutions qui limitent sa capacité d'intervention dans la vie des citoyens :

> La théorie politique libérale est largement fondée sur la méfiance à l'égard du gouvernement, que David Hume, James Madison, et dans une moindre mesure, John Locke, considéraient comme étant la seule attitude intelligente à adopter vis-à-vis d'un gouvernement [...]. Leur théorie était celle d'une méfiance libérale. [...] Même un gouvernement dans lequel nous ne pourrions pas avoir confiance pourrait faciliter la confiance réciproque entre nous[1].

1. *Ibid.*, p. 71-72.

Dans les sociétés libérales, la méfiance à l'égard du pouvoir politique et des institutions est considérée comme une nécessité. En effet un pouvoir politique est considéré comme étant enclin à abuser de ses prérogatives, à prendre des décisions arbitraires, à cacher ses actes illégitimes, voire son impuissance et son incompétence, à falsifier l'information et à recourir à la propagande mensongère, voire à servir les intérêts d'individus particuliers ou de groupes restreints. Il est donc essentiel, pour éviter la tyrannie, l'arbitraire, l'injustice, la corruption et le détournement de l'exercice du pouvoir au service d'intérêts particuliers, que celui-ci soit soumis à une exigence de « publicité », inspirée par la méfiance. Comme on ne peut pas compter sur les détenteurs du pouvoir pour honorer d'eux-mêmes les vertus de véracité et de justice, la méfiance est l'attitude à adopter à leur égard. Dans les États démocratiques, elle est institutionnalisée dans des dispositifs et des pratiques qui assurent la « publicité » de l'exercice du pouvoir. Il ne s'agit évidemment pas de la publicité de type commercial, ou de celle mise en œuvre par les stratèges ou conseillers en communication politique (qui suscitent une méfiance justifiée), mais de celle que dans la tradition kantienne on appelle *Öffenlichkeit*.

L'ACCROISSEMENT MUTUEL DE LA MÉFIANCE ET DE LA CONFIANCE

Certains pensent que cette disposition propre aux sociétés libérales est en train d'être subvertie par la transformation d'une défiance légitime et nécessaire, qui n'exclut pas la confiance, en une méfiance généralisée à l'égard des institutions et de tout ce qui jusqu'à présent était crédité d'une autorité en matière de fixation des croyances et de formation des valeurs. Par exemple, un écrivain américain, Paul Berman, a pu expliquer l'élection de Donald Trump par un effondrement sans précédent « des institutions d'autorité culturelle » aux États-Unis que sont les médias traditionnels et le journalisme, les syndicats et les partis politiques, voire le monde universitaire lui-même, et celui de la science[1]. Berman ne le dit pas, mais on peut ajouter que la seule institution dont l'autorité culturelle ne paraît pas s'être effondrée est l'institution religieuse (à part en Europe) – ce qui n'est pas non plus très rassurant.

Mais une telle méfiance généralisée serait ruineuse. En effet, dans un État démocratique, on ne peut pas se passer complètement de la confiance, dès lors qu'il y a, en celle-ci, un geste de délégation d'autorité, de jugement et de compétence, dont la contrepartie est une attente de protection, de prise en charge de ses intérêts et de service du bien commun. Ce geste se fait dans l'incertitude et en l'absence de garanties complètes. La défiance, qui, à la différence de la méfiance, n'est pas antinomique de la confiance, permet à une telle confiance d'être bien placée. Cela vaut pour la confiance dans les institutions, mais aussi, dans certaines circonstances, pour les relations interpersonnelles. Ce qui veut dire qu'un accroissement de la confiance peut requérir un accroissement parallèle de la défiance. Comment expliquer cette interdépendance ?

C'est sans doute chez Luhmann que l'on en trouve l'explication la plus claire, dans une problématique de la complexification de la société. Selon le sociologue allemand,

1. Cf. P. Berman, « L'Amérique face à un effondrement de son intelligentsia », *Le Monde*, 10 novembre 2016.

un système social complexe ne peut pas se passer de la confiance :

> En l'absence de toute confiance, seules seraient possibles des formes très simples de coopération humaine, celles qui peuvent se régler sur-le-champ, et l'agir individuel est lui-même trop sensible aux perturbations pour pouvoir être planifié, en l'absence de confiance, au-delà du moment immédiatement assuré. La confiance est indispensable pour accroître le potentiel d'action d'un système social au-delà de ces formes élémentaires. Des genres d'action complètement nouveaux deviennent possibles au sein d'un système qui peut activer la confiance[1].

Un système social qui peut activer une confiance de type « systémique » (la confiance dans la monnaie, par exemple, ou encore dans la science, dans le système bancaire, le système scolaire, le système de santé, etc.) rend possibles des modes d'action et de coopération impossibles sans elle. Mais, d'un autre côté, plus l'organisation sociale se complexifie, plus elle a aussi besoin de la méfiance : « On peut supposer qu'un système à complexité plus élevée, qui a davantage besoin de la confiance, nécessite en même temps plus de méfiance et doit ainsi institutionnaliser la méfiance, par exemple sous la forme de contrôles »[2]. Il s'agit de dispositifs de contrôle immanents aux systèmes. Ils ne peuvent cependant fonctionner comme dispositifs de confiance que s'ils honorent des disciplines et des standards internes, des codes de déontologie, par exemple. Les agents sociaux peuvent alors « placer leur confiance dans le fonctionnement de cette méfiance [institutionnalisée] »[3], à condition cependant que

1. N. Luhmann, *La Confiance*, *op. cit.*, p. 104-105.
2. *Ibid.*, p. 105.
3. *Ibid.*, p. 110.

des dysfonctionnements des dispositifs internes de contrôle ne détruisent pas cette confiance. Mais comment être sûr que les menteurs et les tricheurs sont repérés et sanctionnés[1] ?

Il n'y a pas que la complexification de l'organisation et du fonctionnement de la société qui génère un besoin conjoint de confiance et de méfiance. L'innovation technologique et l'invention de nouveaux usages des techniques d'information et de communication y contribuent aussi fortement, à la fois parce qu'ils obligent les gens à se fier à des processus et à des dispositifs qui leur restent opaques, et dont seuls des spécialistes connaissent le fonctionnement, et parce que les possibilités de fabrication, de manipulation et d'escroquerie (sans parler des pratiques de décérébration et de fabrique de « crétins digitaux »[2]) sont démultipliées, face auxquelles ils doivent faire preuve d'un surcroît de défiance et n'ont pas d'autre choix que d'en appeler à des contrôles internes et à des régulations institutionnelles et de leur faire confiance.

En effet, les dispositifs de contrôle internes aux systèmes peuvent eux-mêmes susciter la méfiance, par exemple quand sont dévoilés des anomalies, des fraudes, des escroqueries, des tricheries et des conflits d'intérêts[3]. Comme on ne peut pas faire en sorte que chacun d'eux soit contrôlé par un

1. Les fraudeurs et les tricheurs existent aussi en science. D'où l'émergence de « chasseurs de fraudes » individuels, et la création d'outils informatiques pour traquer les articles scientifiques « bidons ».

2. Cf. M. Desmurget, *La Fabrique du crétin digital*, Paris, Seuil, 2019.

3. Un exemple pris dans l'actualité récente montre que de tels contrôles internes peuvent être défaillants. Il s'agit du manque d'intégrité du rapport d'évaluation officiel fait par une agence d'expertise européenne sur la nocivité du glyphosate, en l'occurrence l'Autorité européenne de sécurité des aliments (EFSA). Une ONG autrichienne, *Global 2000*, a révélé que de longs passages de ce rapport avaient simplement été copiés du dossier déposé par Monsanto pour solliciter le renouvellement de son produit phare. Or, ces passages sont précisément ceux qui innocentent le produit.

dispositif de niveau supérieur (la régression devrait être infinie), et comme il faut renoncer (sauf à être léniniste) au fantasme de la garantie complète et du contrôle total, il faut imaginer une manière de bloquer la régression de la méfiance. De même qu'un doute poussé à l'extrême bloque la recherche, une méfiance régressive rend tout engagement impossible. Comment éviter cette « folie de la méfiance » ? Je n'ai pas trouvé de réponse dans la théorie sociologique de Luhmann. La problématique kantienne de l'*Öffenlichkeit*, remise à l'honneur par O'neill, en offre-t-elle une ?

Une théorie de l'« *accountability* intelligente »

Je l'ai dit, Hardin et ses collègues pensent que l'on surestime généralement le besoin de confiance et qu'il existe, dans les sociétés modernes, des alternatives à la confiance pour rendre la coopération sociale possible. Luhmann n'est pas du tout de cet avis, car il fait de la confiance un mécanisme indispensable de réduction de la complexité sociale ; et plutôt que de préconiser une substitution de la méfiance à la confiance, il prône un accroissement de la méfiance comme condition d'une augmentation ou d'une amélioration de la confiance. Je voudrais introduire un troisième point de vue, fondé non seulement sur la distinction entre défiance et méfiance, mais aussi sur la reformulation du principe kantien de « publicité » (que j'ai présenté *supra*). Il s'agit de la théorie de l'« *accountability* intelligente » d'O'Neill.

Aux yeux d'O'Neill, vouloir restaurer la confiance peut être un « objectif stupide ». Ce qui importe c'est, d'un côté, pour les institutions, les personnels politiques et administratifs, les médias, etc., d'être dignes de confiance, de l'autre, du côté des citoyens si l'on veut, d'accorder et de retirer intelligemment leur confiance. Si les dirigeants, les politiques et les institutions se montraient davantage dignes de confiance, notamment grâce à leur intégrité, à leur honnêteté, à leur compétence et à leur disposition à rendre des comptes, alors la confiance viendrait d'elle-même[1]. L'objectif à rechercher, selon O'Neill, qui fait dépendre la confiance de la fiabilité (*trustworthiness*), c'est un accroissement de cette dernière, donc plus d'honnêteté et de véracité, c'est-à-dire moins de mensonge, de tromperie et de dissimulation, notamment de la part de l'État et des institutions, bref une moralisation des relations sociales ainsi que de la gestion des affaires publiques, grâce à une « *accountability* intelligente ».

Pour O'Neill, si la confiance décline dans la vie publique c'est parce que les institutions sociales et politiques ne nous permettent plus de décider par un jugement éclairé si nous pouvons ou non leur faire confiance. Ce qui est principalement en cause c'est leur défaut, de plus en plus patent, d'*accountability*, un défaut auquel ne remédient pas du tout les dispositifs contemporains imaginés pour mesurer les performances des agences publiques et assurer leur transparence, dispositifs importés du *management* des entreprises privées (cf. *supra*). Outre qu'il en résulte le développement d'une « culture de la suspicion » généralisée, ces dispositifs passent à côté de la véritable tâche : accroître la fiabilité (*trustworthiness*) en protégeant du mensonge, de la manipulation et de la tromperie. Seule une « *accountability* intelligente » du pouvoir et des institutions pourrait assurer

1. Sur cet aspect, son point de vue n'est pas très différent de celui de Hardin.

cette croissance et cette protection, et offrir à chacun des « raisons évaluables de faire confiance ou de se méfier »[1]. La nouvelle *accountability* imposée par les gestionnaires aux institutions, et notamment aux services publics (de plus en plus envisagés comme des services commerciaux), est tout sauf une « *accountability* intelligente ».

Une « *accountability* intelligente » ne vise pas la transparence, car elle renonce au contrôle tatillon et respecte la liberté de manœuvre de celui à qui est accordée une délégation d'autorité, de jugement et de compétence. Elle permet au citoyen de former un jugement indépendant sur le fonctionnement et le travail d'une institution ou d'un service public :

> Une *accountability* intelligente requiert plus d'attention à une bonne gouvernance et moins de fantasmes au sujet d'un contrôle total. Une bonne gouvernance n'est possible que si les institutions disposent d'une certaine marge de manœuvre pour se donner la forme d'autodétermination qui convient à leurs tâches particulières, dans le cadre d'un "rendre des comptes" sur le plan financier ou d'autres. On n'améliore pas ce "rendre des comptes" en le standardisant complètement ou en en multipliant incessamment les détails, et puisque ce dont il faut rendre compte n'est pas facile à mesurer, on ne peut pas le réduire à un ensemble d'indicateurs de performance. Ceux qui sont appelés à rendre des comptes devraient rendre compte de ce qu'ils ont fait, de leurs succès et de leurs échecs, à d'autres qui ont suffisamment de temps et d'expérience pour évaluer les preuves et rapporter sur elles [...]. Si nous voulons une culture du service public, les professionnels et les agents des services publics doivent *in fine* être libres de servir le public plutôt que leurs bailleurs de fonds[2].

1. O. O'Neill, *A Question of Trust*, *op. cit.*, p. 98.
2. *Ibid.*, p. 58-59.

Selon O'Neill, les médias eux-mêmes se soustraient aussi trop souvent aux exigences d'une *accountability* intelligente. Il faut que les lecteurs, auditeurs et spectateurs, puissent évaluer la crédibilité de leurs informations, détecter les fausses informations, juger par eux-mêmes qui et quoi croire, et à qui et à quoi ils peuvent se fier. Le manque d'ouverture des médias à l'évaluation et à la critique explique en partie le peu de confiance que les gens ont aujourd'hui en eux : « Une presse libre peut être et devrait être une presse qui rend des comptes (*an accountable press*)[1]. » Est aussi en cause la faiblesse de leurs standards internes : un média « qui cherche la vérité, ou (plus modestement) qui essaie de ne pas tromper, a besoin de disciplines et de standards internes pour se rendre évaluable et critiquable par ses lecteurs[2] ».

Plus largement, il nous faut, selon O'Neill, développer une culture publique plus solide, « dans laquelle nous pourrons nous fier aux autres pour ne pas nous tromper[3] », ce qui requiert de « pénaliser ceux qui désinforment et publient de fausses informations, ou ceux qui écrivent d'une façon telle que d'autres ne peuvent pas espérer contrôler[4] ».

Ce plaidoyer d'O'Neill pour le respect du principe kantien de publicité s'expose à une objection, de facture lippmannienne. On peut en effet reprocher à la philosophe britannique de surestimer les capacités et les intérêts des citoyens ordinaires, par exemple quand elle évoque ceux qui « ont suffisamment de temps et d'expérience pour évaluer les preuves et rapporter sur elles ». De ce point de vue son idéal du « consentement informé » paraît peu réaliste. Il ne peut être poursuivi que par des citoyens particulièrement soucieux

1. *Ibid.*, p. 93.
2. *Ibid.*, p. 93.
3. *Ibid.*, p. 98.
4. *Ibid.*, p. 92.

d'être bien informés et de participer à la vie publique, voire par des citoyens omnicompétents[1]. Or, malheureusement, comme l'avait fait remarquer Walter Lippmann il y a presqu'un siècle, l'intérêt et la capacité cognitive des citoyens sont limités : ils ne sont le plus souvent que des spectateurs ; leur sphère d'intéressement est très étroite ; elle se limite généralement aux intérêts individuels ; la part de l'environnement dont ils ont une expérience directe est très restreinte ; pour le reste ils doivent se fier à des représentations et à des fictions[2]. Leur vision du « monde réel » est restreinte par les limites du contact social, par le peu de temps à consacrer chaque jour aux affaires publiques, et par leur subjectivisme. À cela s'ajoute une distorsion de leur perception des événements due aux médias : ceux-ci annoncent les événements sous la forme de « nouvelles », mais ne les analysent pas réellement. La « nouvelle » est en effet une forme définie imposée à l'événement, qui ne permet pas vraiment de le connaître[3]. Une connaissance véritable ne peut provenir que d'enquêtes effectives, mais de telles enquêtes requièrent un investissement et une expertise qui ne sont pas à la portée de tout le monde. C'est pourquoi Lippmann limitait l'intervention ponctuelle des citoyens dans

1. Sur la notion de « citoyen bien informé », cf. A. Schütz, « Le citoyen bien informé », art. cité.

2. Cf. W. Lippman, *Le Public fantôme*, Paris, Demopolis, 2008.

3. Sur ce sujet, Dewey partage le point de vue de Lippmann (auquel il s'est opposé sur le rôle politique du public) : une grande partie de ce qui passe pour une « nouvelle » a un caractère trivial et relève du « sensationnel » ou du catastrophique (crimes, accidents, affrontements, disputes, etc.), qui est « le nouveau par excellence ». Il s'agit pour l'essentiel de ruptures de continuité, de déviations par rapport à ce qui est régulier, qui ont une dimension de choc. Le problème est que le format de l'annonce de nouvelles ne permet pas de déterminer la portée des événements échus en mettant en évidence leurs relations entre eux ainsi que leurs conséquences sociales (cf. J. Dewey, *Le Public et ses problèmes*, Paris, Gallimard, 2010, p. 278-279).

la vie publique à la sélection périodique des gouvernants, et réservait la production des connaissances nécessaires à la gestion des affaires de la Cité aux experts, qui sont au service des seuls dirigeants, qu'ils conseillent. Ce n'est qu'en cas de crise sociale ou politique que l'opinion publique a un rôle à jouer[1].

O'Neill explique qu'une des conditions de la confiance est la possibilité de s'assurer de la bonne foi de ceux qui nous demandent de nous en remettre à eux. Mais comment obtenir ce genre de garantie dans une société organisée par des systèmes complexes, où il n'est pas en notre pouvoir, en tant que citoyen ordinaire, d'exercer un contrôle au-delà de la sphère immédiate de nos interactions ? La moralisation de la vie publique reste un vœu pieux tant qu'on n'a pas créé les dispositifs nécessaires à sa réalisation. Peuvent y contribuer les dispositifs de contrôle immanents aux systèmes, invoqués par Luhmann. Encore faut-il que ces dispositifs soient eux-mêmes fiables. Ils ne peuvent fonctionner comme dispositifs de confiance que s'ils honorent des disciplines et des standards internes. Mais comment être sûr qu'ils le font effectivement ? Ici aussi l'incertitude paraît irréductible. Or l'incertitude génère le doute, qui peut facilement se transformer en suspicion et en « folie de la méfiance ».

En France, on débattait il y a quelque temps de l'opportunité d'adopter une loi sur les « *fake news* ». L'opinion publique y semblait favorable, mais nombreux étaient ceux qui doutaient de son applicabilité et de son efficacité. Les tentatives de moralisation de la vie publique par la loi sont le plus souvent vouées à l'échec. Quant aux appels à une véritable éthique de l'information et de la

1. Voir à ce sujet B. Stiegler, *« Il faut s'adapter ». Sur un nouvel impératif politique*, Paris, Gallimard, 2019.

communication, ils sont rarement suivis d'effets. Enfin, il arrive assez souvent que l'on ne puisse pas faire confiance aux dispositifs internes de contrôle dont le manque de rigueur et de probité est souvent révélé. Alors ne faut-il pas s'en remettre à l'innovation technologique (filtrages techniques, intelligence artificielle, etc.) ? C'est ce que proposent habituellement les partisans d'un « solutionnisme technologique »[1] et les militants d'une « citoyenneté augmentée ». Selon eux, les recherches actuelles en « sciences des données » peuvent mettre au point des algorithmes et des logiciels de « *fact-checking* » permettant de détecter automatiquement les mensonges dans le discours politique. Il vaudrait donc mieux placer sa confiance dans les « *data sciences* », et les algorithmes qu'elles élaborent, plutôt que de compter sur un sursaut éthique, sur une loi ou sur la vigilance du « public » :

> Si Internet [...] a propagé les *fake news*, nul doute qu'un algorithme porte en lui la promesse de la transparence, garant d'une confiance retrouvée dans notre rapport à l'information. Contrairement à la loi, l'innovation et la recherche portent la vérification des faits vers l'automatisation en temps réel, générant un nouveau rapport à l'information et au discours politique[2].

La science et la technique peuvent-elles recréer de la confiance dans le rapport à l'information ? Je ne le crois pas et je le crois d'autant moins que leur autorité est

1. Cf. F. Laugée, « Solutionnisme », *La Revue européenne des médias et du numérique*, 33, hiver 2014-2015 ; C. Le Gros, « Le "solutionnisme technologique", cette foi en l'innovation qui évite de penser le changement », *Le Monde*, 22 mars 2023.

2. F. Gueham, « La loi anti-fake news n'est qu'un spectre daté », *Le Monde*, 7 juin 2018.

elle-même victime de l'atmosphère de suspicion qui règne actuellement. Plus généralement, on ne peut pas garantir la démocratie par l'innovation technologique et l'automatisation de la détection des approximations, des dissimulations et des mensonges. On ne peut pas transférer à la technique, qui n'est qu'un moyen, ce qui est à la charge du public des citoyens et des médiateurs. Mais l'innovation technologique peut fournir des outils précieux pour les assister dans cette tâche.

LE « PUBLIC » GARANT D'UNE « *ACCOUNTABILITY* INTELLIGENTE »

On peut considérer que, dans un État démocratique, c'est le « public », tel que Dewey l'a théorisé dans *Le Public et ses problèmes*, qui, en exerçant une défiance raisonnée, peut être le garant de l'« *accountability* intelligente » des institutions, qui permet de leur faire confiance. La défiance raisonnée est le genre d'attitude qui prévaut dans le type d'enquête dans lequel on adopte l'« attitude scientifique »[1]. Celle-ci est une forme d'*ethos*[2]. Elle est une façon de maintenir, dans le traitement d'un problème, le doute et le questionnement jusqu'à l'obtention d'une certitude objective que j'ai

1. Dans la défiance raisonnée, il y a aussi une dimension de « mise au défi de faire ».

2. J. Dewey considère que la science a créé une « morale » qui a ses propres traits distinctifs, et que la diffusion de l'« attitude scientifique » est la meilleure protection contre la rigidité des croyances et des coutumes. Cf. *Freedom and Culture*, 1939, in *The Later Works*, vol. 13, chap. 6. Pour un commentaire, voir S. Madelrieux, *La Philosophie comme attitude*, *op. cit.*, chap. 4.

appelée « de second degré ». Elle consiste aussi à privilégier l'investigation pour « fixer les croyances » et pour parvenir à des certitudes révisables concernant les événements et les situations, plutôt qu'à recourir à l'autorité (endoctrinement), à la ténacité (croire ce que l'on croit déjà) ou à la méthode *a priori* (choisir la croyance la plus agréable). Elle repose sur l'habitude d'employer certaines méthodes (doute, questionnement, investigation, observation, réflexion, expérimentation, discussion, argumentation), et d'adopter certaines lignes de conduite, plutôt que d'autres, pour former ses jugements : douter à bon escient ; maintenir la croyance en suspens jusqu'à l'obtention d'une preuve suffisante ; aller dans la direction pointée par les preuves au lieu de faire prévaloir une conclusion préférée personnellement ; utiliser les idées comme des hypothèses à tester plutôt que comme des dogmes à affirmer ; n'attribuer qu'un caractère instrumental et révisable à la reconnaissance d'une autorité, etc. En un sens, elle requiert aussi l'inhibition partielle de certaines impulsions naturelles, et donc de celles inhérentes à la confiance première, sans quoi le doute serait impossible. Mais, d'un autre côté, comme on l'a vu, l'« attitude scientifique » ne peut pas se passer de cette confiance première.

À mes yeux, c'est le « public », lorsqu'il est animé par le souci de la création d'une communauté, par une culture de l'enquête libre et continue, par une éthique de la discussion et par la quête d'une auto-organisation, ou lorsqu'il adopte l'« attitude scientifique », impliquant une défiance raisonnée, qui peut constituer le garant en dernier ressort de la confiance dans les institutions[1] : l'extension de l'attitude

1. L'accent mis par Dewey sur l'organisation, l'enquête et l'expérimentation va de pair avec une relativisation du rôle et de la place de la discussion publique. À ses yeux, il faut concevoir la participation de tous

scientifique est « la seule garantie protégeant du mensonge généralisé de la propagande. Plus important encore, elle est la seule assurance que soit possible une opinion publique suffisamment intelligente pour répondre aux problèmes sociaux du présent[1] ».

Cela suppose que le public vise et parvienne à soumettre les institutions aux exigences d'une « *accountability* intelligente », et qu'il imagine des procédures appropriées pour cela. Cela suppose aussi que l'exigence d'*accountability* qu'il fait valoir soit reconnue comme légitime par les institutions elles-mêmes (mais cette légitimité doit elle-même être conquise sans cesse). Cependant le « public » (qui n'est pas l'opinion publique des sondages) n'existe pas d'emblée ; et il peut être « étroit d'esprit », comme le dit Dewey[2] ; il doit se découvrir, accéder à la conscience de lui-même et s'organiser démocratiquement à travers la problématisation publique,

---

au traitement des affaires publiques plutôt en termes d'enquête et d'expérimentation coopératives que de confrontations d'opinions et d'échange d'arguments (n'en déplaise à Rawls et Habermas). Certes, les méthodes de la discussion et de la consultation sont indispensables pour élaborer les politiques à mettre en œuvre, mais elles « ne constituent que de faibles appuis quand il s'agit de produire de façon systématique les vastes programmes synthétiques nécessaires à la résolution du problème de l'organisation sociale » (*Après le libéralisme ?*, *op. cit.*, p. 146). En fait, selon Dewey, ces méthodes font surtout contrepoids à l'« individualisme numérique et atomiste » qui sous-tend l'institution du suffrage universel et le développement des partis politiques : « L'idée que, grâce au débat public, le conflit entre partis fera ressortir des vérités publiques nécessaires constitue une version politique édulcorée de la dialectique hégélienne, dans laquelle on parvient à la synthèse par l'union d'idées antithétiques. La méthode n'a rien de commun avec celle de l'enquête organisée et collective qui a assuré les plus grands succès scientifiques dans l'étude de la nature » (*ibid.*, p. 147-148). Par ailleurs, dans une discussion, on substitue des symboles à la réalité, plutôt que de se servir des premiers pour analyser la seconde, et on se fie beaucoup trop aux pouvoirs de la « persuasion verbale ».

1. J. Dewey, *Freedom and Culture*, *op. cit.*, p. 168.

2. Cf. aussi G. Bachelard : « L'opinion pense mal ; elle ne pense pas ».

par des collectifs divers et variés, d'usages, de pratiques, de manières d'agir, de décisions, d'actions ou d'événements qui ont une portée générale relativement au bien commun ou à l'existence de la communauté[1]. Il doit aussi bénéficier d'une « information éclairée », élaborée par des experts et transmise par des médiateurs, qui lui permette de contraindre les détenteurs du pouvoir et les agents administratifs à prendre en compte ses besoins.

Pour contrer le développement d'une culture de la suspicion il faut que trois conditions soient satisfaites. La première est, comme on l'a dit, la substitution d'une « *accountability* intelligente » des institutions à une *accountability* purement comptable et gestionnaire. Sans quoi, les données pour la formation d'un « consentement informé » de la part du public feront défaut : « Tant que le secret, les idées préconçues, les préjugés, les représentations déformées, la propagande et la pure ignorance ne seront pas remplacés par l'enquête et la publicité, nous n'aurons aucun moyen de savoir combien l'intelligence existante des masses pourrait être capable de juger la politique sociale[2]. »

La deuxième condition est une meilleure diffusion, notamment par les médias, des résultats des enquêtes

1. Selon Dewey, pour qu'il y ait communauté, il faut que l'interdépendance physique ou organique soit transformée en une interdépendance morale : « L'activité en association ou en commun est une condition pour la création d'une communauté. Mais l'association elle-même est physique et organique, tandis que la vie communautaire est morale, c'est-à-dire soutenue émotionnellement, intellectuellement et consciemment. [...] Les associations humaines ont beau avoir une origine organique et un fonctionnement solide, elles ne peuvent se développer en sociétés spécifiquement humaines que quand leurs conséquences, une fois connues, sont estimées et recherchées. [...] La communication doit être leur condition préalable » (*Le Public et ses problèmes*, *op. cit.*, p. 246-247).

2. J. Dewey, *Le Public et ses problèmes*, *op. cit.*, p. 312 (traduction modifiée).

effectuées par les experts. C'est d'eux que dépend en effet la connaissance des faits sur des questions d'intérêt public. Encore faut-il qu'ils ne soient pas seulement au service des dirigeants (administratifs, économiques ou politiques) et des gestionnaires[1], qu'ils acceptent que « les masses » les informent sur leurs besoins et que le « public » soit en mesure de reconnaître leur nécessité et disposé à s'approprier les résultats de leurs enquêtes :

> Il est vrai que l'enquête est un travail qui incombe aux experts. Leur qualité d'expert ne se manifeste toutefois pas dans l'élaboration et l'exécution des mesures politiques, mais dans le fait de découvrir et de faire connaître les faits dont ces mesures dépendent. Ils sont des experts techniques au sens où les chercheurs scientifiques et les artistes manifestent une *expertise*. Il n'est pas nécessaire que la multitude dispose de la connaissance et des compétences nécessaires pour mener les investigations requises ; ce qui est requis est qu'elle ait l'aptitude de juger la portée de la connaissance fournie par d'autres sur les préoccupations communes[2].

La troisième condition est la diffusion de l'« attitude scientifique » dans le « public ». Or une telle diffusion passe par l'éducation, c'est-à-dire par la formation de dispositions, d'habitudes et d'attitudes personnelles. L'esprit et la méthode de l'enquête sont en effet des choses qui s'apprennent. On apprend à enquêter ; et apprendre à enquêter c'est aussi apprendre à douter selon certaines modalités – car certaines manières de douter bloquent la recherche (cf. *supra*). L'« attitude scientifique » se traduit aussi par

1. Les experts eux-mêmes doivent être libérés ! Cf. J. Dewey, « The study of man », art. cité.
2. *Ibid.*, p. 311-312.

l'adoption d'une certaine ligne de conduite dans les relations aux autres : pas d'affirmation sans preuve, pas d'injures ni d'attaques personnelles, pas de disqualification *a priori* de l'interlocuteur, ni de caricature de sa pensée, etc. On peut ajouter qu'elle a aussi une dimension émotionnelle, car les idées pures ne font pas agir ; pour qu'elles le fassent elles doivent avoir un attrait émotionnel : tout comme chez les artistes, il y a chez les scientifiques une pensée empreinte d'émotions, et des « sentiments (*feelings*) dont la substance est faite de significations ou d'idées qui sont appréciées »[1]. Les habitudes émotionnelles peuvent aussi être éduquées. Éduquer les émotions c'est apprendre à rediriger des impulsions naturelles inorganisées, à canaliser leur énergie dans le façonnement d'un objet ou d'un comportement expressif, à leur donner une forme, une organisation ou un ordre, en bloquant leur décharge immédiate ; bref, c'est apprendre à les soumettre à la « méthode de l'intelligence ».

On passe trop souvent sous silence cette exigence constamment soulignée par Dewey : sans une éducation qui « libère l'esprit », le soustrait à la rigidité des préjugés et des coutumes, et l'immunise contre le simplisme et contre les exaltations émotionnelles, il ne peut pas y avoir de « public » capable d'exercer une « intelligence publique collective ». En effet, sans éducation on risque de n'avoir que des publics livrés au simplisme, à l'intolérance, à l'irréflexion et aux emballements émotionnels qui sont de pures décharges d'énergie[2]. Ce que Dewey écrivait dans un texte de 1924, intitulé « *Science, belief and the public* », est plus

1. J. Dewey, *L'Art comme expérience*, Pau, Publications de l'université de Pau/Éditions Farrago, 2005, p. 102.

2. William James notait aussi qu'« un esprit trop étroit n'a de place que pour une sorte d'affection » (*The Varieties of Religious Expérience*, *op. cit.*, p. 343).

que jamais d'actualité : l'éducation doit rendre le grand public capable de « distinguer entre les questions d'opinion et de rhétorique et les questions de faits et d'établissement des faits[1] » ; ou encore, permettre à « la masse du peuple », de « discriminer, sur les questions où elle est la plus encline à s'exprimer avec véhémence, entre le poids des preuves à disposition et les opinions qui n'ont pas été touchées par la méthode et l'attitude scientifiques »[2]. Elle doit aussi combler « le retard des schèmes mentaux et moraux » par rapport « aux forces nouvelles engendrées par la science et la technologie[3] ».

La confiance se mérite

Il ressort de ce tour d'horizon que les demandes récurrentes de restauration de la confiance peuvent être fallacieuses. Elles occultent souvent le fait que la confiance se mérite (il faut se montrer digne de confiance), et elles méconnaissent les conditions qui rendent le don de confiance non seulement possible, mais raisonnable ou intelligent. J'ai d'abord considéré l'alternative préconisée par Hardin et ses collègues – se passer finalement de la confiance et privilégier la méfiance – : elle m'a paru trop dépendante de la « métaphysique des intérêts » et de l'anthropologie hobbésienne qui sous-tendent l'analyse de la confiance dans la perspective de la théorie du choix rationnel. En distinguant la défiance de

1. J. Dewey, « La science, la croyance et le public », in *Écrits sur les religions et le naturalisme*, Genève, Editions ies, 2019, p. 124.
2. *Ibid.*, p. 123.
3. J. Dewey, *Après le libéralisme ?*, *op. cit.*, p. 152.

la méfiance, on peut faire justice à une intuition importance des théories politiques libérales (magnifiée par Hardin et ses collègues), sans risquer d'être pris dans la spirale pernicieuse de la méfiance.

Je suis ensuite revenu à l'approche de Luhmann qui a le mérite de faire comprendre pourquoi il ne peut y avoir d'accroissement de la confiance réfléchie que grâce à un accroissement parallèle de la défiance. Paradoxalement, celle-ci peut être créatrice de confiance. Dans une société de plus en plus complexe, cette défiance a été institutionnalisée dans des dispositifs de contrôle internes aux « systèmes », qui prémunissent contre les différentes formes d'exploitation de la confiance. Le problème que pose cette approche est cependant qu'elle n'explique pas comment il est possible d'éviter la régression infinie de ces contrôles internes.

Il m'a semblé qu'une prise en compte de la problématique kantienne de l'*Öffenlichkeit* permettait d'échapper à ce genre d'aporie. Cependant c'est une problématique qui demande à être profondément reformulée. Pour ce faire, je me suis d'abord tourné vers la théorie de l'« *accountability* intelligente » d'O'Neill. Mais la perspective de fonder la confiance sur une moralisation de la politique et de l'action administrative, et plus largement des relations sociales, ou sur la volonté de citoyens soucieux de bien s'informer pour donner un consentement réfléchi, manque, à mes yeux, de réalisme. Il ne s'agit pas pour autant de faire sien le réalisme démocratique de Lippmann. C'est pourquoi je me suis finalement tourné vers la philosophie politique de Dewey, qui s'est voulue une réponse à la critique de la démocratie par le célèbre essayiste américain[1].

1. Voir B. Stiegler, *« Il faut s'adapter ». Sur nouvel impératif politique*, *op. cit.*

S'il est vrai que l'accroissement de la confiance publique est conditionné par celui de la défiance, que la défiance est suscitée par le doute (et pas par la suspicion), qui lui-même est généré par l'indétermination des événements, des situations et des comportements, et que le doute déclenche l'enquête, qui permet d'atteindre une certitude objective relative (ou « de second degré »), alors c'est à l'enquête, et à ceux qui la réalisent (le « public », les experts, les médiateurs, etc.), qu'incombe la tâche d'obtenir des pouvoirs et des institutions qu'ils développent une « *accountability* intelligente », voire de les obliger à le faire. C'est aussi à ce genre d'acteur de repérer les dysfonctionnements des dispositifs internes de contrôle et d'imposer leur redressement. Mais le « public » ne peut être le garant final de la confiance dans les institutions que s'il cultive en lui-même l'« attitude scientifique », réfrène les exaltations émotionnelles et combat la « passivité des esprits »[1]. Convenons que ce n'est pas du tout dans cette direction que se fait l'évolution actuelle de nos sociétés. La « culture de la suspicion », qui trouve aujourd'hui un support efficace dans les réseaux sociaux, dans la prolifération des formes de « production culturelle de l'ignorance », dans les discours populistes, ainsi que dans les modes gestionnaires

1. « La rétention et la falsification des informations sont les principales ennemies des idéaux démocratiques. Quand on se laisse aller à l'apathie intellectuelle, on tolère l'ignorance et on se laisse facilement tromper ; le spectacle des autres se laissant tromper ne nous émeut pas. L'apathie intellectuelle entre en synergie avec les manœuvres de dissimulation et de travestissement des faits destinées à favoriser les intérêts privés au détriment des intérêts du public. [...] L'honnêteté et le désintéressement sont universellement reconnus comme des conditions *sine qua non* du bon gouvernement, mais l'importance de l'activité intellectuelle [rechercher les informations pertinentes et s'astreindre à une réflexion sérieuse] pour la réussite de la démocratie n'a sans doute pas été suffisamment soulignée » (J. Dewey et J. H. Tufts, *Éthique*, *op. cit.*, p. 419).

de traitement de la « chose publique » (et notamment d'administration des services publics, qui se soldent par leur régression insupportable), a sans doute de beaux jours devant elle.

Bibliographie

Philippe Aldrin, « Rumeurs : Il n'y a pas que la vérité qui compte… », *Sciences Humaines*, 164, oct. 2005.

Hannah Arendt, *La Vie de l'esprit*, Paris, Puf, 1981.

–, *La Crise de la culture*, Paris, Gallimard, 1989.

Michael Bacharach et Diego Gambetta, « Trust in Signs », *in* K. S. Cook (ed.), *Trust and Society*, New York, Russell Sage Foundation, 2001, p. 148-184.

Annette Baier, « Trust and antitrust », *Ethics*, 96, 1986, p. 231-261.

–, *Moral Prejudices : Essays on Ethics*, Cambridge, Harvard University Press, 1994.

Howard S. Becker, « Notes on the Concept of Commitment », *The American Journal of Sociology*, LXVI, 1960, p. 32-40.

Max R. Bennett et Peter M. S. Hacker, *Philosophical Foundations in Neuroscience*, Oxford, Blackwell, 2003.

Émile Benveniste, *Le Vocabulaire des institutions indo-européennes*, t. I, Paris, Minuit, 1969.

Paul Berman, « L'Amérique face à un effondrement de son intelligentsia », *Le Monde*, 10 novembre 2016.

Alexandra Bidet et Carole Gayet-Viaud, *L'Engagement comme expérience*, Paris, Éditions de l'EHESS, « Raisons pratiques », 31, 2023.

Simon Blackburn, « Trust, cooperation and human psychology », *in* V. Braithwaite et M. Levi (dir.), *Trust and Governance*, New York, Russel Sage Foundation, 1998, p. 90-108.

Marc Bloch, *Réflexions d'un historien sur les fausses nouvelles de la guerre*, Paris, Allia, 1999 [1921].

James BOHMAN, « Ethics as moral inquiry : Dewey and the moral psychology of social reform », *in* M. Cochran (dir.), *The Cambridge Companion to Dewey*, Cambridge, Cambridge University Press, 2010, p. 187-210.

Olivier BOISSIN, « Opportunisme, confiance et théorie néo-institutionnelle de l'organisation industrielle », *in* C. Thuderoz *et alii* (dir.), *La Confiance. Approches économiques et sociologiques*, Paris, Gaëtan Morin Éditeur, 1999, p. 100-126.

Emmanuel BOURDIEU, *Savoir faire. Contribution à une théorie dispositionnelle de l'action*, Paris, Seuil, 1998.

Pierre BOURDIEU, *Le Sens pratique*, Paris, Minuit, 1980.

–, *Choses dites*, Paris, Minuit, 1987.

–, *Méditations pascaliennes*, Paris, Seuil, 1997.

Jacques BOUVERESSE, *Herméneutique et linguistique*, Combas, L'Éclat, 1991.

Philippe de BRABANTER, David NICOLAS, Isidora STOJANOVIC et Neftali VILLANUEVA, « Les usages déférentiels », *in* A. Bouvier et B. Conein (dir.), *L'Épistémologie sociale. Une théorie sociale de la connaissance*, Paris, Éditions de l'EHESS, « Raisons pratiques », 17, 2006, p. 139-162.

Robert BRANDOM, « From a critique of cognitive internalism to a conception of objective spirit. Reflections on Descombes' anthropological holism », *Inquiry*, 47 (3), 2004, p. 236-253.

Gérald BRONNER, *La Démocratie des crédules*, Paris, Puf, 2013.

Cornélius CASTORIADIS, *La Montée de l'insignifiance. Les Carrefours du labyrinthe IV*, Paris, Seuil, 1996.

–, *Figures du pensable. Les Carrefours du labyrinthe VI*, Paris, Seuil, 1999.

Daniel CEFAÏ, *Phénoménologie et sciences sociales : Alfred Schütz*, Genève, Droz, 1998.

Michel de CERTEAU, « L'institution du croire », *Recherches de science religieuse*, 71 (1), 1983, p. 61-80.

Jean-Pierre CHANGEUX et Paul RICŒUR, *La Nature et la Règle. Ce qui nous fait penser*, Paris, Odile Jacob, 1998.

Christiane CHAUVIRÉ, *Peirce et la signification*, Paris, Puf, 1995.

–, *Le Moment anthropologique de Wittgenstein*, Paris, Kimé, 2004.

Jean COHEN, « Trust, volontary association and workable democracy », *in* M. Warren (dir.), *Democracy and Trust*, Cambridge, Cambridge University Press, 1999, p. 208-248.

James COLEMAN, *Foundations of Social Theory*, Cambridge, Harvard University Press, 1990.

Karen S. COOK (dir.), *Trust and Society*, New York, Russell Sage Foundation, 2001.

–, Russell HARDIN et Margaret LEVI, *Cooperation without Trust ?*, New York, Russell Sage Foundation, 2005.

Gilles DELEUZE et Claire PARNET, *Dialogues*, Paris, Flammarion, 1996.

Vincent DESCOMBES, *La Denrée mentale*, Paris, Minuit, 1995.

–, *Les Institutions du sens*, Paris, Minuit, 1996.

–, *Le Complément de sujet*, Paris, Gallimard, 2004.

Michel DESMURGET, *La Fabrique du crétin digital*, Paris, Seuil, 2019.

John DEWEY, *Studies in Logical Theory* [1903], in *The Middle Works*, vol. 2, 1976, p. 293-378.

–, *Human Nature and Conduct* [1922], in *The Middle Works*, vol. 14, 1983, p. 1-227.

–, « Préjugé racial et friction raciale » [1922], *in* J. Stavo-Debauge, *John Dewey et les questions raciales. À propos d'une controverse actuelle*, La Bibliothèque de *Pragmata*, 2023.

–, « Conduct and experience » [1930], in *The Later Works*, vol. 5, 1984, p. 218-235.

–, « Peirce's theory of quality » [1935], in *The Later Works*, vol. 11, 1987, p. 86-94.

–, « Experience, knowledge and value : A rejoinder » [1939], in *The Later Works*, vol. 14, 1988, p. 3-90.

–, *Freedom and Culture* [1939], in *The Later Works*, vol. 13, 1988, p. 63-254.

–, « The crisis in the human history » [1943], in *The Later Works*, vol. 15, 1989, p. 210-22.

–, « The study of man : Liberating the social scientist » [1947], in *The Later Works*, vol. 15, 1989, p. 224-238.

–, *Logique. Théorie de l'enquête*, Paris, Puf, 1993 [1938].

–, *L'Art comme expérience*, Pau, Publications de l'université de Pau/ Éditions Farrago, 2005 [1934].

–, *Le Public et ses problèmes*, Paris, Gallimard, 2010 [1927].
–, *La Formation des valeurs*, Paris, Les Empêcheurs de penser en rond, 2011 [1934].
–, *Une foi commune*, Paris, Les Empêcheurs de penser en rond, 2011 [1934].
–, *Expérience et nature*, Paris, Gallimard, 2012 [1925].
–, *Unmodern Philosophy and Modern Philosophy*, Carbondale and Edwardsville, Southern Illinois University Press, 2012.
–, *La Quête de certitude*, Paris, Gallimard, 2014 [1929].
–, *Après le libéralisme ? Ses impasses, son avenir*, Paris, Climats, 2014 [1935].
–, « La science, la croyance et le public » [1924], *in Écrits sur les religions et le naturalisme* (Recueil de textes traduits et introduits par J. Stavo-Debauge), Genève, Éditions ies, 2019, p. 121-128.
– et James Hayden Tufts, *Éthique*, Paris, Gallimard, 2021 [1932].
Gilles Dowek, « Les réseaux sociaux, arme létale », *Le Monde*, 30 mai 2018.
Cora Diamond, *L'Esprit réaliste*, Paris, Puf, 2004.
Roberta Dreon, *Human Landscapes. Contributions to a Pragmatist Anthropology*, Albany, State University of New York Press, 2022.
Hubert Dreyfus et Charles Taylor, *Retrieving Realism*, Cambridge, Harvard University Press, 2015.
Renaud Dulong, *Le Témoin oculaire*, Paris, Éditions de l'EHESS, 1998.
Paul Dumouchel, *Émotions. Essai sur le corps et le social*, Paris, Les Empêcheurs de penser en rond, 1995.
Pascal Engel, *Les Vices du savoir. Essai d'éthique intellectuelle*, Marseille, Agone, 2019.
Paul Fauconnet et Marcel Mauss, « Sociologie », *in* M. Mauss, *Œuvres*, t. III, *Cohésion sociale et division de la sociologie*, Paris, Minuit, 1969, p. 139-177.
Diego Gambetta, « Can we trust trust ? », *in* Diego Gambetta (dir.), *Trust : Making and Breaking Cooperative Relations*, Oxford, Blackwell, 1988, p. 213 –237.
– et Heather Hamill, *Streetwise : How Taxi Drivers Establish their Customers' Trustworthiness*, New York, Russell Sage Foundation, 2005.
Antoine Garapon, « L'autorité est-elle télégénique ? », *Esprit*, 313, 2005, p. 115-127.

Harold GARFINKEL, « A conception of, and experiments with, "trust" as a condition for stable concerted actions », *in* O. J. Harvey (dir.), *Motivation and Social Interaction*, New York, Ronald Press, 1963, p. 187-238.

–, *Recherches en ethnométhodologie*, Paris, Puf, 2007 [1967].

James J. GIBSON, *The Ecological Approach to Visual Perception*, Boston, Houghton-Mifflin, 1979.

Anthony GIDDENS, *The Consequences of Modernity*, Cambridge, Polity Press, 1990.

Fernando GIL, « Attente et remplissement chez Wittgenstein », *in* J. Sebestik et A. Soulez (dir.), *Wittgenstein et la philosophie aujourd'hui*, Paris, Méridiens Klincksieck, 1992, p. 309-320.

Margaret GILBERT, *Marcher ensemble*, Paris, Puf, 2003.

Mathias GIREL, « La difficile étude de l'ignorance », *Le Monde*, 7 octobre 2017.

Erving GOFFMAN, *Les Relations en public*, Paris, Minuit, 1973.

–, *Les Cadres de l'expérience*, Paris, Minuit, 1991.

Trudy GOVIER, « An epistemology of trust », *International Journal of Moral and Social Studies*, 8, 1993, p. 153-174.

Farid GUEHAM, « La loi anti-fake news n'est qu'un spectre daté », *Le Monde*, 7 juin 2018.

Jürgen HABERMAS, *Vérité et justification*, Paris, Gallimard, 2001.

Peter M. S. HACKER, *Wittgenstein. Meaning and Mind*, Oxford, Basil Blackwell, 1990.

–, « Wittgenstein's anthropological and ethnological approach », in *Wittgenstein : Comparisons and Context*, Oxford, Oxford University Press, 2013, p. 111-127.

Russell HARDIN, « Conceptions and explanations of trust », *in* K. S. Cook (dir.), *Trust in Society*, New York, Russell Sage Foundation, 2001, p. 3-39.

–, *Trust and Trustworthiness,* New York, Russell Sage Foundation, 2002.

–, *Trust*, Cambridge, New York, Polity Press, 2006.

–, « Communautés et réseaux de confiance », *in* A. Ogien et L. Quéré (dir.), *Les Moments de la confiance*, Paris, Economica, 2006, p. 89-108.

Martin HARTMANN, « Einleitung », *in* M. Hartmann et C. Offe (dir.), *Vertrauen : die Grundlage des sozialen Zusammenhalts*, Francfort, Campus Verlag, 2001, p. 7-35.
–, *Die Praxis des Vertrauens*, Berlin, Suhrkamp, 2011.
–, « On the concept of basic trust », *Behemoth*, 8 (1), 2015, p. 5-23.
–, *Trust. The Invisible Power*, Francfort, S. Fischer Verlag GmbH, 2020.
Georg W. HEGEL, *Principes de la philosophie du droit*, Paris, Vrin, 1975 [1820].
Lars HERTZBERG, « On the attitude of trust », *Inquiry*, 31 (3), 1988, p. 307-322.
–, « On being trusted », *in* A. Grøn et C. Welz (dir.), *Trust, Sociality, Selfhood*, Tübingen, Mohr Siebeeck, 2010.
Martin HOLLIS, *Trust within Reason*, Cambridge, Cambridge University Press, 1998.
Richard HOLTON, « Deciding to trust, coming to believe », *Australasian Journal of Philosophy*, 72, 1994, p. 63-76.
Axel HONNETH, *La Société du mépris*, Paris, La Découverte, 2006.
Benoît HOPQUIN, « La post-vérité, si je mens », *Le Monde*, 22 novembre 2016.
Mark HUNYADI, *Au début est la confiance*, Lormont, Le Bord de l'eau, 2020.
William JAMES, *Philosophie de l'expérience*, Paris, Les Empêcheurs de penser en rond, 2007.
–, *The Varieties of Religious Experience*, New York, The Modern Library, 1902.
Karen JONES, « Trust as an affective attitude », *Ethics*, 107, 1996, p. 4-25.
Emmanuel KANT, *Vers la paix perpétuelle*, Paris, Flammarion, 1991 [1795].
Lucien KARPIK, « Dispositifs de confiance et engagements crédibles », *Sociologie du travail*, 38, 1996, p. 527-550.
Laurence KAUFMANN, « Les voies de la déférence », *Langage et société*, 117, 2006, p. 89-116.
–, « La société de déférence. Médias, médiations et communication », *Réseaux*, 148-149, 2008, p. 79-116.
Brooks KING-CASAS *et alii*, « Getting to know you : Reputation and trust in a two person economic exchange », *Science*, 308, 1er avril 2005, p. 78-83.

Michael KOSFELD *et alii*, « Oxytocin increases trust in humans », *Nature*, 435/2, juin 2005, p. 673-76.

Étienne de LA BOÉTIE, *De la servitude volontaire* (traduction et annotation par A. Mahé), Saint-Denis, Éditions Bouchène, 2015.

Olli LAGERSPETZ, *Trust, Ethics and Human Reason*, Londres, Bloomsbury, 2015.

– et Lars HERTZBERG, « Trust in Wittgenstein », *in* P. Mäkelä et C. Townley (dir.), *Trust. Analytic and Applied Perspectives*, Amsterdam et New York, Rodopi Press, 2013, p. 31-51.

Françoise LAUGÉE, « Solutionnisme », *La Revue européenne des médias et du numérique*, 33, hiver 2014-2105.

Claire LE GROS, « Le “solutionnisme technologique”, cette foi en l'innovation qui évite de penser le changement », *Le Monde*, 22 mars 2023.

Claude LEFORT, *Un homme en trop*, Paris, Seuil, 1975.

Bertrand LE GENDRE, « La blogosphère contre les médias », *Le Monde*, 25 mai 2005.

Cyril LEMIEUX, *Mauvaise presse*, Paris, Métailié, 2000.

J. David LEWIS et Andrew WEIGERT, « The social dynamics of trust », *Social Forces*, 91 (1), 2012, p. 25-31.

Walter LIPPMAN, *Le Public fantôme*, Paris, Demopolis, 2008 [1925].

Pierre LIVET, « La confiance et la reconnaissance sociale », *in* C. Lobet-Maris *et alii* (dir.), *Variations sur la confiance*, Bruxelles, Peter Lang, 2009, p. 57 –71.

–, « Émotions, volitions et dynamiques motivationnelles », *in* N. Depraz et M. Gyemant (dir.), *Phénoménologie des émotions*, Paris, Hermann, 2022, p. 81-87.

Niklas LUHMANN, *The Differentiation of Society*, New York, Columbia University Press, 1982.

–, « Familiarity, confidence, trust : problems and alternatives », *in* D. Gambetta (dir.), *Trust. Making and breaking cooperative relations*, Oxford, Basil Blackwell, 1988, p. 94-107.

–, « Confiance et familiarité. Problèmes et alternatives », *in* A. Ogien et L. Quéré (dir.), *Les Moments de la confiance*, Paris, Economica, 2006, p. 9-22.

–, *La Confiance : Un mécanisme de réduction de la complexité sociale*, Paris, Economica, 2006 [1968].

Michael LYNCH et David BOGEN, *The Spectacle of History*, Londres, Duke University Press, 1996.

Stéphane MADELRIEUX, *William James. L'attitude empiriste*, Paris, Puf, 2008.

–, *La Philosophie comme attitude*, Paris Puf, 2023.

Alain MAHÉ, « La Boétie entre l'amitié et l'inimitié : l'échange, l'alliance et la complicité », *in* É. de La Boétie, *De la servitude volontaire*, Saint-Denis, Éditions Bouchène, 2015, p. 249-333.

Norman MALCOM, « Defending common sense », *The Philosophical Review*, 58 (3), 1949, p. 201-220.

Marco MAZZEO, « This is the way we live. Wittgenstein and natural history », *in* F. Sulpizio, M. De Iaco et G. Schimmenti (dir.), *Wittgenstein and Marx. Marx and Wittgenstein*, Berlin, Peter Lang, 2021, p. 31-39.

George Herbert MEAD, *L'Esprit, le soi et la société*, Paris, Puf, 2006 [1934].

Maurice MERLEAU-PONTY, *La Structure du comportement*, Paris, Puf, 1942.

–, *Phénoménologie de la perception*, Paris, Gallimard, 1945.

Barbara MISZTAL, « Normality and trust in Goffman's theory of interaction order », *Sociological Theory*, 19, 2001, p. 312-324.

Guido MÖLLERING, « The nature of trust : from Georg Simmel to a theory of expectation, interpretation and suspension », *Sociology*, 35 (2), 2001, p. 403-420.

–, *Trust : Reason, Routine, Reflexivity*, Bingley, Emerald, 2006.

Daniele MOYAL-SHARROCK, *Understanding Wittgenstein's* On Certainty, New York, Palgrave Macmillan, 2007.

Martha NUSSBAUM, « La vulnérabilité humaine : un thème qui unit les différentes parties de mon travail de philosophe », Discours de réception du doctorat *honoris causa* de l'ENS, 2010.

Claus OFFE, « How can we trust our fellow citizens ? », *in* M. Warren (dir.), *Democracy and Trust*, Cambridge, Cambridge University Press, 1999, p. 52-87.

Albert OGIEN et Louis QUÉRÉ (dir.), *Les Moments de la confiance*, Paris, Economica, 2006.

Onora O'NEILL, *A Question of Trust. The BBC Reith Lectures 2002*, Cambridge, Cambridge University Press, 2002.

André Orléan, *L'Empire de la valeur*, Paris, Seuil, 2011.

–, « Georg Simmel, critique de la conception marginaliste de la valeur », *in* D. Thouard et B. Zimmermann (dir.), *Simmel, le parti pris du tiers*, Paris, CNRS Éditions, 2017, p. 225-245.

Marc-Olivier Padis, « Les médias : déficit d'autorité, excès de pouvoir ? », *Esprit*, 313, 2005, p. 128-141.

Michael Polanyi, *Personal Knowledge*, Londres, Routledge et Kegan Paul Ltd, 1958.

Robert Proctor et Londa Schiebinger, *Agnotology : The Making and Unmaking of Ignorance*, Stanford, Stanford University Press, 2008.

Joëlle Proust, « L'animal intentionnel », *Terrains*, 34, 2000, p. 23-36.

Hilary Putnam, *Représentation et réalité*, Paris, Gallimard, 1990.

Louis Quéré, « Action située et perception du sens », *in* M. de Fornel et L. Quéré (dir.), *La Logique des situations. Nouveaux regards sur l'écologie des activités sociales*, Paris, Éditions de l'EHESS, « Raisons pratiques », 10, 1999, p. 301-338.

–, « Sciences cognitives et herméneutique », *in* C. Delacroix, F. Dosse et P. Garcia (dir.), *Paul Ricœur et les sciences humaines*, Paris, La Découverte, 2007, p. 145-165.

–, « Le travail des émotions dans l'expérience publique. Marées vertes en Bretagne », *in* D. Cefaï et C. Terzi (dir.), *L'Expérience publique*, Paris, Éditions de l'EHESS, « Raisons pratiques », 22, 2012, p. 135-162.

–, « L'herméneutique critique de Charles Taylor », *Sociologie et sociétés*, LIII (1-2), 2021, p. 87-111.

–, *La Fabrique des émotions*, Paris, Puf, 2021.

–, *Il n'y a pas de cerveau des émotions*, Paris, Puf, 2023.

–, « *Au commencement était l'acte* ». *Pragmatisme et sociologie*, La Bibliothèque de *Pragmata*, 2024.

– et D. Brezger, « L'étrangeté mutuelle des passants. Le mode de coexistence du public urbain », *Les Annales de la recherche urbaine*, 57-58, 1993, p. 88-99.

François Recanati, « Can we believe what we do not understand ? », *Mind and Language*, 12 (1), 1997, p. 84-100.

–, « Deferential concepts : a response to Woodfield », *Mind and Language*, 15 (4), 2000, p. 452-464.

Luc ROUBAN, *Les Raisons de la défiance*, Paris, Presses de Sciences Po, 2022.
Gilbet RYLE, *La Notion d'esprit*, Paris, Payot, 1978.
Alfred SCHÜTZ, « Le citoyen bien informé. Essai sur la distribution sociale de la connaissance », *in* A. SCHÜTZ, *Contribution à la sociologie de l'action*, Paris, Hermann, 2009, p. 153-169.
Évelyne SERVERIN, « Propos croisés entre droit et économie sur la place de l'incertitude et de la confiance dans le contrat », *Sociologie du travail*, 38 (4), 1996, p. 607-620.
Maxine SHEETS-JOHNSTONE, « Sur la nature de la confiance », *in* A. Ogien et L. Quéré (dir.), *Les Moments de la confiance*, Paris, Economica, 2006, p. 23-41.
Georg SIMMEL, *Philosophie de l'argent*, Paris, Puf, 1987 [1900].
–, *Sociologie. Études sur les formes de la socialisation*, Paris, Puf, 1999 [1908].
Peter SLOTERDIJK, « On ne peut plus se fier au principe de majorité intelligente », *Le Point*, 17 novembre 2016.
Timothy SNYDER, « Les vingt leçons de Timothy Snyder pour résister au monde de Trump », *Le Monde*, 19 novembre 2016.
Joan STAVO-DEBAUGE, *John Dewey et les questions raciales. À propos d'une controverse actuelle*, La Bibliothèque de *Pragmata*, 2023.
Bernard STIEGLER, *« Il faut s'adapter ». Sur un nouvel impératif politique*, Paris, Gallimard, 2019.
Piotr SZTOMPKA, *Trust. A Sociological Theory*, Cambridge, Cambridge University Press, 1999.
Gabriel TARDE, *L'Opinion et la Foule*, Paris, Puf, 1989 [1901].
Charles TAYLOR, *Philosophical Papers. 1. Human Agency and Language*, Cambridge, Cambridge University Press, 1985.
–, *Le Malaise de la modernité*, Paris, Cerf, 1994.
–, « Suivre une règle », *Critique*, LI (579/580), 1995, p. 554-572.
–, *Les Sources du moi. La formation de l'identité moderne*, Paris, Seuil, 1998.
–, *Hegel et la société moderne*, Paris, Cerf, 1998.
–, « Descombes' critique of cognitivism », *Inquiry*, 47 (3), 2004, p. 203-218.
–, *L'Âge séculier*, Paris, Seuil, 2011.

Tarik TAZDAÏT, *L'Analyse économique de la confiance*, Bruxelles, De Boeck, 2008.

Laurent THÉVENOT, « Le régime de familiarité. Des choses en personne », *Genèses*, 17, 1994, p. 72-101.

–, « L'action comme engagement », *in* J. M. Barbier (dir.), *L'Analyse de la singularité de l'action*, Paris, Puf, 2000, p. 213-238.

Claudine TIERCELIN, *Le Doute en question*, Paris-Tel-Aviv, L'Éclat, 2005.

Stephen P. TURNER, *Understanding the Tacit*, Londres, Routledge, 2014.

Katharine VINER, « How technology disrupted the truth », *The Guardian*, 12 juillet 2016.

Jörg VOLBERS, « Wittgenstein, Dewey, and the Practical Foundation of Knowledge », *European Journal of Pragmatism and American Philosophy*, IV-2, 2012.

Rod WATSON, « Constitutive practices and Garfinkel's notion of trust », *Journal of Classical Sociology*, 3, 2009, p. 475-499.

David WEINBERGER, « Transparency : the new objectivity », *Trend-Setting Products*, 18 (8), 2009.

Bernard WILLIAMS, *Vérité et véracité*, Paris, Gallimard, 2006.

Oliver WILLIAMSON, « Markets and hierarchies. Some elementary considerations », *American Economic Association*, 63 (2), 1993, p. 316-325.

–, « Calculativeness, trust and economic organization », *Journal of Law and Economics*, XXXVI, 1993, p. 453-486.

Ludwig WITTGENSTEIN, *De la certitude*, Paris, Gallimard, 1971.

–, *Fiches*, Paris, Gallimard, 1971.

–, *Remarques philosophiques*, Paris, Gallimard, 1975.

–, *Remarques sur la philosophie de la psychologie* (I), Mauvezin, TER, 1989.

–, *Remarques mêlées*, Paris, Flammarion, « GF », 2002.

–, *Recherches philosophiques*, Paris, Gallimard, 2004.

Andrew WOODFIELD, « Reference and deference », *Mind and Language*, 15 (4), 2000, p. 433-451.

TABLE

DEUXIÈME PARTIE

Un pas de côté

TROISIÈME PARTIE

Questionnements

TROISIÈME PARTIE

Questionnements

Composition et mise en pages
Nord Compo à Villeneuve-d'Ascq

PEFC
10-31-3532
Par nos approvisionnements en papier certifié PEFC, nous soutenons la gestion forestière durable au niveau mondial
www.pefc-france.org

Imprimé en France sur papiers
issus de forêts gérées durablement

Sepec Numérique

1, rue de Prony - ZA des Bruyères
01960 Peronnas

IMPRIM'VERT®

Achevé d'imprimer en octobre 2024
Numéro d'impression : N17932240860